公众认识毒品的工具书

毒品识别理论与实务

姚慧芳 著

陕西新华出版
陕西科学技术出版社
Shaanxi Science and Technology Press

图书在版编目（CIP）数据

毒品识别理论与实务 / 姚慧芳著. —西安：陕西科学技术出版社，2023.9
ISBN 978-7-5369-8767-8

Ⅰ. ①毒… Ⅱ. ①姚… Ⅲ. ①毒品－刑事犯罪－预防犯罪－基本知识－中国 Ⅳ. ①D924.36

中国国家版本馆CIP数据核字（2023）第131527号

毒品识别理论与实务
DUPIN SHIBIE LILUN YU SHIWU
姚慧芳 著

责任编辑	侯志艳
封面设计	曾 珂

出 版 者	陕西科学技术出版社 西安市曲江新区登高路1388号陕西新华出版传媒产业大厦B座 电话（029）81205187　传真（029）81205155　邮编710061 http://www.snstp.com
发 行 者	陕西科学技术出版社 电话（029）81205180　81206809
印　　刷	广东虎彩云印刷有限公司
规　　格	787mm×1092 mm　16开本
印　　张	22.75
字　　数	336千字
版　　次	2023年9月第1版 2023年9月第1次印刷
书　　号	ISBN 978-7-5369-8767-8
定　　价	98.00元

版权所有　翻印必究

湖北省教育科学规划2022年度一般课题"OBE理念下的毒品预防教育研究"研究成果,课题编号2022GB061

公安部公安理论及软科学研究计划项目"新精神活性物质的挑战与防范对策建议"研究成果之一，项目编号 2019LLYJHBST047

湖北省教育科学规划2021年度一般课题"新工科背景下刑事科学技术专业实践教学体系的构建"研究成果之一,项目编号2021GB020

刑事科学技术国家级一流本科专业建设点阶段性研究成果

现代公安技术"十四五"湖北省高等学校优势特色学科阶段性研究成果

法庭科学湖北省重点实验室研究成果之一

云南省"禁毒虚拟教研室"项目建设阶段性研究成果

前　言

　　毒品犯罪是现代社会的毒瘤，不仅危及人民群众的身心健康，而且还危及社会稳定、经济发展和民族振兴。经过长期持续有效的治理，我国禁毒工作取得了显著的成效，毒品违法犯罪活动下降至近10年来的最低点。但毒品问题是一个复杂的社会问题，全球毒潮持续泛滥，毒品产量、吸毒人数持续增多，毒品走私贩运活动持续加剧，我国的禁毒工作仍面临诸多问题和挑战。《2022年中国毒情形势报告》显示：海洛因、冰毒、氯胺酮等传统毒品消费量普遍大幅下降。吸毒人员转而寻求其他麻精药品、新精神活性物质替代滥用，新型毒品犯罪呈现上升趋势。

　　随着制毒技术的不断变化，毒品更新换代速度加快，新型毒品的识别、法律规制及犯罪打击难度加大，而对麻精药品、新精神活性物质，广大人民群众的认知水平非常有限，毒品犯罪问题也日益严峻。为了有效预防和打击毒品相关违法犯罪活动，必须强化对毒品的检验和识别，严密控制与毒品犯罪相关的人、物和场所。

　　本书试图从毒品的概念、种类、危害性、识别方法及毒品预防宣传教育等方面进行系统介绍，让普通大众能识别毒品，更好地预防毒品、拒绝毒品；同时对毒品鉴定中容易引发争议的问题进行了探讨与分析，如鉴定中分析方法的选择，分析结果的判断，实验室的认证认可等。并对现行涉毒鉴定的100余项标准进行了整理，提出了鉴定标准适用的原则和方法，对从事毒品检验鉴定的专业人员和相关法律工作者具有借鉴和参考作用。

全书共分为9章。第一章系统阐述了毒品及毒品识别的概念、毒品识别的基本理论以及发展趋势。第二章主要介绍毒品识别的现代仪器分析方法，包括色谱分析法、光谱分析法以及其他仪器分析法。第三章阐述了毒品检测与识别程序，包括涉毒检材采集与送检，涉毒检材检测程序，毒品检测结果分析以及实验室资质认定与认可。第四、五、六章介绍了常见毒品、新精神活性物质和易制毒化学品的基本知识及识别方法。第七章分析了涉毒人员与涉毒场所的外部特征识别，为发现涉毒线索并进一步实验室确证实验提供了方向。第八章对涉毒治安行政案件以及毒品犯罪案件进行了系统阐述，并对涉毒案件证据的概念、特点、种类进行概括。第九章主要介绍了毒品宣传教育的内容及形式，强调禁毒工作必须以"预防为本"。此外，本书还对现行涉毒法律法规进行了全面梳理，便于相关人员更好地认识毒品，远离毒品，更好地识别、预防和打击毒品违法犯罪。

本书编写过程中，得到了家人、朋友和同事的大力支持和鼓励。中南财经政法大学胡向阳教授从选题、谋篇布局到具体内容，均提出了许多建设性意见。重庆警察学院喻洪江，武汉市公安局李先强、李娟、徐森，武汉市毒品检测中心胡胜华、杨道兵、徐凯，中南财经政法大学李亚玲、吴风、杨云皓，青岛海关缉私局刘祥伟，崇新司法鉴定中心马静红，湖北大学周吉，中国地质大学王永钱，湖北警官学院王少仿、熊晓波、吴志刚等帮忙收集和整理了大量资料，并对书稿提出了一些修改建议，在此一并致以深深的谢意！

由于笔者的认知局限，书中难免存在疏漏和不足之处，敬请读者批评指正。

姚慧芳

目 录

第一章 绪论 …………………………………………………………… 1

 第一节 毒品识别概述 …………………………………………… 1

 第二节 毒品识别的基本理论 …………………………………… 22

 第三节 毒品识别的现状与发展趋势 …………………………… 28

第二章 毒品识别的方法 ……………………………………………… 39

 第一节 色谱分析法 ……………………………………………… 42

 第二节 质谱分析法与色谱－质谱联用法 ……………………… 45

 第三节 光谱分析法 ……………………………………………… 47

 第四节 其他仪器分析法 ………………………………………… 57

 第五节 毒品分析新技术 ………………………………………… 63

第三章 毒品检测与识别程序 ………………………………………… 74

 第一节 涉毒检材采集与送检 …………………………………… 75

第二节 涉毒检材检测程序 ·················· 88

第三节 毒品检测结果分析 ·················· 97

第四节 实验室资质认定与认可 ················ 107

第四章 常见毒品检验鉴定 ················· 116

第一节 鸦片类毒品 ···················· 116

第二节 苯丙胺类兴奋剂 ·················· 137

第三节 大麻类毒品 ···················· 147

第四节 古柯类毒品 ···················· 155

第五节 致幻剂 ······················ 159

第六节 抑制剂 ······················ 179

第五章 新精神活性物质识别 ················· 192

第一节 概述 ······················· 193

第二节 新精神活性物质识别 ················ 195

第六章 易制毒化学品识别 ·················· 212

第一节 易制毒化学品概述 ················· 212

第二节 易制毒化学品识别方法 ··············· 222

第七章 涉毒人员与场所识别 ················· 228

第一节 涉毒人员识别 ··················· 229

| 第二节 | 涉毒隐语识别 | 233 |
| 第三节 | 涉毒场所识别 | 237 |

第八章　涉毒违法与犯罪 …… 244

第一节	涉毒治安行政案件	245
第二节	毒品犯罪案件	260
第三节	涉毒案件证据	266

第九章　毒品预防宣传教育 …… 273

第一节	毒品预防教育概述	273
第二节	毒品预防宣传教育的内容	276
第三节	毒品预防宣传教育的形式	277
第四节	毒品预防宣传教育的渠道	279

附录1　涉毒法律法规 …… 282

附录2　涉毒鉴定技术标准 …… 285

附录3　常见毒（药）品名称对照 …… 297

附录4　麻醉药品和精神药品相关列管文件及品种目录 …… 300

第一章 绪 论

案例分析

2023年6月11日,大学生张某参加某单位入职体检,其头发中检出麻醉药品——可待因成分。张某称,他从未吸过毒,可能是1个多月前,因感冒、咳嗽,自己在附近药店买药服用所致,并列出了所服用药物清单。经调查,张某描述属实,并在其服用剩下的止咳糖浆复方制剂中检出了可待因成分。试问,张某的行为是否构成吸毒?该药店是否涉嫌毒品类违法犯罪?

毒品危及人类健康与福祉,对社会发展与进步构成重大威胁,成为困扰全球的公共卫生问题和安全问题。对毒品及相关人、物、场所等进行识别和检验,是打击和预防毒品违法犯罪活动的基础和前提。

第一节 毒品识别概述

一、毒品及其分类

(一)毒品的概念

毒品几乎与人类文明同时诞生,早在原始时代就已经存在。一些具有兴奋、致幻等作用的植物被发现，作为麻醉剂或宗教祭祀用品。有关史料记载，鸦片从公元11世纪传入中国。在16世纪前，鸦片主要作为药用供宫廷使用，其药理作用被历代名医日益认识并逐渐推广[①]。明朝时期，吃鸦片由贵族传到了民间。清中叶后，由于英国东印度公司向中国倾销鸦片，鸦片如潮水般涌入中国，导致国内鸦片泛滥，成为中国社会机体上的一个毒瘤。清代中期以来，《大清刑律》《新刑律》等规定了"鸦片罪"，未见"毒"的罪名。1904年在福建发起成立的"去毒社"，最早将鸦片称为"毒"。民国初期，已有"烟毒"联用见诸报端。新中国成立后，毒品一词已在社会上广泛使用，但解放初期的有关法律文件称"鸦片烟毒"，或将"禁烟禁毒"并提，很少单独用"禁毒"。直到1990年12月28日全国人大常委会通过的《全国人民代表大会常务委员会关于禁毒的决定》中才出现法律意义上的毒品定义。

与我国所称"毒品"相对应的词，英文是"Illicit Drug"或"Illegal Drug"，直译为中文就是"违禁药品"或"非法药物"，通常简称为"Drugs"。一般来说，"毒品"是一个法律名词，由相应的法律所规定。在我国，毒品的定义是根据《刑法》和《禁毒法》来确定的。我国《刑法》第357条第1款规定：本法所称的毒品是指鸦片、海洛因、甲基苯丙胺（冰毒）、吗啡、大麻、可卡因以及国家规定管制的其他能够使人形成瘾癖的麻醉药品和精神药品。《禁毒法》第2条也有相似的规定：本法所称毒品，是指鸦片、海洛因、甲基苯丙胺（冰毒）、吗啡、大麻、可卡因，以及国家规定管制的其他能够使人形成瘾癖的麻醉药品和精神药品。根据医疗、教学、科研的需要，依法可以生产、经营、使用、储存、运输麻醉药品和精神药品。由此可看出，我国对毒品的定义中明确指出了6类常见毒品的名称，但毒品并不仅仅包括上述罗列的6种物质，还包括"国家规定管制的其他能够使人形成瘾癖的麻醉药品和精神药品"。

---

① 刘志民. 中国毒品问题的历史回顾及其对当代禁毒的启示[J]. 中国药物依赖性杂志，2016，25（5）：411-415.

毒品具有双重性。从医学的角度来看，麻醉药品和精神药品具有医疗价值，如果使用目的和动机正当，未改变用药途径且未加大用药剂量，在这种特定的情况下，"麻醉药品和精神药品"是一种可用来治病或缓解病痛的药品；只有当"麻醉药品和精神药品"非法滥用时，它才是毒品。从法学的观点来看，毒品是对个人和社会具有严重危害的一种特殊物质，属于违禁品，是受法律程序严格控制使用的物品。

毒品的概念具有时空性，不同的国家对毒品的理解不同；同一国家在不同时期毒品所包含的内容和范围也是不断变化的。同时，不同领域的人对毒品的理解与认识也不尽相同。随着新型毒品的相继出现，毒品的种类将不断增加。

因此，对毒品进行准确的定义和规范，有助于普通民众正视毒品、树立防毒拒毒意识，对禁毒工作具有指导意义。

（二）毒品的特征

1. 依赖性

毒品的依赖性特征是其自然属性，可分为生理依赖性和心理依赖性2种。

生理依赖性也称身体依赖性，是毒品成瘾的病理生理学特征，当反复使用某种毒品后，身体会建立毒品存在下的一种平衡，机体为适应毒品的存在而发生适应性改变；毒品成分在人体内代谢完后，人体会出现不平衡的症状，机体不能维持正常的生理功能，从而产生一系列戒断症状。表现为吸毒人员毒瘾发作的各种生理上的痛苦，甚至有生命危险。

心理依赖性也称精神依赖性，是毒品成瘾的病理心理学特征，俗称"心瘾"，吸毒人员在精神上对再次使用毒品的强烈渴望以获得心理上的满足。精神依赖性是一种病态的顽固记忆，在一定程度上可以改变吸毒者的意志行为，其持久性可达数十年，同时容易被吸毒有关的环境因素激活。当吸毒人员摆脱身体依赖性后，精神依赖却极难消除，因而极易造成吸毒人员复吸。

2. 法定性

法定性，即被管制性，是认定某一物质是否属于毒品的最重要特征，只有被国家明确管制的麻醉药品和精神药品（简称"麻精药品"）才能认定为毒品，这是贯彻罪刑法定原则的基本要求。

对麻精药品，大多数国家采用定期开列清单的方式，列明被管制麻精药品的种类和名称。我国目前对麻精药品的管制清单主要通过3种列管方式公布。一是传统的集中式目录列管方式。如2013年11月由国家食品药品监督管理总局、公安部、国家卫生和计划生育委员会（现国家卫生健康委员会）发布的《麻醉药品品种目录》和《精神药品品种目录》，分别列管了121种麻醉药品和149种精神药品（精神药品又分为1类68种，2类81种）。2015年9月，上述3部门会同国家禁毒委员会办公室发布了《非药用类麻醉药品和精神药品列管办法》，其附录一次性列管了116种非药用类麻醉药品和精神药品。二是单独发布文件列管。根据麻精药品被滥用的情况和对社会的危害，国家陆续发布单独的管制文件，对集中式列管目录进行增补。如2017年7月1日起，将U-47700等4种新精神活性物质列入增补目录。三是整类列管。为应对新精神活性物质种类多、变化快的特点，我国于2019年5月1日起对芬太尼类物质予以整类管制，2021年7月1日起对合成大麻素类物质予以整类管制。整类管制仅列明某一类物质的化学结构，而不需要对此类物质中的具体品种逐一加以列明（有的品种尚未出现），这种做法涵摄力强，可以"一揽子"解决某一类物质的管制问题。截至目前，我国已宣布管制了459种麻精药品（包括123种麻醉药品，162种精神药品，174种非药用类麻精药品），并整类列管了芬太尼类物质、合成大麻素类物质，是世界上列管毒品最多、管制最严的国家[①]。

此外，对于我国加入的相关国际公约，如联合国1971年修正的《麻醉品单一公约》和发布的《精神药物公约》等，目前2个公约所列的麻醉药品和精神药品共有200多种，在我国也应纳入管制范围。

---

① 方文军. 关于毒品认定的几个重要问题[N]. 人民法院报，2023-06-08（06）.

3. 危害性

毒品的危害性是其后果特征。毒品滥用不仅危害到吸毒者本人，而且对家庭和社会的危害性都是极大的。

毒品对个人造成的危害主要体现在毒品会损害人的健康，毒害人体重要的组织、器官，干扰、破坏正常的新陈代谢过程。如通过呼吸道方式吸食毒品时，经口鼻吸入，则可能会诱发气管炎、支气管炎、肺气肿等呼吸道的疾病。当吸食方式为注射吸毒时，不洁注射，容易引发感染问题，如破伤风、败血症、细菌性心内膜炎等严重疾病。同时，注射吸毒的吸毒人员还可能会有共用针具的行为，会导致各种经血液传播的疾病在吸毒人群中快速地传播蔓延，如性病、各类肝炎、艾滋病[1]。

毒品对家庭的危害主要体现在家庭经济的消耗，亲属离散，影响子女教育，甚至会导致家破人亡。

毒品还容易诱发各种违法犯罪行为，败坏社会风气，阻碍社会经济正常发展，威胁人类的生存和发展，对社会造成极其恶劣的影响。

此外，毒品大多具有耐受性，但它并不是毒品的必然特征（有些毒品并不具有耐受性）。毒品的耐受性是指反复使用同一种或者同一类毒品后，机体对毒品的反应性减弱，对原有剂量变得不敏感，药效降低，需要靠增加剂量来达到之前药效的现象。

不同种类的毒品产生耐受性的快慢不同，如因吸食海洛因而产生的耐受性，其速度要快于吸食大麻者。一般某些毒品（特别是同类毒品）之间还会产生交叉耐受性，如海洛因和吗啡均属于阿片类毒品，身体不能对这2种毒品加以区分，吸食其中一种毒品（如海洛因）后，身体对另一种毒品（如吗啡）也会出现耐受性。

毒品的耐受性是可逆的，停止使用毒品后耐受性会逐渐消失，机体对毒品的反应又恢复到原来的水平。因而吸食某种毒品成瘾的人，在戒毒后

---

[1] 中国禁毒网．禁毒云课堂《毒品的危害》［OL］．2020-4-24，［2022-11-06］．http://www.nncc626.com/2020-04/24/c_1210588151.htm.

又复吸时,即使服用低于平时所用的剂量,也可能发生过量而中毒的现象。

(三)毒品的分类

毒品的种类繁多,分类标准也很多。比较常见的分类方法有如下几种:

1. 按毒品来源和生产方法分类

(1)天然毒品。直接从毒品原植物中提取的毒品,如阿片、大麻、卡塔叶、古柯叶等。

(2)半合成毒品。由天然毒品中的物质与化学物质反应合成的一类毒品,如二乙酰吗啡(海洛因)、甲基卡西酮、二氢吗啡酮等。

(3)合成毒品。完全用化学合成方法而得到的毒品,如摇头丸、氯胺酮、哌替啶等。

2. 按药理作用分类

(1)麻醉剂。医疗上具有镇痛、麻醉等作用,连续使用后易产生身体和精神依赖性并能形成瘾癖的药品。如吗啡、哌替啶(杜冷丁)、美沙酮、丁丙诺啡、大麻、可卡因、芬太尼等。

(2)兴奋剂。对中枢神经系统产生兴奋作用、可致依赖性的药物。如苯丙胺类、可卡因类、氯胺酮、咖啡因等。

(3)致幻剂。对中枢神经系统产生幻觉的药物。如麦角酰二乙胺(LSD)、苯环己哌啶(PCP)、麦司卡林、大麻等。

(4)抑制剂。对中枢神经系统产生抑制作用、可致依赖性的药物。如巴比妥类、苯二氮䓬类镇静药、阿片类药物等。

一些毒品可能同时具有麻醉、兴奋、致幻或抑制等药理作用中的几种,如大麻,同时具有麻醉、兴奋和致幻作用,讨论其毒理作用时,应根据具体情况具体分析。

3. 按国际公约分类

(1)麻醉药品。对中枢神经有麻醉作用,反复使用易产生躯体依赖性、能形成瘾癖的药品,包括鸦片类、可卡因类、大麻类及合成麻醉品类。如哌替啶(杜冷丁)、美沙酮等。

（2）精神药品。直接作用于中枢神经系统，使其兴奋或抑制，反复使用能产生依赖性的药品，如镇静剂：安眠药、安眠酮等；兴奋剂：安非他明、咖啡因等；致幻剂：麦角酰二乙胺、北美仙人球碱等。

4. 按毒性和危害程度分类

（1）软性毒品。毒性作用相对温和的毒品，如大麻、咖啡因、甲丙氨酯等。

（2）硬性毒品。毒性作用剧烈的毒品，如阿片类、苯丙胺类毒品。

也有人将列入管制的毒品称为硬性毒品，而把没有列入管制但易产生依赖性的物质称为软性毒品，如烟碱、酒精等。

5. 根据世界卫生组织的规定分类

1973年，世界卫生组织根据国际公约规定，考虑烟碱、酒精及一些挥发性溶剂对人类健康的影响，将毒品分为以下8类：鸦片类、大麻类、苯丙胺类、可卡因类、致幻剂类、酒精及安眠药类、挥发性化合物类、烟碱类。

此外，毒品种类不同，毒品滥用方式可能不同。根据毒品滥用方式不同，将其分为口服式、吸入式、注射式、敷贴式、埋植式等。

我国禁毒实务部门，常将毒品分为3大类：传统毒品、合成毒品和新精神活性物质（新型毒品）。也有人将合成毒品和新精神活性物质统称为新型毒品。

（四）毒品辨析

准确认定某一种物质是否属于毒品，是保证涉毒品类案件准确定性、公正处理的前提。司法实践中如果对毒品认定不准确，直接影响案件定性，产生巨大社会影响。

1. 麻精药品与毒品

根据我国《刑法》和《禁毒法》对毒品的定义，毒品应当具有3个特点，其一是"国家规定管制"，其二是"使人形成瘾癖"，其三是"麻醉药品与精神药品（简称麻精药品）"。其中第一项是毒品的法律属性，第二项与第三项是毒品的自然属性。2种属性当中，法律属性是毒品的核心属性。

显然，能够使人形成瘾癖的物质众多，但是只有一部分被国家施以了管制，而管制行为是通过立法来确认的[①]。

在我国，主要根据《麻醉药品品种目录》《精神药品品种目录》和《非药用类麻醉药品与精神药品增补目录》，加上对芬太尼类、合成大麻素类整类列管等方式来完成管制的。列入上述管制目录，是麻精药品成为毒品的必要条件。截至目前，我国已宣布管制了459种麻精药品和整类列管了芬太尼类物质、合成大麻素类物质，只有这些列入管制的麻精药品才可能被认定为毒品。

同时，禁毒法第2条第2款亦明确规定："根据医疗、教学、科研的需要，依法可以生产、经营、使用、储存、运输麻醉药品和精神药品。"因此，麻精药品具有药品、毒品双重属性，使用目的和程序的合法与否是辨别其"是药品还是毒品"以及行为人罪与非罪的关键。但这种双重属性只是针对具有医疗等合法用途的被管制麻精药品而言，麻精药品品种目录中只有一部分具有医疗等合法用途，对于没有合法用途的被管制麻精药品（特别是海洛因、冰毒等"纯毒品"和绝大多数新精神活性物质），则基本不存在双重属性问题。2023年《全国法院毒品案件审判会议纪要》（以下简称"昆明会议纪要"）明确规定：走私、贩卖、运输、制造国家规定管制的、没有医疗等合法用途的麻醉药品、精神药品的，一般以走私、贩卖、运输、制造毒品罪定罪处罚。

根据2023年昆明会议纪要：出于治疗疾病目的，违反有关药品管理的国家规定，未经许可经营国家规定管制的、具有医疗等合法用途的麻醉药品、精神药品的，不以毒品犯罪论处。但需注意两点：一是范围包括"经营"；二是仅为免除毒品犯罪，不代表一定免除其它管理类犯罪、走私类等犯罪。而对于个人使用部分，因治疗疾病需要，在自用、合理数量范围内携带、寄递国家规定管制的、具有医疗等合法用途的麻醉药品、精神药品进出境的，不构成犯罪。对被管制的麻精药品而言，是出于医疗用途使

---

① 包涵. 如何区分毒品与药品？[EB/OL]. 禁毒圈公众号，2017-09-25.

用还是被吸毒人员滥用直接决定其物质属性：前者为药品，后者为毒品。

综上所述，目前我国管制的麻精药品有459种，加上整类列管芬太尼类物质、合成大麻素类物质，非医疗用途的非法流通和使用时属于毒品。而有些麻精药品没有纳入毒品管制目录或附表，即使具有强烈的成瘾性，甚至被吸毒人员滥用，也不能被认定为毒品。

2. 麻精药品复方制剂与毒品

复方制剂是相对单方药物而言的概念，指几种不同类别的药物混合而成的制剂。麻精药品复方制剂则是指含有麻精药品的复方制剂。根据2013年发布的《麻醉药品品种目录》《精神药品品种目录》的"说明"部分，被管制的麻精药品通常包括盐、单方制剂和异构体（麻醉药品还包括其可能存在的酯、醚），但不包括复方制剂。之所以不对复方制剂进行大范围管制，是因为复方制剂多为常用药品，一旦被管制则对此类药品的生产、销售、日常使用带来很大不便。

对于含麻精药品的复方制剂，除国家相关部门专门发布文件明确对复方制剂本身予以管制的情形外，其他复方制剂都不属于被管制的麻精药品，故不能因其中含有被管制的麻精药品成分而将未被管制的复方制剂本身认定为毒品。也就是说，复方制剂中所含的麻精药品成分被管制，不等于复方制剂本身被管制。对于正规企业生产的复方制剂被违规销售的，如果该复方制剂本身没有被管制，即使其中含有被管制的麻精药品成分，对涉案药品也不能认定为毒品，对违规销售该复方制剂的行为不能按照毒品犯罪处理。如果此类行为也不构成妨害药品管理罪等其他犯罪的，则依法给予行政处罚。如果违规销售的复方制剂中所含的麻精药品成分没有被管制，则更不能将涉案的复方制剂认定为毒品，也不能为了对此类案件追究刑事责任而按照毒品犯罪未遂处理。当然，如果某种含有被管制麻精药品成分的复方制剂滥用情况很突出，确有必要对此类复方制剂本身进行管制的，则需要相关部门综合研判后作出决定并发布管制公告，从而为按照毒品犯罪处理创造条件①。含麻精药品的复方制剂一旦被管制，其法律属性则发生变化，违规销售此类复方制剂导致其流入非法渠道被滥用的，可能构成毒品犯罪。

据初步统计，目前含麻精药品的复方制剂中被明确管制的品种包括：2015年5月1日起将含可待因复方口服液体制剂（包括口服溶液剂、糖浆剂）列入第2类精神药品管理；2019年9月1日起将含羟考酮口服固体复方制剂（不含其他麻精药品或药品类易制毒化学品）按其含量（是否超过5 mg）分别列入第1类和第2类精神药品管理，将丁丙诺啡与纳洛酮的复方口服固体制剂列入第2类精神药品管理；2023年7月1日起，曲马多复方制剂将被列入第二精神药品进行管理，将含氢可酮复方口服固体制剂（不含其他麻精药品或药品类易制毒化学品）按其含量（是否超过5 mg）分别列入第1类和第2类精神药品进行管理。

3.新精神活性物质与毒品

新精神活性物质（new psychoactive substances，简称NPS），被称为"第三代毒品"，又称"策划药"或"实验室毒品"，是不法分子为逃避打击而对管制毒品进行化学结构修饰得到的毒品类似物，具有与管制毒品相似或更强的兴奋、致幻、麻醉等效果，但是没有纳入管制的物质。

目前，世界各国对新精神活性物质管控方法常用的有：列举式（例如中国等52个国家）、类似物式（美国、加拿大等6个国家）、骨架式（日本、意大利等19个国家）、市场准入式（新西兰）、涵盖式（英国、澳大利亚，规定对人体有精神活性并成瘾的物质均为精神活性物质）和临时式（美国、欧洲）等。此外，建立早期预警系统也是控制NPS蔓延的有效方法，如联合国SMART项目、欧洲早期预警系统等。对于新精神活性物质的法律管控，总体上可分为"事前管控""事后管控"2种方式。事前管控需要科学分析和精准预测新精神物质的生产、制造规律，同时要考虑毒品管制与公众健康权益之间的平衡问题，操作难度较大；事后管控具有相对的明确

---

① 方文军.关于毒品认定的几个重要问题［N］.人民法院报，2023-06-08（06）.

性，但滞后性较为突出，往往是新精神活性物质已经大量生产且出现滥用情况后才进行管制，其现实危害已经产生。

我国主要采用列管模式，保持了毒品管制制度的稳定性，在一定程度上节约了行政和司法资源，但列管模式事后性特征较为突出，列管效率较低，无法有效应对新精神活性物质的快速更迭，使得新精神活性物质的防控工作处于较为被动的状态。因此，当一种新精神活性物质出现时，可能是立法机关没有注意到，或还没有来得及管控，导致这些物质有毒品之实（自然属性）而无毒品之名（法律属性）。因此，新精神活性物质在列入管制之前不能称为"毒品"。

4. 兴奋剂与毒品

我国对兴奋剂范围认定的依据为《兴奋剂目录》，该目录每年发布一次，是国家体育总局联合商务部、国家卫生健康委员会、海关总署和国家药品监督管理局参考世界反兴奋剂机构发布的《禁用清单》国际标准，结合我国实际制定和发布的规范性文件。目前我国执行的是2022年12月30日，国家体育总局、商务部、国家卫健委、海关总署、国家药监局联合发布的《2023年兴奋剂目录》。公告自2023年1月1日起执行。2023年兴奋剂目录共计375种，与2022年兴奋剂目录相比，新增8种。

从定义模式来看，我国在毒品和兴奋剂的管制方式上具有一定的相似性，均使用了目录列举的方式，并根据社会实际情况，对其范围进行动态调整；且兴奋剂与毒品存在交叉关系，一部分兴奋剂属于法律意义上的毒品。

但二者在法律授权方面存在一定的区别。毒品和兴奋剂管制的授权机关不同，毒品管制方面，我国刑法第357条将毒品的列管通过规定"国家管制的麻醉药品与精神药物"进行授权立法，而《麻醉药品和精神药品管理条例》第3条将毒品目录的制定、调整和公布权限授权给国务院药品监督管理部门、国务院公安部门以及国务院卫生主管部门。2022年6月24日，第十三届全国人民代表大会常务委员会第三十五次会议通过了新修订的《中华人民共和国体育法》，则对制定和公布兴奋剂目录进行了直接授权。

毒品列管品种的制定依据是《麻醉药品和精神药品管理条例》《非药用类麻醉药品和精神药品列管办法》，列管品种包括麻醉药品、第1类精神药品、第2类精神药品、非药用类麻醉药品和精神药品。兴奋剂列管品种的制定依据是《反对在体育运动中使用兴奋剂国际公约》《反兴奋剂条例》，列管品种包括蛋白同化制剂、肽类激素制剂、麻醉药品、刺激剂（含精神药品）、药品类易制毒化学品、医疗用毒性药品、其他品种等。两者在麻醉药品、刺激剂（含精神药品）、药品类易制毒化学品等品种方面有交叉，如可卡因、大麻、苯丙胺、氯胺酮、吗啡、美沙酮等，既受毒品管制目录管制，又属于兴奋剂[①]。

5. 毒品与毒物

毒物是指在一定条件下，以较小剂量进入生物体后，能与生物体发生化学作用并导致生物体器官组织功能和（或）形态结构发生损害性变化的化学物质。任何外源化学物只要剂量足够，均可成为毒物。从理化检验的角度，毒品是毒物的一种。

毒品既是一种毒物，又是一种药物。毒品与一般的毒物和药物的最大区别在于它的成瘾性和受管制性。实际上，毒品是一把双刃剑，它具有双重性。毒品一方面给人类社会造成了深重的灾难，但大多数毒品开始都以药物的形式出现。如大麻曾用作医学上的镇静剂和镇痛剂，特别是在减轻抗癌药物所引起的恶心、呕吐和降低青光眼患者眼内压等方面具有潜在疗效。吗啡类药物具有强烈的镇痛作用，在外科手术、骨折、烧伤、癌症治疗上被广泛应用。有些毒品的医疗价值可用其他药物代替或其危害性大于其药用价值而逐步被医药界淘汰，但有些毒品在医疗活动中都有其特定的作用，其药用价值尚无可替代。有些人在使用毒品（麻醉药品或精神药品）治疗疾病时产生了药物依赖；有些合法的麻醉药品和精神药品流入黑市而被非法利用，变成了毒品。而毒品进入体内，经过消化吸收后，就变成危害人身体健康的毒物。

---

① 王锐园. 毒品与兴奋剂管制有何异同［EB/OL］. 中国禁毒报公众号，2022-09-13.

二、毒品问题概况

（一）世界毒品问题概况

联合国毒品和犯罪问题办公室发布的《2023年世界毒品报告》指出，持续刷新纪录的非法药物供应和日益灵活的贩运网络正在加剧相互交织的全球危机，对医疗服务和执法应对工作造成威胁。2021年，全球注射毒品使用者约为1320万，比先前估计高出18%；毒品使用者超过2.96亿，比10年前增加了23%；患有药物成瘾的人数已飙升至3950万，10年内增加了45%，禁毒形势依然十分严峻！青年仍是最容易沾染毒品的群体。在全球范围内，2021年15～16岁人群的大麻使用年流行率为5.34%，而成年人为4.3%。2021年，北美阿片类药物使用过量的致死案例约有9万起，大部分涉及非法制造的芬太尼。合成毒品以低廉的价格、简单的操作和快速的生产从根本上改变了非法药物市场。甲基苯丙胺（俗称"冰毒"）是世界上最主要的非法制造的合成毒品，犯罪分子正试图通过新的合成途径、制造基地和不受管制前体来逃避执法和监管。

面对毒品使用和毒品市场的问题加剧，2021年6月26日"禁止药物滥用和非法贩运国际日"（"国际禁毒日"）的主题是"了解毒品真相，保护生命安全"，强调提高公众认识的重要性，以便国际社会、各国政府、民间社会、家庭和青年能够作出清醒的决定，共同应对全球面临的严峻毒品挑战。2022年的主题是"健康人生、绿色无毒"，进一步强调提高群众识毒、拒毒、防毒的能力，积极开展禁毒工作的必要性。2023年的主题是"以人为本：停止污名化和歧视，加强预防"，突显了毒品预防的重要性。

（二）中国毒情形势

根据《2022年中国毒情形势报告》，2013～2022年，全国共破获毒品犯罪案件107万起，抓获毒品犯罪嫌疑人128万名，缴获毒品651.9 t。经过高压打击，毒品犯罪高发势头得到有效遏制，全国破获毒品犯罪案件已从最高峰时期2015年的16万余起降至2022年的3.5万起。10年来，全国共查获吸毒人员679万人次，决定强制隔离戒毒243.3万人次，责令社区戒毒社区康复217.4万人次。截至2022年年底，全国戒断3年未发现复吸人员达379万名，是2012年的5倍多；全国现有吸毒人员112.4万名，较最高峰时期下降56%。2022年，全国新发现吸毒人员7.1万名，较最高峰时期下降86.6%。10年来，全国缴获制毒物品3.27万t。制毒物品流失明显减少，2022年全国缴获制毒物品660.2 t。

现有吸毒人员中，滥用海洛因41.6万名、冰毒58.8万名、氯胺酮3.2万名，同比分别下降25.2%、25.8%和14.7%。据各地开展城市污水中毒品成分监测结果显示，海洛因、冰毒、氯胺酮3类滥用人数较多的常见毒品消费量普遍大幅下降。但是，滥用品种多样叠加。受毒品供应大幅降低影响，国内常见毒品价格居高不下，毒品买不到、吸不起成为普遍现象。部分吸毒人员为缓解毒瘾，转而寻求其他麻精药品、新精神活性物质及未列管物质进行替代滥用，或交叉滥用非惯用毒品以满足毒瘾。2022年，全年查处滥用曲马多、二氯西洋等麻精药品和氟胺酮、合成大麻素等新精神活性物质人数增多。吸毒人员滥用毒品替代物质后，易导致精神异常、出现幻觉或者狂躁症状，存在肇事肇祸风险。不法分子利用迷药类精神药品制成"迷奸水""听话水"，实施强奸、猥亵等犯罪活动。涉案毒品呈现传统、合成、新型毒品"三代并存"格局，且新的替代滥用物质不断出现。海洛因、甲基苯丙胺、氯胺酮仍占据涉案毒品前3位。涉甲卡西酮、γ-羟丁酸、合成大麻素等新型毒品犯罪总体呈上升态势。医疗用麻精药品和依托咪酯、"笑气"等非列管物质流入涉毒渠道问题不容忽视。

毒品制造活动继续萎缩。通过持续推进"除冰肃毒"专项行动和重点地区突出毒品问题整治工作，创新完善全链条打击模式，国内规模性制毒活动得到有效遏制。全年共缴获毒品656 kg，同比下降12.4%，制毒活动在部分省份零星散发，呈现出选址隐蔽、规模小型、分段加工、多点合成等"零、小、散"特点。同时，制毒物品流失不断减少。通过加强易制毒化学品监管，推进制毒物品清理整顿，强化流失堵截倒查工作，国内制毒物品流失得到有效防控。全国破获制毒物品案件287起，同比上升24.8%，缴获各类制毒物品660.2 t，同比下降48.5%。不法分子为逃避法律监管、规避打击，不断研发改进制毒工艺，寻求更多种类非列管化学品用于制毒。

近年来，随着边境管控更加严格，毒贩藏毒运毒方式也不断变化。和过去"蚂蚁搬家"式的运毒方式不同，现在贩毒案件数量虽然减少，但是每起案件查获的毒品数量却大幅上升。2022年共破获走私、贩卖、运输毒品案件2.7万起，抓获犯罪嫌疑人4.1万人，缴毒10 t，同比分别下降29.9%、31.7%和29.3%。贩毒分子不断改变运毒通道、藏毒手法、贩卖方式，多采用受疫情影响小、被查获风险低的贩毒模式，非接触式贩毒模式突出。

2022年，全年共破获毒品犯罪案件3.5万起，抓获犯罪嫌疑人5.3万名，缴获各类毒品21.9 t，查处吸毒人员19.7万人次，同比分别下降28.6%、24.3%、18.7%和39.7%。总体看，在疫情防控、高压打击整治等多种因素作用下，全国毒情形势整体向好，持续改善，毒品违法犯罪活动下降至近10年来的最低点，毒品供应、毒品消费和毒品滥用规模持续减少。这些成绩的取得，与开展城市污水检测、毛发验毒和新精神活性物质筛查分析等毒品识别工作，完善全国禁毒综合信息应用系统和研判平台，提升精准打击、精准管控能力是密不可分的。

在全球毒潮持续泛滥，毒品产量、吸毒人数持续增多，毒品走私贩运活动持续加剧的背景下。随着我国新冠病毒感染实施"乙类乙管"，国内毒品问题出现新情况新动向，中国禁毒斗争形势更加复杂多变。根据习近平总书记关于禁毒工作重要指示精神和党中央、国务院决策部署，我国的禁毒工作也在持续推进，而禁毒工作中的第一步往往是认识和了解毒品常识，进而对缴获疑似毒品进行准确的检验鉴别。毒品的识别将促进我国禁毒学知识体系的完善，形成全社会对毒品使用的风险认知，配合毒品预防教育和打击毒品违法犯罪行为，保护公民身心健康，维护社会秩序。

三、毒品识别的概念

关于毒品识别，目前没有明确的定义。而"识别"的含义为辨认、辨别、区分、分辨等。毒品识别可理解为：对毒品的辨认、辨别和区分。在日常生活中，狭义的毒品识别一般指对疑似毒品的外观形态、颜色、气味等物理形态的辨别，从而判断是否为毒品或者是何种毒品的过程。我们知道，物理性质是物质的表面性质，只能对物质进行初步判断，而认定一种物质起决定作用的是它的物质结构和化学性质，因此，广义的毒品识别应该包含对疑似毒品的物理性质和化学性质的识别。

此外，就吸毒行为而言，应包括吸毒行为的主体和客体，一般以人为吸毒行为的主体，各种层出不穷的毒品为吸毒行为的客体。毒品作为实物往往不会单独存在，必然会存在关联的人、工具、场所、制毒物质等派生系列，对于毒品的识别内容，则不应局限于对疑似毒品的物理性质和化学性质的识别，还应包含与毒品相关的吸毒人员、吸毒工具、吸毒场所、易制毒化学品等的识别。

四、毒品识别的任务

毒品识别的任务是运用现代科学技术手段，对各类案（事）件中可能涉毒人、物、场所等进行同一认定或种属鉴别，判明有无毒品成分、毒品种类和含量、与案（事）件的关系等，为涉毒案（事）件的处置提供线索或证据。毒品识别的任务与现代科技发展水平、毒品犯罪形势紧密相关[1]。

（一）涉毒物品的外观识别

通过观察涉毒物品的颜色、形态、气味、结晶形态等外观特征，初步判断是否毒品、毒品原植物、易制毒化学品、制毒中间体等。

---

[1] 吴玉红，钟岩. 禁毒化学技术 [M]. 北京：中国人民公安大学出版社，2015.

（二）涉毒物品或生物检材的成分鉴定

对外观识别、现场快速检验等方式确定的可疑涉毒物品或吸毒嫌疑人人体生物检材，通过实验室检验，进一步确定可疑物品中是否含有毒品、含有何种毒品、含量是多少。通过对吸毒嫌疑人人体生物检材，如血、尿或毛发进行定性分析，判断近期其是否吸食过某种或某几种毒品；对涉嫌吸毒致死人员，可通过对其血、尿等生物检材的定量分析，判断是否吸毒致死及是否药物辅助犯罪。此外，还可通过对涉案可疑毒品中未反应的原料、反应中间体、残留反应试剂或溶剂、掺假剂、稀释剂、反应过程中产生的杂质等成分的定性分析和定量分析，推断毒品的产地、来源、生产方式、合成路径等信息。

（三）非法制毒原理及工艺解析

通过对涉毒相关物品（如毒品、半成品、中间体、掺杂剂、稀释剂等）的检验鉴定，结合对非法制毒现场的勘查，分析非法制毒原理，对制毒工艺进行解析，确定各种化学试剂和设备的用途。可用于判断相关涉案人员供述是否真实，各个涉案人员在制毒案件中扮演的角色，制造毒品的种类及进度等。

（四）涉毒人员和场所识别

吸毒人员吸食毒品后会产生特定的中毒症状，据此可初步判断一个人是否吸毒；利用免疫试纸或快速检测仪器可对吸毒嫌疑人员的唾液、血液、尿液等进行现场快速检验，如果检测结果呈阳性且嫌疑人对检测结果没有异议，可现场认定吸毒人员；如果嫌疑人对检测结果有异议，则需送实验室进一步检测确认。

为了逃避警方打击，吸毒、贩毒人员之间常常通过"暗语""黑话"进行交流，有些涉毒场所还会有涉毒特有的"涉毒工具""标示物"等，了解并识别"暗语""黑话""涉毒工具""标示物"等，对发现涉毒人员、涉毒场所很有帮助。此外，还可通过污水检测、毛发检测等技术手段，发现涉毒人员和涉毒场所。

五、毒品识别的作用

毒品识别是缉毒、戒毒和打击毒品犯罪活动中不可或缺的组成部分，在立案、侦查、起诉、审判等各个环节中主要起线索和证据作用。具体来说，主要体现在以下方面：

（一）证实或排除毒品犯罪嫌疑，确定案件性质

毒品识别在缉毒活动初期，是确定案件性质的重要方法。毒品犯罪是以毒品为犯罪对象的一类特定犯罪，根据是否毒品，确定是否立案；而毒品的种类、数量等对刑罚有决定性的影响。无论是侦查人员在侦查活动中查获的可疑物品，还是机场、车站、码头等日常安检中查获的毒品可疑物，必须经过毒品检验鉴定，才能准确认定案件性质。毒品鉴定意见作为证据，成为认定相关毒品案件事实的关键，没有该证据，司法程序将很难进行，甚至无法对犯罪嫌疑人进行定罪量刑。

（二）毒品鉴定技术可为侦破毒品案件提供线索

1. 为禁毒部门确定毒品产地和来源提供准确信息

根据来源不同，毒品可分为天然毒品和化学合成毒品。天然毒品由毒品原植物分离提纯而成。不同产地的毒品原植物因原产地的土壤、水质、气候等自然条件的不同，其生长过程中必然会携带原产地的相关信息，导致不同产地的毒品原植物成分会有细微差异。而非法合成毒品在生产过程中受生产原料等限制和影响，没有统一的生产标准和质量控制，不能选择最佳的合成方法；同时，生产者技术水平不同、生产设备简陋，生产过程中会产生大量杂质。不同的生产原料和生产方式，产生的杂质种类和杂质含量不同。将杂质分析推用到毒品分析过程中，即将毒品中的杂质进行分析，能用于推断毒品的产地、包装、提纯方法甚至合成毒品所用的原料、

合成路径等信息。对于目前国内外毒品犯罪隐秘，在既没有犯罪现场可勘察，又没有受害人提出指控的情况下，公安机关缉毒情报收集面临重重困难。若对毒品中的杂质进行分析，以挖掘其中蕴含的毒品溯源情报，将之与相关的侦查信息进行整合分析，即可作为缉毒情报用于禁毒工作。这类技术情报信息具有独特性、客观性、准确性等特点，是其他情报来源所无法提供的，也是无法比拟和替代的[①]。

2. 为禁毒部门判断毒品合成路径提供帮助

同一种毒品有不同制毒工艺和合成路径。毒品的合成会经过多次提纯、净化等处理，但也很难彻底清除干净，且杂质的种类和含量会受到原料来源、合成路径、仪器设备条件、生产技术水平等诸多因素的影响。这就可以作为毒品的"化学指纹"对毒品的产地、合成方式进行鉴别，同时与相关的侦查信息相结合，如犯罪嫌疑人情况、破获地点、嫌疑人口供等，建立一个毒品杂质分析与侦查信息结合的数据库。在侦查毒品案件时，将可疑毒品进行检验，分析其有效成分和杂质的种类和数量，与已知毒品样本对照，为案件的侦破提供相应的情报线索，包括侦查范围的划定、样品关联性判别、毒品产地的溯源等，使案件能够得到及时、快速的侦破。

3. 为寻找或判断毒品犯罪嫌疑人提供依据

毒品作为一种特殊商品，在日常生活中并不常见。如果一个人接触过毒品，在其手上、衣服、包装物等处会留下微量毒品成分。通过毒品检验，可将特定的人与毒品犯罪联系起来，为寻找或判断毒品犯罪嫌疑人提供依据。

4. 为并案侦查提供依据

并案侦查是公安机关在人、财、物有限的条件下，最大限度地提高办案效率的一种有效手段。毒品样品中的有效成分及其他成分的检验结果是侦查人员判断毒品案件是否并案侦查的重要科学依据。

---

① 赵志东，孟娇，钟赫，等.毒品杂质分析情报的挖掘与利用——以贵州省为例[J].云南警官学院学报，2018（5）：57–62.

不同来源的毒品，受原料成分和生产工艺的影响，必然会携带其生产过程的印记；而毒品在走私贩卖过程中，为牟取暴利，经制造、贩卖、运输、零售等过程到吸毒者手中，常常经过多次掺假、稀释，在毒品中加入兴奋剂、镇痛剂及其他填充物等。每一次掺杂的成分可能不同，如海洛因中除含有毒品海洛因之外，还有在提纯、净化中引入的杂质、掺杂剂、稀释剂、溶剂残留等，包括鸦片中含有的各种生物碱，罂粟碱、可待因、那可汀等未被完全净化的生物碱；淀粉、乳糖、葡萄糖等因个别毒贩为获取高额利润而添加的某些稀释剂；咖啡因、乙酰对氨基酚等掺假剂等。

利用毒品分析检验技术对毒品样品进行深度的剖析、检测、研判，能够获知该毒品的制造原料、制造所用辅料配剂以及生产工艺。看似毫不相关的毒品案件，可以对毒品样品中的化学成分相似性进行分析、检测，找出它们共同的上线以及毒品制造者、批发者、零售者之间可能的联系，据此则可将几起或多起看似不相关的毒品案件串并案侦查，以确保更为准确、快速地打击和遏制毒品犯罪。通过对源头制毒案件和终端零包案件样品间的关联判别，以及不同终端零包案件样品间的关联性判别，为整合和串并毒品犯罪案件提供线索和侦查方向，为勾勒本地区的制贩毒网络提供依据[1]。

毒品检验可提供毒品的种类、含量、杂质及掺杂成分等信息。如果查获的几批毒品组成成分及含量完全相同，即可以确定这些毒品出自同一产地，甚至可能为同一批产品。由此则可将几起或多起毒品案件并案侦查，以保证更为准确、迅速地打击毒品犯罪。

（三）解析非法制毒原理或工艺，分析作案过程

毒品样品除了含有分离提纯或合成过程中毒品原料、溶剂、试剂等信息外，还会含有多种在提取、合成过程中产生的副产物和中间体，例如海

---

[1] 秦总根.毒品检验分析中禁毒情报的作用与挖掘利用[J].政法学刊，2018，35（1）：108-114.

洛因在提纯过程中的可待因、蒂巴因和那可汀等生物碱产生的乙酰化产物，冰毒在合成过程中的3,4-亚甲基二氧苯基-2-丙酮（MDP2P）、3,4-亚甲基二氧苯基-2-丙醇（MDP）、3,4-亚甲基二氧基-N-甲基苄胺（MDB）、胡椒醛和N-甲酰基MDMA等成分，这些痕量成分通常含量极低，但可以通过对痕量成分的分析获取毒品样品的提纯、合成工艺流程，对毒品样品来源推断加以佐证[1]。

通过对现场获取的涉毒物品或周围环境的污水等检验鉴定，技术专家还可能提供毒品是否被生产出来、毒品合成所采用的路线、合成所必需的时间、可能的产量等意见。技术专家的意见在确立实施执法行动打击非法地下加工厂的决定中非常重要[2]。

（四）为吸毒认定和戒毒监测提供帮助

毒品检测可判断一个人是否吸毒、吸食何种（或哪几种）毒品及吸毒史；对涉毒死亡案件，可判断是否吸毒致死。为了进一步加大对毒品犯罪打击的力度，教育挽救吸毒者，我国对吸毒人员采取了自愿戒毒、社区戒毒、强制隔离戒毒和社区康复等一系列措施。对一些非自愿的吸毒者来说，往往不承认自己在吸毒，需要提取涉嫌吸毒人员的唾液、血液、尿液或毛发等生物检材，通过技术检测推测体内检材中是否含有法律管制的滥用物质，是判断一个人是否吸毒或是否吸毒成瘾的重要手段。通过对戒毒人员生物检材中毒品的检验鉴定，综合其他情况来确定戒毒效果。此外，通过污水检测，还可发现一定区域内吸毒人群或吸毒品种的变化，为禁毒部门科学制定对策提供帮助。随着新型毒品的不断出现，毒品问题形势严峻，对毒品的检测工作提出了挑战。毒品检验人员必须及时更新检验方法和手段，为吸毒认定和戒毒监测提供帮助。

---

① 赵志东，孟娇，钟赫，等.毒品杂质分析情报的挖掘与利用——以贵州省为例[J].云南警官学院学报，2018（5）：57-62.

② 孟品佳.非法毒品加工厂概述与查获[J].中国人民公安大学学报（自然科学版），2005（3）：45-52.

（五）毒品检验的统计数据，可为预测毒品犯罪趋势提供支持

几乎所有毒品违法犯罪活动都需要毒品检验鉴定进行确认，如果对一定时间和一定区域的毒品检验数据进行大数据分析，可以分析研判制毒、贩毒、吸毒者涉及的毒品品种、制毒工艺、贩运通道和购销网络、滥用场所等动态信息。这些数据不仅可以有效反映出毒品犯罪的最新情况，也能前瞻性地预测毒品犯罪的特点、规律、线路和趋势，这对决策部门正确决策提供了可靠的依据，为有针对性地开展执法打击工作提供了有力支撑。

（六）在法庭审理中，作定罪量刑的证据

检验结论是毒品案件结案和移送的最直接、最重要的证据。在毒品案件的各种证据中，证人证言、犯罪嫌疑人的供述和辩解等常因主观等因素的影响，缺乏客观性和准确性。而检验结论则不然，因为它是建立在先进的科学技术之上的。司法实践表明，只要经审判处以刑罚的毒品犯罪案件，其犯罪证据无一例外都包含有毒品的检验鉴定书，否则很难定罪量刑。我国《刑法》第347条规定，走私、贩卖、运输、制造毒品，无论数量多少，都应追究刑事责任，予以刑事处罚。走私、贩卖、运输、制造鸦片1000 g以上，海洛因或甲基苯丙胺50 g以上或者其他毒品数量较大的处15年有期徒刑、无期徒刑或者死刑。由鉴定机构出具的鉴定意见作为对毒品犯罪定罪量刑证据链中的关键一环，毒品检验鉴定的结论能提供查获物品是否毒品、是何种毒品、毒品含量多少等信息，为毒品犯罪定罪量刑提供依据。

第二节　毒品识别的基本理论

一、同一认定理论

20世纪20年代，苏联学者帕托波夫首次对同一认定理论进行了系统阐述。20世纪50年代我国便引进了苏联的同一认定理论，但受多种原因

的影响,直到1982年,徐立根教授才在《犯罪侦查学》一书中首次对我国的同一认定理论进行系统阐释[1]。同一认定理论是毒品识别最重要的基础理论之一,在指导毒品检验、鉴定工作方面发挥着不可替代的基础理论作用。

(一)同一认定的概念

关于同一认定的概念,学界存在"客体同一说"和"来源唯一说"2种不同观点。根据"客体同一说",同一认定是依据客体特征来判断2次或多次出现的客体是否为同一个客体的认识活动。根据"来源唯一说",同一认定是对案件中多次出现的客体进行比较、分析,进而判断它们是否来源于同一客体的认识活动。目前,"客观同一说"是我国学界的主流观点,但实际上,2种学说的区别仅是在表述时所选取的角度不同而已[2]。综上,本书所指的同一认定是通过对客体的某些特征进行比对进而判断2次或多次出现的客体是否为同一个客体的认识活动。

(二)同一认定的分类

按照不同的分类标准,同一认定可以分为以下几种类型:

首先,按照同一认定的对象不同,同一认定可以分为人身同一认定和物体同一认定。人身同一认定是依据人体或与人体密不可分的特征来判断人身是否为同一的认识活动。人身同一认定主要有指纹同一认定、足迹同一认定、笔迹同一认定等类型,随着技术的推进和医学、生物学的发展,这种基于生物识别信息的同一认定类型会越来越丰富。物体同一认定是依据物体的特征来判断物体是否同一的认识活动,例如犯罪现场发现的杀人凶器等,主要包括工具同一认定、枪支同一认定以及车辆同一认定等。

---

[1] 何家弘. 同一认定理论与犯罪侦查学[J]. 中国人民公安大学学报(社会科学版), 1986(2): 6.

[2] 李学军. 物证技术学[M]. 第5版. 北京: 中国人民大学出版社, 2021: 22-23.

其次，按照客体在进行同一认定时的完整程度，可以将同一认定分为完整体同一认定和断离体同一认定。完整体同一认定是指客体在进行同一认定时保持完整的形态。完整体同一认定也是同一认定中最常见的类型。反之，断离体同一认定则是指客体在进行同一认定时已经断离为若干部分。毒品同一认定大多属于断离体同一认定。

最后，根据同一认定的结论性质可以将同一认定分为肯定型同一认定、否定型同一认定以及非确定性同一认定3种。肯定型同一认定，即鉴定人员确定客体与客体之间或客体与案件事实之间的联系。否定型同一认定，即鉴定人员排除客体与客体之间或客体与案件事实之间的联系。实践中，还会出现因特征反映体的特征不太清晰或者特征数量较少的情况，导致鉴定人员无法作出肯定或否定的确定性结论，只能作出非确定性结论。这种同一认定就属于非确定性同一认定。

（三）同一认定的适用条件

值得注意的是，并不是所有物证都能进行同一认定，只有满足以下几点条件，物证才能进行同一认定：

第一，同一客体必须出现2次及以上。若客体仅在认识过程中出现1次，那么同一认定就无法进行。例如，侦查人员分别从2个嫌疑人身上查获了2份毒品，此时，我们可以通过同一认定来确定所查获的2份毒品的来源是否一致。若只查获1份毒品，则无法对其进行同一认定。

第二，客体所具备的特征必须具有特定性、稳定性以及反映性。首先，特征的特定性是指，客体特征具有区别于其他任何同类客体的特殊性。司法实践表明，由于制毒原料产地、制毒设备、制毒配方以及制毒工艺的不同，即便是同种类的毒品，其毒品有效成分、杂质等含量也会有所不同。毒品所具有的特殊性是毒品能够进行同一认定的重要依据[1]。其次，特征的稳定性是指，客体特征在进行同一认定的必要时间内保持基本不变的属性。

---

[1] 满勤，冯永平. 毒品同一认定的理论依据及实践意义 [J]. 公安学刊，1999（4）：62.

同一认定理论要求客体特征在必要时间内"基本不变"而不是"绝对不变",如果客体特征在必要时间内发生了变化,但是该变化并没有改变特征的特定性,则仍然可以将其视为"基本不变"。反之,若客体特征发生了足以影响其特征特定性的质变,则该客体不再具备进行同一认定的条件。最后,特征的反映性是指,客体的特征能够在其他客体上得到反映的一种属性。根据物质交换原理,当物体与其他物体进行接触时,会在对方物体身上留下痕迹。若该痕迹能如实反映客体特征并被人们所感知或认识,那么该物体就是特征反映体。在进行同一认定时,我们仅能通过客体特征反映体来分析被寻找客体的特征,因此客体特征反映的准确程度对同一认定这种认识活动至关重要。

对毒品进行同一认定不仅能够查明不同案件中所查获的毒品来源是否同一,从而对毒品犯罪案件的串并案工作的有效开展提供依据,还能帮助缉毒部门分析掌握毒品动态,提高毒品犯罪案件的侦办效率。

二、种属认定理论

种属认定与同一认定都是认识活动,两者在认定步骤、方法上具有相似性。当一个客体被限定的种类范围小到只有一个客体时,就是同一认定,可以说同一认定是种属认定的一部分[①]。种属认定在毒品识别中有着重要价值,可以帮助确定毒品大的种类范围,提前排除不必要信息的干扰。

(一)种属认定的概念

种属认定是人们认识客观事物的一种认识活动,在毒品鉴定中有着至关重要的作用。种属认定是指,具有专门知识的人依据客体特征对与案件事实有关的客体的种类所属或者先后出现的客体的种类所属是否相同等问题所作出的判断。种属认定并不是仅从客体的外在表象来进行,更需要具

---

① 杜志淳,宋远升. 笔迹鉴定证据的原理采撷与法律判读[J]. 华东政法大学学报,2009(2):35.

备专门知识的人深入客体的内部进行。

（二）种属认定的类型

根据种属认定的概念，可知种属认定主要分为2种类型：一是确认种类所属型种属认定，即对与案件事实有关的客体的种类所属进行认定。司法实践中，毒品往往会伪装成奶茶、饼干、糖果等物品，导致侦查人员无法直接通过肉眼查明所查获物品的属性。在这种情况下，就需要具备专门知识的人通过种属认定来确定所查获物品的成分属性。二是判断种属异同型种属认定，即比较判断案件中先后出现的客体的种属是否相同。例如，认定制毒现场发现的毒品与嫌疑人家中发现的毒品的种类是否相同。

（三）种属认定的基本步骤

种属认定主要包括做好鉴定基础工作、分别检验、比较检验、综合评判4大步骤。

第一，做好鉴定基础工作能确保最终结论的真实可靠。鉴定基础工作主要包括：①了解案件基本情况；②确认检材和比对样本的基本情况，审查其是否满足鉴定条件；③制定鉴定方案。

第二，对检材和比对样本进行分别检验。客体具备特征是进行种属认定的前提条件之一，分别检验的任务就是寻找检材和比对样本各自存在的特征。鉴定人员一般先对检材进行检验，找出其一般特征和细节特征，然后再对比对样本进行检验。

第三，比较检验是种属认定的核心环节。通过比较检验找出检材和比较样本存在的一般特征和细节特征。在此基础上，鉴定人员对检材和比较样本的特征进行比较，找出两者之间存在的相同点和差异点。一般情况下，鉴定人员会先对一般特征进行比较，然后再比较细节特征。比较检验方法主要有特征对照法、特征结合法以及特征重叠法等。

第四，鉴定人员对检材和比较样本存在的相同点和差异点进行分析，根据实际情况作出肯定性、否定性或非确定性结论。值得注意的是，事物的特殊性是绝对的，即世界上没有绝对相同的2个事物。因此，检材和比较样本一定会存在差异点。鉴定人员在作出结论时，不论最后的结论是肯定性还是否定性结论，都要认真分析相同点和差异点的形成原因。

三、物质交换原理

20世纪初，法国学者埃德蒙·洛卡德提出"触物留痕"原理，即物质交换原理。该原理为后续物证技术、刑事侦查活动奠定了深厚的理论基础。

（一）物质交换原理的含义

物质交换原理，又称为物质转移原理、洛卡德物质交换原理等。该原理指出，2个客体在外力的作用下，2个客体的某一部分会与母体发生分离，而脱离的部分会在2个客体之间互相转移或交换。一般情况下，发生转移的部分正是我们要寻找的物证。

起初，部分学者认为物质交换原理仅能适用于微量物质。随着实践的需要，有学者对物质交换原理进行了拓展，将物质转移原理的适用范围从微量物质拓展为宏观物质，使该原理在物证技术学界的地位更加巩固[①]。

（二）物质交换的条件

物质交换具有复杂性，必须具备以下2种条件才能发生物质交换或转移：

第一，交换客体是物质交换的前提条件。交换客体，是指物质交换过程中存在的事物。如果没有或只有一个交换，就不会发生物质交换。交换客体包括源物体、碎片以及碎片转移所至的目标物3种物质。

第二，必须要有外力作用，即具有促使碎片分离且能转移至目标物的能量。在外力的作用下，碎片才能够从源物体身上脱离并交换或转移至目标物。值得注意的是，使碎片从源物体身上脱离的能量与促使碎片转移或

---

① 杨宗辉. 侦查学总论[M]. 第2版. 北京：中国检察出版社，2017：21.

交换的能量可能并不是同一种能量。这种能量可以分为人为力量和自然界力量 2 种类型。

(三) 影响物质交换的因素

一些学者发现物质交换或转移容易受到以下 5 种因素影响：第一，源物体分离成碎片的难易程度及分离力大小。这些因素将影响可交换或可转移的碎片数量。第二，碎片转移难度以及转移力大小。这些因素将影响碎片转移或交换到源物体上的可能性。第三，能够转移的碎片数量以及碎片附着能力。这些因素将影响侦查人员发现碎片的可能性。第四，二次转移。从源物体 A 分离的碎片转移到目标物 B，再从目标物 B 转移到目标物 C 的过程就是二次转移。二次转移可能导致出现 A 与 C 接触过的误判。第五，无关转移。实践中，可能会在目标物身上发现与案件无关的碎片[1]。

第三节　毒品识别的现状与发展趋势

一、毒品识别发展简史

毒品最初以药物形式出现，因此，毒品检验一直作为毒物分析的一部分（不挥发性有机毒物或药物分析）存在。随着禁毒形势日益严峻，毒品品种逐步增多，毒品检验识别越来越受到关注，逐渐从毒物检验中剥离出来成为单独的学科。

根据文字记载，现存最早的法医学著作是中国古代伟大的法医学家宋慈所撰《洗冤集录》，该书出版于南宋理宗淳祐七年（1247 年），其中含毒物分析的内容。清代，对《洗冤录》古本增加了不少内容，编写了《洗冤录详义》，其中毒物的种类增加了鸦片等 20 余种毒物，开始出现了有

---

[1] 李学军. 物证技术学 [M]. 第 5 版. 北京：中国人民大学出版社，2021：18.

关毒品的内容，对中毒症状、尸检所见、检验方法等也有了一些比较合理的修订和补充，同时还增加了许多案例、注解和辨析等。

1915年，浙江公立医药专门学校在药科开设裁判化学课程，专门讲授毒物分析。1931年，黄鸣驹教授编著了《毒物分析化学》一书，该书是我国近代第一部毒物分析的科学专著，书中系统地介绍了各种常见毒物、鸦片类毒品及其中毒检材的分离提取和化学分析方法。该书对开拓和促进我国近代毒物分析的发展作出了重要贡献。

新中国成立前，我国的毒物毒品检验一直采用化学分析法。新中国成立后，我国开展了微量结晶反应、纸色谱法及薄层层析分析法。毒物毒品的种类由20多种发展到100种以上，检材以胃内容物、呕吐物、剩余食物等为主，检材的用量往往需要数十克以上，提取方法主要以斯-奥氏法（Stas-Otto）为主。

新中国成立后很长一段时间，毒品在我国基本灭绝，加上十年"文化大革命"的冲击和干扰，基本未开展毒品检验工作，毒物检验也发展迟缓。

随着改革开放后打开国门，毒品问题在我国死灰复燃，毒品检验研究工作得到快速发展。1991年开始，联合国在公安部物证鉴定中心举办了多期毒品检验培训班，极大地促进了我国毒品检验人才培养。这一时期，检材用量、检验手段、检出限及提取净化方法等方面均已达到国际水平，开始采用内标质量控制技术并建立了分析标准化方法，标志着该学科逐步走向成熟。

在这一阶段，毒品提取方法，主要用液液直接提取法、酶消化法、酸水解法和沉淀蛋白法等，不再采用传统的斯-奥氏法。从80年代后期开始进行系统的固相萃取研究，取得了大量成熟且实用的研究成果。在净化方法上主要采用柱层析法、反提法等方法。在检测方面，气相色谱、紫外光谱、薄层色谱已成为常规的手段，少数实验室使用了高效液相色谱、气相色谱衍生化分析技术、色谱-质谱联用仪、毛细管电泳等现代化分析手段。在检材用量方面一般是1~5 g（mL），甚至少于1 g（mL）。在毒品代谢物的研究方面已取得了飞速的发展，我国的毒物、毒品分析进入了代谢物的检测阶段[①]。

二、毒品识别的现状

现阶段,毒品检验获得有了飞速的发展,无论缉毒查获的可疑毒品还是生物检材中毒品的检验。毒品的分离提取方法,主要是采用液液直接提取法、液相微萃取法和固相萃取法等方法。

对于生物检材,血液和尿液能提供短期吸毒情况;毛发可提供吸毒史,并易于长期保存。各种检材均有比较成熟的分析方法,并作为证据在法庭使用。

检测方法主要是采用现代化仪器分析方法,如气相色谱、气相色谱－质谱联用技术和高效液相色谱、高效液相色谱－质谱联用技术等进行原药及其代谢物的定性和定量分析,基本不再使用化学颜色反应(除可疑毒品快速检验外)和薄层色谱法。检测方法灵敏度已达到纳克级。

三、毒品识别的发展趋势

合成类毒品和新型毒品都依赖化学品为原料,不法分子为逃避法律监管,对毒品合成路径进行改进,寻求非列管化学品用于制毒,制毒物品的快速识别对于防控毒品制造活动至关重要。针对毒品的贩运,暗网上的毒品市场 10 年前才出现,但现在其主要的毒品市场规模仍在扩大。由于快速的技术创新,人们更容易通过各种平台获取毒品或其他物质,这将引发吸毒、贩毒模式的加速转变。根据 2021 年世界毒品报告显示,在新冠大流行暴发初期,毒品市场已迅速恢复运转,新冠的暴发已触发或加速了全球毒品市场中某些早先存在的贩运动态。其中包括:越来越多的非法毒品运输,用于贩运的陆路和水路路线的频率增加,更多地使用私人飞机进行贩毒以及大量使用非接触式毒品运送方式给终端消费者。新冠大流行期间

---

① 吴玉红,钟岩. 禁毒化学技术[M]. 北京:中国人民公安大学出版社,2015.

毒贩能迅速适应市场的变化，贩毒分子改变运毒渠道、藏毒手法，更多采用受疫情影响小、被查获风险低的贩毒模式。为了遏制网上毒品市场问题，执法机构应提高识别经暗网贩运毒品的能力，通过联合互联网服务提供商、技术公司、运输和邮寄公司等，以遵守最高的道德标准，确保信息自由和尊重隐私的原则，采取合理的应对措施。

（一）当前毒品分析主要难点

1. 新精神活性物质更新速度快，检测技术滞后

新精神活性物质种类繁多、更新速度快；标准物质和标准方法的更新速度总是滞后于新精神活性物质；体内代谢机理等不清楚，给新精神活性物质检测识别带来很大困扰。

2. 药物辅助犯罪检验识别难度较大

药物辅助犯罪是指在中枢神经抑制剂、兴奋剂和致幻剂等精神活性物质影响下，实施的麻醉抢劫、性犯罪等不法行为。无论是国内还是国外，药物辅助犯罪均呈上升趋势。这些案件除了对公众造成人身伤害、财产损失外，由此引起的中毒死亡案件时有发生，对公共安全造成了极大威胁。药物辅助犯罪中涉及的药物种类繁多，且大多具有无色、无味、易溶于水，剂量小，作用强且快，作用时间短，体内消除快，使人失去反抗能力、易失去记忆等特点。如案件中经常涉及的三唑仑、氟硝西泮、氯硝西泮等，1～2粒即可使人昏睡、失忆。许多受害人根本不记得案发当时的情景，无法及时报案。待被害人清醒后报案时，所采集的血液和尿液中这些药物往往已不存在或含量极低，无法提供摄药证据。对这类案件，应第一时间采集尿液、血液等体内检材，以及现场发现的饮料、杯子、药片和包装物等体外检材。由于该类犯罪涉及的药物范围广泛，体内代谢复杂、快速，检验识别难度较大。

3. 快速、简便的发现与检测技术有待完善

简易、快速、灵敏的毒品检测方法在毒品鉴定、吸毒认定和戒毒监控等方面具有重要作用。近年来毒品的快检方法主要基于免疫分析、质谱以

及光谱等技术开展研究。免疫分析技术成本低、操作简单，适用于在现场检验和大样本群体性检验中发挥筛选排查作用。

毒品种类不断增加，谱库、检测方法更新相对滞后，制剂形式多样化以及检材基质复杂化给毒品检测带来了很大困难。当前，在毒品检测领域，气相色谱-质谱联用及液相色谱-质谱联用技术相对成熟，是毒品检测的金标准，能定性定量检测毒品，但其检测时间长、仪器昂贵且对环境要求高、操作复杂，在现场、快速检测毒品方面并不适用。快检技术能够快速鉴别毒品，为现场办案人员及时提供决策依据，逐渐成为禁毒领域的迫切需要。目前，毒品的快检方法仍存在一些不足，如新型毒品检测假阳性率高、基质干扰大、检出限偏高、缺乏准确定量分析手段等。因此进一步研究毒品快检方法对于打击毒品犯罪、管控吸毒人员、遏止毒品蔓延等方面具有重要意义[①]。

4. 生物检材的分离提纯技术尚待提高

体内摄毒检验中常见的生物检材有血液、尿液、唾液、毛发等，摄毒命案中还可提取针眼皮肤、胃内容物、肝肾等生物组织进行检验，以完成入体途径、血浓度、死因等体内链条的鉴定。此外，还有指甲、胎粪等非常规检材，也能提供许多有价值的信息。

但体内摄毒检材是复杂的生物样品，依赖于光谱、色谱、质谱等仪器进行分析。由于样品中含有的复杂基质会影响分析仪器的性能，因此在仪器分析之前最重要的一个步骤是对样本进行前处理。如何降低生物基质干扰，突出毒品目标物的响应？这是生物检材中毒品检测项目的关键。传统的液-液萃取技术和固相萃取技术由于步骤烦琐、对分析物选择性低、净化能力弱等缺点，难以有效清除复杂样本尤其是法医毒物分析中非目标分析物的干扰，亦难以一步实现目标分析物的富集分离。尤其是当样品量有限时，用传统萃取技术时面临着严峻挑战，难以实现目标分析物快速、高

---

① 单雅冰，李珉，霍雨萌，等. 快检技术在毒品分析中的应用[J]. 分析测试学报，2022，41（4）：536-544.

选择性的分离富集[①]。

5. 智能化的结果评价与解析技术亟待突破

涉毒检材大多为成分复杂的混合物,与成分单一的标准品分析谱图存在较大差异。如体外检材中往往含有各种掺杂剂、中间产物等,体内检材代谢产物复杂,特别是对于新精神活性物质,对其代谢机理未知,如何寻找靶标物进行智能识别和结果解析成为毒品识别工作者面对的一道难题。

(二)毒品识别的发展趋势

1. 快速检验技术的迅猛发展

新型毒品的日益泛滥及快速更新,执法部门对毒品检测领域特别是现场快速检测提出了更高的要求。

快速检测技术是一类以初筛为目的的筛选技术。面对不断涌现的全新的毒品及 NPS,实现预警性的快速检测及有针对性的快速检验是实际应用的需求。快速检测技术的主要特点和目的在于尽可能多地获得可能的阳性结果,并尽量避免假阴性结果。不同于确证分析方法,快速检测技术往往要求检测周期短,易实现现场检测等,这使其扮演了处理毒品的现场助手或者是破解未知 NPS 的"侦探"角色。目前常见的毒品快速检测技术主要可以分为免疫法、光谱法、质谱法等,这些技术为国际上对毒品的筛选分析提供了各具特点的技术支撑[②]。

免疫法是以特异性抗原-抗体反应为基础的分析方法,其用于快速现场检测具有独特的优势。其中酶联免疫吸附测定技术、免疫胶体金技术、放射免疫分析技术、荧光偏振免疫分析技术、生物芯片阵列技术等在毒品现场快速检测中应用比较广泛和成熟,具有简便,适用范围广(尿液、血样、

[①] 吴士凡.液相微萃取技术在分离中枢神经系统类药毒物中的研究[D].武汉:华中科技大学,2021.

[②] 周莉英,向平,陈航.新精神活性物质快速检测技术研究进展[J].药物分析杂志,2022,42(4):547-556.

汗液、唾液及毛发等），成本低等特点。此外，由于数字化、信息化概念的引入，加之易操作及低成本的优势，以生物芯片阵列技术为代表的一系列新型免疫技术，有望成为未来快速检测，尤其是已知物列表式快速检测的首选技术。

光谱法是根据物质的分子和原子的光谱学为基础建立起的分析方法。光谱法具有分析速度快，操作简单，灵敏度高，选择性好，检材无损等优点，可对气相、液相和固相等检材进行检测。此外，便携式、小型化的发展趋势，使得各类光谱仪器在毒品检测领域中发展迅速，目前已逐渐趋向于现场、实时、快速、高分辨率的方向发展。常用的光谱快速检测方法有拉曼光谱、红外光谱、太赫兹波等。与其他光谱技术相比，太赫兹波较强的穿透力可以对非极性外包材料（如陶瓷、塑料、木材、衣服等）内的毒品、爆炸物等违禁品进行非侵入式高效检测，且较低的能量辐射可以保证较高的安全性，从而实现车站、机场等人口密集区的远距离快速检测。在NPS 分析领域，太赫兹成像技术和太赫兹时域光谱（Terahertz time domain spectroscopy，THz-TDS）技术得到了研究和应用。目前，应用 THz-TDS 检测 NPS 及其他毒品或违法化合物的研究尚处于起步阶段，仍存在许多需要研究和克服的难点，但 THz-TDS 独特的优势仍有望在未来的 NPS 分析中发挥作用。

质谱是通过将样品中待测组分转化为气态离子并按质荷比（m/z）大小进行分离和记录其信息，且能实现准确定性和定量的分析方法。质谱自问世以来，其因灵敏度高、稳定性好、专属性强等优势而备受关注，也因此成为实验室分析方法中的"金标准"。质谱技术的这些优势也引起了快速检测分析研究者的注意，一方面待测物质呈现种类繁多及含量甚微等特点，另一方面质谱技术的优势满足了快速检测的"刚需"，使得这种需求不断推动质谱技术向着小型化，高效快速，更高分辨率，可移动，实时原位的多种方向发展。

小型便携式质谱仪具有体积小，质量轻，功率低，便携带的优点，可移动至样品所在处，有望实现对 NPS 的现场、实时的快速分析，在口岸、机场、车站、医院、超市等具有现场需求的场景中有着广泛的应用前景。

高分辨质谱（high resolution mass spectrometry，HRMS）技术主要依靠HRMS的精确质量数（可精确到0.0001）进行定性鉴别和结构推断，它已经成为近年来高通量毒品快速筛查和未知NPS检测的研究热点。相对于传统的低分辨质谱，HRMS具有更高的分辨率、灵敏度，能更彻底地排除基质干扰，并将质量数非常接近的基质干扰物与待测物分开，大大降低了对色谱分离的要求，减少了漏检风险，同时其易于积累大数据的优点，使其在被用于筛选分析方面更具优势，此外，HRMS还具备对未知物的高通量筛查和结构解析等能力，是推动新型NPS的发现、分析和确证的有力工具。

原位质谱（ambient ionization mass spectrometry，AIMS）是一类以大气压电离技术为基础，无须或仅需简单样品前处理，且在常温常压下仅需少量样品即可对样品中复杂待测物直接分析的质谱技术。传统的质谱分析技术需要经过烦琐的样品前处理过程和较长时间的色谱分离，无法在短时间内完成NPS的质谱分析，AIMS技术的出现实现了将质谱分析提速至毫秒级的可能性。现有的AIMS技术主要有MALDI、解析电喷雾电离（desorption electrospray ionization，DESI）、实时直接分析（direct analysis in real time，DART）、介质阻挡放电电离（dielectric barrier discharge ionization，DBDI）、萃取电喷雾电离（extractive electrospray ionization，EESI）等。

免疫法操作最为简便，成本最低，非常适用于零培训或无专业技术基础的一线人员使用，在对涉毒人员或可疑物证等进行已知NPS列表式初筛时是最容易实施的技术方法；光谱法得益于便携化、小型化的发展趋势，对简易伪装的可疑物品中初筛是否含有毒品或NPS具有较好的应用潜力，但需要借助少量的技术手段处理和大数据、信息化的支撑；质谱法适用于对完全未知的新出现的毒品或NPS进行快速解析和预警，是快速检测分析中少有的需要专业技术人员和实验室环境的一类技术手段。

免疫法、光谱法、质谱法这3类主要的快速检测方法各有特色，可为互补。在实际工作中，需要根据应用场景/单位、案件情况及检材的状况等采用不同的分析手段。同时也不难发现，借助大数据、数据库的数字化和信息化技术正成为法医毒物学的发展趋势,间接说明数字化和信息化在今后的法医毒物学领域中的重要性。

2. 毒品分析新技术应用,拓展了毒品检测应用领域

色谱-质谱联用技术在毒品检验鉴定中发挥着极其重要的作用。随着科学技术的发展,高分辨质谱技术、质谱成像技术、实时直接分析技术、手性分析技术、同位素质谱技术、代谢组学技术等基于质谱认定的特色分析技术将获得长足发展。高分辨质谱技术大大提高了毒品分析的准确度和广谱性,如代谢物、新精神活性物质分析的困境将得到缓解。质谱成像技术可实现对样品表面上多种物质的原位定性、定量分析。利用该技术,可直接从组织表面分析多种药物和代谢物,有较高的空间分辨率,成为新精神活性物质等药物毒理研究的重要技术手段。实时直接分析技术是一种热解析和离子化技术,与各种质谱相连,无须样品前处理,无损、快速,保持了被测样品的完整性并可实时获取分析信息,在毒品检测领域具有广阔的应用前景。手性分析技术则对解释手性毒品化合物毒理非常有帮助。同位素质谱技术广泛用于毒品来源推断、内源性物质分析、同一性鉴定等过程中[1],用于毒情研判和预防措施的制定,是未来毒品识别鉴定的重要发展方向之一。代谢组学(metabonomics)是通过考察生物体系(细胞、组织或生物体)受刺激或扰动后,其代谢产物的变化或随时间的变化,是系统生物学的重要部分。通过对生物体系中的小分子代谢物进行定性定量分析,可解析生物体系的代谢途径并揭示内源性小分子代谢物与毒性、疾病、生命活动规律等的相互关系。在毒品滥用方面,代谢组学的潜生物标志物可高效、快速判断毒品中毒种类、成瘾程度及其成瘾机制,还能区分成瘾与正常健康人群。如何从大量的小分子代谢产物中鉴定出具有灵敏性和特异性的生物标志物,并排除假阳性或假阴性,是未来毒品代谢组学研究的

---

[1] 沈敏,向平. 滥用物质分析与应用[M]. 北京:科学出版社,2016:641-706.

重要方向,可为毒品滥用的诊断及滥用程度提供新的方法①。

3. 提高毒品生物检材分离提纯的能力和效率

随着现代科技的发展,各种大型分析仪器在毒品检测中得到了广泛应用,检测灵敏度得到了极大提高,样品前处理工作已成为制约毒品检测工作的瓶颈因素。毒品检材往往是成分复杂的混合物,特别是生物检材,其中含有脂肪、蛋白质、色素等内源性物质,不仅干扰目标物的检测,还容易损毁仪器。适当的样品前处理可以提高检测灵敏度、减少基质效应。基质效应在多目标物同时分析、系统筛选、死后腐败血液、毛发分析等状况下影响尤为明显。

目前,比较常用的前处理方法有溶剂萃取、固相萃取、固相微萃取、超临界液体萃取、微波辅助萃取等技术。寻求简便、快速,且不降低分析灵敏度或具有富集能力的样品前处理技术成为毒品检验识别领域的研究热点。未来,毒品前处理技术将向快速、精准、环保和高度自动化方向发展,进一步提高生物检材分离提纯的效果和自动化水平。

4. 研究毒品代谢机理,提高智能化结果评价与解析能力

通过对毒品,特别是新精神活性物质代谢机理研究,发现毒品及新精神活性物质代谢的靶标物,建立智能化结果评价体系,提高检测结果解析能力。

近年来,一些与新型毒品有关的话题经常出现在微博热搜榜上,引起了社会公众的关注,如"毒品伪装成可乐奶茶跳跳糖""警惕迷奸水听话水失忆水""警惕伪装成气球和邮票的新型毒品"等。根据国家毒品问题治理研究中心介绍,新型毒品种类多且形态各异,包括有含芬太尼类、卡西酮类、合成大麻素类、新精神活性物质的"毒巧克力""毒糖果""娜塔沙""小树枝";含苯乙胺类、色胺类新精神活性物质的"毒邮票""零号胶囊";含麻醉药品氟硝西泮的"蓝精灵";含精神药品LSD的"毒邮票";

---

① 闫娟,李林熹,张波. 代谢组学在常见毒品滥用中的研究进展[J]. 川北医学院学报,2017,32(2):306-309,314.

添加 γ-丁内酯的"卡哇潮饮",将氯胺酮等进行掺杂加工或改换包装成的"奶茶""神仙水"等。生活中常见的食品、饮料竟成为毒品的"温床",极易对青少年造成诱惑和危害。帮助公民尤其是青少年快速识别新型毒品的伪装,同时积极防范和应对新型毒品的危害,紧紧围绕党的二十大安保维稳主线,深化各项禁毒工作措施,不断完善中国特色毒品治理体系,最大限度防控涉毒风险隐患,努力巩固拓展毒情形势整体向好的局面,这也将是一场长久之战。

第二章 毒品识别的方法

案例分析

小明驾车时不慎发生重大交通事故,按规定进行"毒驾"排查。经唾液胶体金免疫法检测,冰毒呈阳性。是否可据此认定小明为吸毒后驾驶机动车辆?

毒品识别的方法很多,根据分析任务、分析对象、测定原理、操作方法等不同,毒品识别方法分为很多类。

根据分析任务的不同,可将其分为定性分析和定量分析。定性分析的任务是确定检材中是否检出毒品、检出何种毒品或其代谢物;定量分析的任务则是测定检材中某种毒品或毒品代谢物的含量。

根据分析原理的不同,毒品识别的方法分为物理分析法、化学分析法、免疫分析法和现代仪器分析法等。

物理分析法主要是借助感官或简单的器材,对毒品外观形态特征、色泽、气味、结晶、溶解等物理特性的检验,初步判断是否毒品及毒品的种类,如利用人或动物的视觉、嗅觉、触觉等器官或利用放大镜、紫外线灯等简单器材。

以物质的化学反应为基础的分析方法称为化学分析法。化学分析法通过显色、结晶及有无沉淀或气体生成等常规化学反应,对涉毒检材进行定性、定量分析。该方法具有操作简单、快速,现象明显等特点,有些情况下可对物证进行直接认定，是毒品识别中经常采用的一种分析方法。但它是一种有损检验分析方法，且灵敏度低、专属性差，不易检出含量较低及化学结构相近的毒品。目前，化学分析法主要用于预实验，具有排除、筛选和指向作用，检测结果一般不作为法庭证据。

免疫分析法是目前国际上通用的一种毒品筛选方法，其利用抗原抗体反应的特异性和敏感性来检测标本中的微量物质。免疫分析法以多孔纤维材料为固定相，样品溶液通过毛细作用在试纸条上发生侧向层析，在流动的过程中，样品中的待测物与试纸条材料上固定的针对待测物的抗体或抗原发生高特异性、高亲和性的免疫反应，着色标记物（如胶体金）的免疫复合物被富集或捕获在试纸条的一定区域形成肉眼可见的条带，一般 5～15 min 内便可得到直观的检验结果。

目前，免疫分析法主要包括放射免疫分析、酶联免疫分析（ELISA）、荧光偏振免疫分析、胶体免疫金分析 4 种方法。免疫分析技术广泛应用于法庭科学领域中，优点是成本低、操作简便，可节约大量的人力、物力和财力，在现场检验和大样本群体性检验中发挥筛排作用。由于有一定比率的假阳性和假阴性，该技术仅发挥初步筛查作用，不能作为定案的依据。为减少不同实验室或不同免疫初筛技术带来的判定差异，国际和国内均通过制定法规或行业规范统一摄毒判断指标。我国于 2017 年颁布了公共安全行业标准 GA1333—2017《车辆驾驶人员体内毒品含量阈值与检验》，该标准规定了毒品检验的阴性和阳性判断数值，如血液和唾液中毒品的确证阈值（表 2-1），还有唾液和尿液中毒品的初筛阈值（表 2-2）。唾液中同类毒品初筛阈值与确证阈值不同，初筛阈值约为确证阈值的 2～50 倍，目的是尽量减少假阳性结果，提高初筛的可靠性。

仪器分析法是通过各种大型精密仪器，对物质的物理和物理化学性质进行定性、定量分析，以确定其化学组成、含量和化学结构的分析方法。仪器分析法具有灵敏度高、选择性好、样品损耗量小及结果准确等优点。在毒品检测中，常用的仪器分析方法有光谱法、色谱法、色谱-质谱联用法和毛细管电泳等。

表 2-1　车辆驾驶人员吸食、注射毒品后驾驶车辆时血液、唾液中常见毒品及代谢物确证阈值

化合物名称	血液浓度阈值/（ng/mL）	唾液浓度阈值/（ng/mL）
6-单乙酰吗啡	10	5
吗啡	10	20
可卡因	10	10
苯甲酰爱康宁	50	10
四氢大麻酚	2	1
甲基苯丙胺	20	25
苯丙胺	20	25
3,4-亚甲二氧基甲基苯丙胺（MDMA）	20	25
3,4-亚甲二氧基苯丙胺（MDA）	20	25
氯胺酮	20	20

表 2-2　车辆驾驶人员唾液、尿液中常见毒品初步筛查阈值

分类	唾液初步检测阈值/（ng/mL）	尿液初步检测阈值/（ng/mL）
苯丙胺类	50	1000
氯胺酮	100	1000
阿片类	50	300
可卡因类	50	300
大麻类	25	50

此外，根据检验步骤和方法的不同，常常将毒品识别方法分为毒品现场快速检测与毒品实验室检测。毒品的快检方法主要基于免疫分析、质谱以及光谱等技术开展研究。免疫分析技术成本低、操作简单，适用于在现

场检验和大样本群体性检验中发挥筛选排查作用。质谱法分析时间短，适合快速筛选和高通量分析，便携质谱可用于现场毒品快速检测。光谱法在毒品检测中具有快速无损、指纹识别、高灵敏、高准确率等优点，得到了广泛关注。一般现场快速检验结果不能作为定案的证据。如确证可疑物含有哪些毒品成分、含量多少，某人是否吸食某种毒品、血液等生物检材中毒品含量多少等，必须通过实验室进行分析鉴定。

随着技术的不断发展，仪器分析技术也不断追求高灵敏度、高选择性、快速和智能化的分析方法。本章将主要介绍毒品识别的现代仪器分析方法，包括色谱分析法、质谱及其联用分析法、光谱分析法、其他仪器分析法等。

第一节　色谱分析法

一、色谱法概述

色谱法的概念于1906年由俄国植物学家Tswett提出，他在研究植物叶的色素成分时，将植物叶子的萃取物倒入填有碳酸钙的直立玻璃管内，然后加入石油醚使其自由流下，结果色素中各组分互相分离形成各种不同颜色的谱带（即不同叶绿素分离的结果），"色谱"因此而得名。1954年，中国科学院大连化学物理研究所首先开展了国内的色谱研究工作，作出了我国第一个体积色谱图。此后，我国各地陆续开展色谱学科理论、技术及应用方面的研究，极大地促进了色谱法的发展。

色谱法是按混合物质在固定相与流动相间分配系数的差别而进行分离、分析的方法。色谱分离的基本条件是具备相对运动的两相，其中一相是不动的，即固定相；另一相是携带混合物样品流过固定相的流体，即流动相。混合物样品中的组分，随流动相经过固定相时，与固定相发生相互作用。由于结构和性质的不同，各组分与固定相作用的类型、强度也不同，使得在固定相上滞留时间的长短出现差异或各组分随流动相移动的速度不同而被分离①（图 2-1）。该方法适用于多组分混合物的分析检验，是目前实验室毒品识别检验最常用的方法，其按流动相的物理状态一般可分为气相色谱和液相色谱。

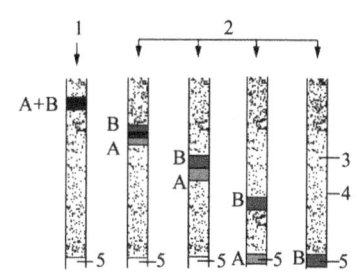

1.混合样品　2.流动相　3.固定相　4.色谱柱　5.检测器

图 2-1　色谱分离过程示意图②

二、气相色谱法（gas spectroscopy，GC）

用气体作为流动相的色谱法称为气相色谱法（gas spectroscopy，GC）。一般沸点小于 500 ℃、热稳定性好、分子量小于 400 的物质可采用气相色谱法进行分析③。经色谱柱分离的各组分进入检测器后，由检测器输出的电信号强度对时间作图，所得曲线称为色谱流出曲线，曲线上突出部分即为色谱峰。在相同的实验条件下，同一种物质应有相同的保留时间，且分析组分的质量或其在载气中的浓度与色谱峰的峰面积或峰高成正比。因此，可根据色谱峰的保留时间（出峰时间）和峰面积（或峰高）对物质进行定性定量分析。

用气相色谱法定性分析时，往往需要用相应的标准品进行对照分析。其定量分析方法主要有外标法、内标法和归一化法等。

---

① 夏之宁，季金苟，杨丰庆．色谱分析法［M］．重庆：重庆大学出版社，2012．

② 李春，黄锁义．"十三五"规划教材　分析化学［M］．第 2 版．南京：江苏凤凰科学技术出版社，2018．

③ 张建华，陈宁．微量物证分析学简明教程［M］．北京：中国人民公安大学出版社，2011．

毒品大多数是分子量小于 300 的小分子有机化合物，极性较低，适合用气相色谱法，气相色谱法检验识别毒品的成分或含量时，通常需要将样品进行前处理或衍生化操作，衍生化程序虽然相对烦琐，但可以改善化合物的挥发性，形成很好的峰形（图 2-2）。

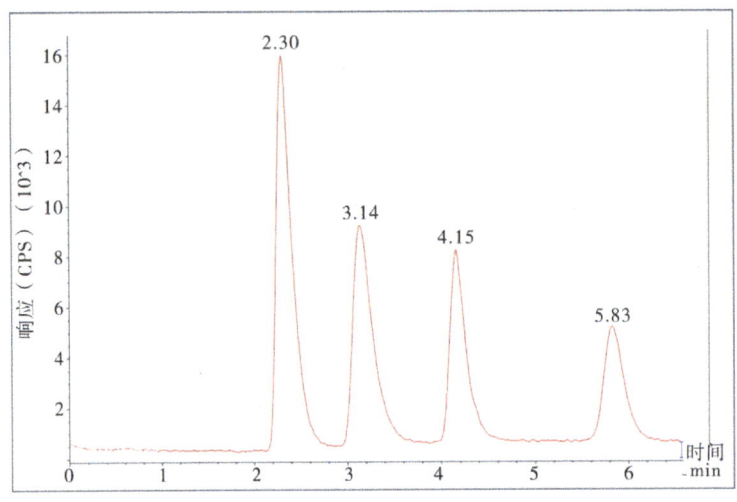

图 2-2　气相色谱图

三、高效液相色谱法（high performance liquid spectroscopy，HPLC）

以液体作为流动相的色谱法称为液相色谱法，仪器化的液相色谱法称为高效液相色谱法（high performance liquid chromatography，HPLC）。高效液相色谱的流动相采用高压输送、色谱柱采用高效固定相使其具有分离效能高、分析速度快等特点。与气相色谱法比较，液相色谱法不受样品挥发性、热稳定性、极性、大分子量等限制，样品只要能制成溶液，便可通过不同类型的液相色谱法实现分离。分子量较大、沸点较高以及无机盐类等样品，都可用高效液相色谱法进行分析。

高效液相色谱法是一种有效的毒品检验技术，在各种不同的生物检材（毛发、唾液、血液和尿液等）的实际应用中，使用高效液相色谱法进行毒品的识别，能够有效地提高毒品判断和分析的准确性和快速性。利用高效液相色谱可同时测定新型香料毒品中常见的 10 种合成大麻素，并可在 33 min 内实现对 10 种合成大麻素的完全分离和定量分析[①]。此外，液相色谱法能够直接分析水相。2015 年，在某案件中缴获 10 瓶疑似"神仙水"毒品，为黄色液体检材，经样品前处理，设置色谱条件，得到相应的高效液相色谱图，确认各样品中均含有甲基苯丙胺、MDMA、氯胺酮毒品成分，其保留时间分别为 9.445 min、11.485 min 和 15.769 min，与标准品色谱峰保留时间相差不超过 1%。经计算，甲基苯丙胺、MDMA、氯胺酮毒品含量分别为 0.037%、0.39% 和 0.28%，该"神仙水"中 3 种主要目标成分色谱行为良好。该方法适用于公安办案中"神仙水"样品的定量分析[②]。

第二节　质谱分析法与色谱 – 质谱联用法

一、质谱分析法（mass spectrometry，MS）

质谱分析法（mass spectrometry，MS）是将离子化的物质按其质荷比（m/z）的不同进行分离和测定的方法。质谱技术检测样品先将被分析的样品离子化，然后利用离子在电场或磁场中的运动性质，使离子按其质荷比分开。记录并分析离子按质荷比大小排列得到的谱图（质谱），可实现对样品的成分及结构的测定。气体、液体和固体样品均可以作为被分析的对象，该方法灵敏度较高，样品用量少。对于有机化合物的分析，质谱分析法可以进行物质的结构分析。首先是分子量的测定，在质谱图中，分子离子峰所对应的质量就是化合物的分子量。其次质谱分析法还可进行分子

---

① 翟晚枫，张春水，高利生. 高效液相色谱法同时测定新型香料毒品中的 10 种合成大麻素［J］. 分析测试学报，2014，33（8）：893-898.

② 张春水，翟晚枫. 高效液相色谱检验"神仙水"的方法研究［J］. 刑事技术，2017，42（1）：32-34.

结构式的确定，各种化合物在一定能量的离子源中，是按一定规律进行裂分而形成裂片离子的，因而表现一定的质量图，根据裂分后形成各种离子峰，通过检索谱库便可确定物质的组成和结构。

基于常压电离质谱便携式的特点，可实现传统毒品、新型毒品、未知粉末等各种毒品的现场检测。如利用双线性离子阱质谱仪（图2-3）对可乐、啤酒和牛奶样品以及粉尘表面的15种芬太尼化合物进行分析，实现了现场快速检测多种芬太尼化合物[1]。

图2-3　双线性离子阱微型质谱仪示意图

二、气相色谱-质谱联用法

通过结合色谱法和质谱法各自分析检测的优点，开发了一系列联用法作为毒品识别鉴定的新方法。其中气相色谱-质谱联用法（简称"气质联用法"）是通过载气使被分析混合物在色谱柱上得到分离，各组分在质谱仪中被检测，从而进行定性和定量分析。气质联用法用于毒品定性筛选和定量分析，结果更可靠，使用质谱数据库，可以实现大多数毒品的检索，即使没有标准，也可以对多数毒品作出初步的定性分析。使用选择离子检测，可以达到较高的灵敏度，既可以用于缴获毒品检材的识别检测，也可以用于生物检材中毒品的识别分析，是实验室毒品分析的首选方法[2]。

---

[1] Kang M, Lian R, Zhang X, et al. Rapid and on-site detection of multiple fentanyl compounds by dual-ion trap miniature mass spectrometry system [J]. Talanta, 2020, 217: 121057.

[2] 徐晓玲.刑事理化检验、法医和生物物证学实训教程[M].北京：中国人民公安大学出版社, 2016.

三、液相色谱－质谱联用法

与气质联用法相比，液相色谱－质谱联用法（简称"液质联用法"）不需要进行衍生，对于不易挥发、稳定性差、分子量大的毒品物质，可以简便快速地进行识别分析。液质联用分析时一般需要自己建库或自己解析谱图。液质联用法进行谱图分析时可选择第一级质谱得到的碎片离子进行断裂，形成二级碎片离子。根据两个质谱的离子关系，获得裂解过程及离子组成的信息。还可以从干扰严重的质谱中抽取有用数据，大大提高质谱检测的选择性和灵敏度，从而能够测定混合毒品物质中的痕量物质。

第三节　光谱分析法

当电磁辐射与被分析物质发生相互作用，并使物质内部发生能级跃迁时，通过测量由此而产生的发射或吸收光谱进行物质成分或含量分析的方法，称为光谱分析法。毒品识别中常用的光谱分析法有拉曼光谱法、红外光谱法、荧光光谱法、太赫兹光谱法等。

一、拉曼光谱法（Raman spectroscopy，RS）

拉曼光谱是以印度物理学家拉曼（C. V. Raman）的名字命名的，他发现并证实了拉曼散射现象。当光照射到物质上，光子与物质分子之间发生非弹性碰撞，光子的运动方向和频率均发生变化，散射光给出散射物质分子的结构信息，主要为分子振动和转动信息。因此拉曼光谱广泛应用于研究物质分子结构和性质。许多非法药物（阿片类药物、可卡因、大麻、安非他明类兴奋剂和一些新的精神活性物质）是很好的拉曼散射体，因此可以通过拉曼光谱进行快速分析。

拉曼光谱常用于固体粉末的鉴定，这种技术的优点是无须样品制备、原位无损、快速简便，可以直接在证据样品上进行，没有潜在的污染风险。

多种毒品物质的标准拉曼光谱已有记录，如 β-酮苯乙胺、快速增加的卡西酮类毒品、可卡因和 3,4-亚甲基二氧基甲基苯丙胺（MDMA）等[①]。为了促进现场分析，便携式拉曼光谱仪逐渐应用于现场缉获的疑似毒品（包括固体或液体形式的海洛因、可卡因和安非他明）的检测（图 2-4）。

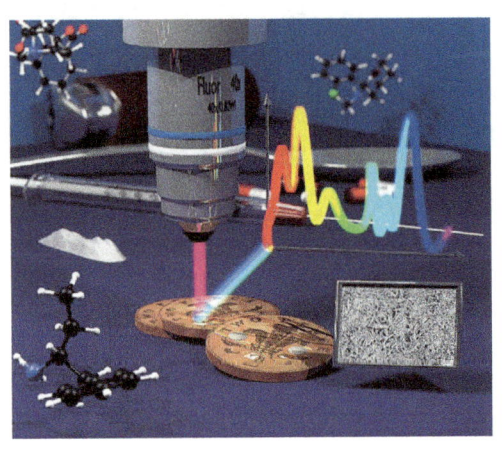

图 2-4　基于表面增强拉曼散射光谱检测 MDMA 的示意图[②]

由于拉曼散射是二次光子过程，分子的微分拉曼散射截面通常极低，拉曼光谱分析技术也会存在检测灵敏度低的缺点。为了适应毒品市场的变化，毒品种类繁多、成分复杂且含量低，表面增强拉曼散射（surface-enhanced Raman scattering，SERS）效应的发现极大地提高了拉曼光谱的灵敏度，甚至能达到单分子水平。表面增强拉曼散射是指待测物分子吸附在粗糙的金属材料（增强基底）表面，使待测物的拉曼信号极大增强的一种现象。随着纳米技术的发展，用于 SERS 测试的增强基底种类不断增多，结合不同的数据处理方法，SERS 检测技术在解决吸毒、贩毒、制毒现场的毒品检测识别问题，以及对于疑似吸毒人员体内痕量毒品的检测方面展

---

① Yu B, Ge M, Li P, et al. Development of surface-enhanced Raman spectroscopy application for determination of illicit drugs: Towards a practical sensor [J]. Talanta, 2019, 191: 1-10.

② Mabbott S, Eckmann A, Casiraghi C, et al. 2p or not 2p: tuppence-based SERS for the detection of illicit materials [J]. Analyst, 2013, 138 (1): 118-122.

现出巨大的优势[1]。

SERS检测首先依赖于其增强基底，无论是胶体基底还是固体基底，毒品物质对SERS基底需具有一定的亲和力，即使在复杂体系中检测痕量毒品也是可以实现的。如对体液（唾液、血液、尿液等）中的毒品进行检测时，基质成分复杂，待测物含量低，传统拉曼光谱信噪比低，SERS作为一种较为理想的痕量分析技术，有能力实现对纳米级乃至兆分之一级浓度样本的毒品检测[2]。

基于拉曼光谱技术的新兴检测手段也在不断发展，以适应实际毒品检验中的各种挑战。如国内对于常见毒品海洛因、甲基苯丙胺、氯胺酮及其添加成分的拉曼定性检测中普遍采用532 nm激光光源[3]，由于存在荧光干扰使得拉曼特征峰不明显且信号较低。当改用色散型近红外拉曼进行检测时，采用近红外激光光源（785 nm）能有效避免荧光背景的干扰，实现含有多种添加剂的不同含量的可卡因、海洛因、甲基苯丙胺的定性定量检测[4]。

显微拉曼技术是将拉曼光谱分析技术和显微分析技术结合起来的一种应用技术，既具有常规拉曼光谱的特点，又具有成像技术和较高的空间分辨率，激发光透过显微镜聚焦于样品上，可实现对样品微区的精确分析。在实际毒品犯罪识别案例中，犯罪嫌疑人吸食毒品后残留于手上的毒品可能经物质转移留在犯罪现场，抑或是残存在其衣物及用于掩饰的包装物上。通过对犯罪现场潜指纹、纤维织物等样品中毒品残留物的分析检测，得到

---

[1] 赵璟悠，王勇，张冠男. 拉曼光谱技术在毒品检测应用中的研究进展［J］. 中国刑警学院学报，2018（3）：116–120.

[2] 董荣录，李绍飞，林东岳，等. 表面增强拉曼光谱在毒品检测中的应用进展［J］. 中国科学：化学，2021，51（3）：294–309.

[3] 王继芬，余静，孙兴龙，等. 毒品及其常见添加成分的拉曼光谱快速分析［J］. 光散射学报，2012，24（3）：312–315.

[4] Ryder A G, M O'Connor G, Glynn T J, Quantitative analysis of cocaine in solid mixtures using Raman spectroscopy and chemometric methods［J］. J. Raman Spectrosc，2000，31（3）：221–227.

相应的拉曼特征信息，同时经成像技术在采集区域内直观地显示样品中含有的不同物质成分。

传统拉曼光谱只能探测样品的表层信息或者只能穿透透明的表层检测样品，不太适用于对不透明或多层不透明包装内样品的检测识别。空间偏移拉曼光谱（spatially offset Raman spectroscopy，SORS）技术是一种新型光谱检测技术，能够以非侵入式检测不透明包装或表层直接获得样品内部深层特征信息[①]。在系统的光学结构上，光谱仪器的激光入射焦点与光谱收集系统的焦点在样品表层空间上偏移一定的距离，故称"空间偏移拉曼光谱"。SORS 技术是拉曼光谱的衍生技术，因此这项光谱技术除了具备传统拉曼光谱的固有优点外还具有其他独特的优点：①在一定范围内，偏移距离越大，穿透深度也越深，能够实现深层检测，对隐藏于各类包装或者食物饮料等伪装毒品的甄别具有独特优势；②由于是偏移测量，结合光谱散射，可以有效抑制荧光，提高检测灵敏度，如将多层包裹、塑料罩板包装、信封、含有澄清液体的不透明塑料瓶等这些复杂样本分为若干层次采集光谱信息，消除来自表层的荧光信号背景，使隐含毒品的深层拉曼特征峰相对增强；③在检测过程中可以非侵入不破坏包装对样品进行检测，能够实现无损在线检测，从而降低用户的检测和生产成本；④能够实现在危险恶劣不适合用户现场检测的场合对目标物进行远距离遥测，以保证检验人员的人身安全。

二、红外光谱法（infrared spectroscopy，IR）

红外光谱法（infrared spectroscopy，IR）是以红外波段的光作为光源，包括近红外区（0.75～2.5 μm）、中红外区（2.5～25 μm）和远红外区（25～1000 μm），分子能选择性吸收某些波长的红外线，而引起分子中振动能

---

① Olds W J, Jaatinen E, Fredericks P, et al. Spatially offset Raman spectroscopy（SORS）for the analysis and detection of packaged pharmaceuticals and concealed drugs [J]. Forensic Sci. Int., 2011, 212 (1–3): 69–77.

级和转动能级的跃迁，检测红外线被吸收的情况即可得到物质的红外吸收光谱，红外光谱属于分子吸收光谱，又称分子振动光谱或振转光谱。红外光谱法广泛用于化合物鉴别及分子结构特征分析中，该光谱技术已成为毒品鉴别的一种常用方法[1]。相较于目前普遍采用的GC-MS检测法，红外光谱法既可以用于毒品的定性检测又可以用于毒品含量的测定，该技术分析毒品主要具有以下特点：操作简便快捷，所需检材量小（采用压片法仅需要1 mg左右），安全环保（不需要载气，不需要加有机溶剂，不污染环境，对操作人员健康无害），谱图重现性好等。

近红外光谱分析技术（NIR）是一种无损分析技术，目前多采用近红外光谱分析技术与化学计量学相结合的方法来进行毒品的鉴别分析[2]。这是将近红外光谱所反映的样品基团、组成或物态信息与用标准或认可的参比方法测得的组成或性质数据采用化学计量学技术建立校正模型，然后通过对未知样品光谱的测定和建立的校正模型来快速预测其组成或性质的一种二级分析方法。

近红外技术不需要进行样品预处理，近红外光谱区与有机分子中含氢基团（O-H、N-H、C-H）振动的合频和各级倍频的吸收区一致，通过扫描样品的近红外光谱，可以得到样品中有机分子含氢基团的特征信息。由于近红外光谱区包含了丰富的分子结构和组成信息，可以作为一种方便快捷地反映复杂样品信息的指纹图谱，使得近红外光谱对毒品进行同一来源认定获得理论支持。对于实际缴获的毒品（尤其是合成毒品）而言，不同产地、不同批次的毒品虽然主要成分相同，但所含次要成分及杂质各不相同，毒品中有机物组成及相对比例会随着不同批次而有所差异，这些样品批次间的差异可以通过近红外谱图反映出来，通过结合化学计量学的方法

---

[1] 贺岚.红外光谱技术在毒品检测中的研究进展[J].科教导刊（上旬刊），2013（9）：197-198.

[2] 吴国萍，左跃先.近红外漫反射光谱法在毒品同一来源认定中的应用[J].中国药科大学学报，2008（4）：321-323.

(KNN判别分析、聚类分析等)实现该技术在不同缴获途径毒品(海洛因、摇头丸等)同一来源认定中的应用,并有助于串并案分析,获取关键信息辅助毒品案件的侦破工作。

中红外区是红外光谱中应用最早和最广的一个区,该区吸收峰数据的收集、整理和归纳已比较完善。根据中红外光谱的指纹特征,可以用以区别毒品的盐型与碱型(如区别海洛因的盐酸盐和海洛因的碱基型)和经色谱和质谱难以区分的各种异构体(如盐酸麻黄碱与盐酸伪麻黄碱)[1]。中红外光谱技术在毒品的定性和定量分析中也发挥着重要的作用。利用傅立叶红外光谱仪具有的波数精度高、分辨率高、信号多路传输、辐射通量大等优点,可实现对疑似毒品、毒品中添加成分的检验以及混合毒品成分的检验等。

远红外区辐射的光子能量低,对化学分子的不同构型或晶型变化、振动或转动模式、分子间作用力等均表现出较高的专属性,适合于不同类型或相似结构分子的定性鉴别[2]。目前关于毒品的远红外波段的光谱信息的研究报道较少。利用远红外光谱技术检测结构相似的毒品(如海洛因与吗啡),将具有广阔的研究空间和前景。

在实际毒品案件中,还需要考虑到现场可能只提取到疑似毒品包装物的塑料袋,如何快速准确识别出塑料袋表面微量的附着物是否为毒品,显微红外技术为解决这一难题提供了新的思路[3]。显微红外技术是一种利用了红外显微镜的放大和聚焦功能的红外光谱技术,经傅立叶红外光谱仪进入红外显微镜的红外干涉光束通过红外显微镜的物镜聚焦后,在红外光束中间的能量最高,照射在样品上的有效红外光斑直径为 $100 \sim 200\ \mu m$ 甚

---

[1] 徐鹏,曹珍年,石慧霞,等. 红外光谱技术在毒品分析中的应用[J]. 刑事技术, 2011(4): 47–50.

[2] 马霞,张志远,张宏,等. 基于远红外光谱技术的毒品光谱分析[J]. 光学仪器, 2020, 42(2): 20–25.

[3] 张金庄. 基于红外光谱无损检测自封袋表面微量毒品的研究[J]. 中国人民公安大学学报(自然科学版), 2013, 19(1): 14–16.

至更小。因此在微小的区域内光通量大，可以测试微量样品的红外光谱，样品量可少到纳克级，几个纳克的样品用显微红外技术测试也可得到高质量的红外光谱。显微红外技术可为检测诸如纸张、锡纸、塑料包装等载体上的微量附着物是否为毒品提供一种较理想的无损检测方法。

三、荧光光谱法（fluorescence spectroscopy，FS）

荧光是物质吸收光照或者其他电磁辐射后发射出的一种光。大多数情况下，发光波长比入射光的波长长，能量更低。通过将激发单色器固定在最大吸收波长，扫描发射单色器测定物质的荧光光谱（fluorescence spectroscopy，FS）。荧光分析法是根据物质的荧光谱线的位置及其强度进行物质鉴定和含量测定的仪器方法。在一定条件下，物质的荧光强度（F）与其浓度（C）呈线性关系，结合标准曲线法、比例法等分析方法，可实现荧光定量分析。荧光技术以灵敏度高、选择性好、响应速度快、不涉及放射性物质、设备使用维护方便等优点在毒品实时侦测领域呈现出强劲的发展潜力。

利用毒品分子（如甲基苯丙胺）自身激发出荧光，可建立荧光分光光度法检测缴获冰毒纯度的方法[1]。然而普通荧光发射光谱特征性不够，不易区别混合毒品。通过同步扫描荧光法中发射单色器与激发单色器的波长差保持固定，两者同时扫描，得到宽度很窄的谱峰，可实现混合物的定性分析（图2-5）。同步荧光光谱即是在同时扫描2个单色器波长的情况下绘制的荧光强度信号与发射波长的光谱图，具有使光谱简化、使谱带窄化、减少了光谱的重叠现象及减小散射光等优点，能将不同产地的鸦片、大麻加以区别[2]。

---

[1] 郑天. 荧光分光光度法测定缴获冰毒的纯度［J］. 江苏警官学院学报，2013，28（2）：103-105.

[2] 孟品佳，王景翰，姚丽娟. 同步扫描荧光光谱法鉴别毒品［C］. 中国广西北海：首届全国毒品检验技术交流会，1997.

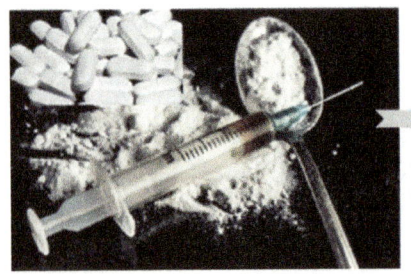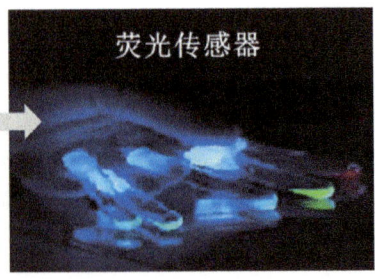

图 2-5　基于荧光传感技术检测麻醉剂类毒品

荧光传感技术是通过荧光活性分子或材料的荧光发射强度、最大发射波长位置、荧光光谱形貌、荧光寿命等信号在其与待检测物质作用前后的变化实现对待检测物质分析检验的一种技术。待检测物质可以经由多种途径引起荧光分子或材料荧光信号的变化，在信号输出上可以表现为荧光信号减弱、增强或复杂化。荧光传感的核心就是创制对特定待检测物质敏感的荧光分子或荧光材料，然后经由器件化、仪器化等过程获得所需要的荧光技术。

对于荧光传感材料，各种纳米材料（包括氧化石墨烯、量子点、掺杂量子点、银纳米团簇等）可被用于麻醉品和精神药品（如吗啡、可待因、丁丙诺啡等）的检测识别。一般会将生物分子（如抗体、DNA 和适配体）用来赋予选择性以提高荧光传感器的灵敏度[①]。基于 DNA 序列对氯胺酮有强亲和力可以准确识别氯胺酮，可实现以 DNA 为模板的银纳米团簇探针设计荧光基因传感器，根据荧光信号的减弱来检测氯胺酮。利用荧光猝灭机制可实现荧光团标记的适配体来检测可卡因。在荧光传感材料中作为超小纳米尺度的量子点材料因其量子局域效应可使荧光发射显著增强，可制得简单、快速、灵敏和低成本的传感试剂盒以识别氟硝西泮、硝西泮、氯硝西泮等迷奸类毒品。

---

① Kumar V, Kumar P, Pournara A, et al. Nanomaterials for the sensing of narcotics: Challenges and opportunities [J]. Trac-Trend. Anal. Chem., 2018, 106: 84–115.

四、太赫兹光谱法

太赫兹（Terahertz，THz）作为频率单位，即 10^{12} Hz。太赫兹电磁波一般是指频率在 0.1 ～ 10 THz（"波长为 30 ～ 3000 μm"，介于微波与红外之间）范围内的电磁波（图2-6）。

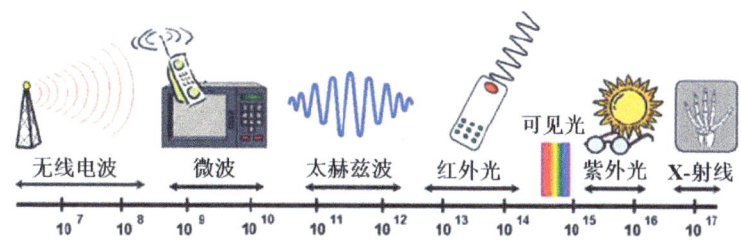

图2-6　太赫兹波在电磁波谱中的位置[1]

THz光谱技术通常是指THz时域光谱（Terahertz-time domain spectroscopy，THz-TDS）技术，其采用脉冲式时域相干测量，具有光谱带宽大的特性，可提供物质在THz波段的丰富光谱信息。太赫兹光谱技术是基于飞秒激光获得太赫兹脉冲，以透射或反射方式测量时间分辨或频率分辨的太赫兹电场，进而得到样品信息。由于多数毒品分子的振动-转动能级落在太赫兹波段，可在该频率范围内产生特征吸收光谱和结构信息，即可得到毒品的指纹图谱[2]。太赫兹对很多常见的非极性介质物质（如：塑料、木材、纸张、织物、陶瓷等）有很好的穿透能力，这些材料在可见光或近中红外波段往往是不透明的，但它们对太赫兹辐射几乎是透明的。因此可以利用太赫兹技术检测多种隐藏在这些包装材料下面的毒品物质[3]。太赫兹波还具有高安全性，太赫兹光子的能量只有毫电子伏特，与X射线相比，

---

[1] 张志远.基于太赫兹光谱的毒品检测方法研究与应用[D].上海：上海应用技术大学，2020.

[2] 栾艺，詹新宇，靳伟东，等.太赫兹无损检测技术在毒品检测中的研究进展及应用价值[J].国际检验医学杂志，2020，41（11）：1387-1390.

[3] 王光琴.毒品的THz光谱研究[D].北京：首都师范大学，2008.

不会因为电离而破坏被检测的物质。同时，太赫兹波的光子能量低于可见光，对生物组织也基本是无害的，因而对于人体内藏毒案件提供了一种有效可行的识别方法[1]。此外，太赫兹时域光谱技术的仪器可以集成到可携带的大小，便于检测人员随身携带，随时使用，应用太赫兹时域光谱技术进行毒品无损检测识别具有非常广阔的前景。

早在2003年，人们已开始利用THz时域光谱技术对毒品粉末进行定性检测。在不同太赫兹波范围内得到了甲基苯丙胺（MA）、3,4-亚甲二氧基安非他命（MDA）、苯丙胺、麻黄碱、甲基麻黄碱、咖啡因等毒品的太赫兹特征谱图[2]。在THz时域光谱技术的发展中，不仅获得了一系列毒品的低频振动光谱，而且逐步引入多元的运算模型和统计分析方法，避免实际识别中由于外界因素引起吸收峰偏移，或因为噪声干扰检测到错误吸收峰和检测不到正确吸收峰的情况。如使用密度泛函理论计算相应毒品的特征吸收谱，并将理论计算值与实验值进行比对吻合，二者可相互印证，确定检测结果的可靠性和THz时域光谱技术在毒品定性检验识别工作中的有效性。除了使用密度泛函理论外，还使用THz时域光谱技术与人工神经网络（自组织特征映射神经网、径向基人工神经网络、限制玻尔兹曼机神经网络）、支持向量机等方法对毒品光谱进行识别。

构建相应的毒品THz光谱数据库是利用谱图识别缴获毒品的重要途径之一。据悉，首都师范大学与公安部第一研究所合作，他们通过比较同一个样品在不同THz时域光谱仪以及傅立叶红外光谱仪上进行测量的结果，并和国际上已经发表的数据作比较，得到较为一致的结果，认定数据可靠，建立了毒品THz光谱数据库。该数据库于2013年报道收录了包括甲基苯丙胺类、海洛因、吗啡、可待因、氯胺酮等在内的38种纯度在90%以上

---

[1] 张平鹤.基于太赫兹时域光谱技术的毒品识别平台的建立与使用[D].北京：北京邮电大学，2018.

[2] Kawase K, Ogawa Y, Watanabe Y, et al. Non-destructive terahertz imaging of illicit drugs using spectral fingerprints[J]. Opt. Express, 2003, 11（20）：2549-2554.

的毒品 THz 光谱数据，包括吸收谱和折射率谱，是当时国际上报道毒品种类最多的数据库[①]。数据库的建立为 THz 时域光谱技术在毒品快速检测与识别中提供了有力的数据支持，但是上述数据库中检测的样品种类仅是国际上管制使用的多种麻醉品和精神药品的一小部分，大部分数据并未公布，对于未公布太赫兹光谱信息的毒品仍需进行检测识别，其数据库仍需建立和补充。

在实际的毒品检验识别中绝大多数都是非纯品或多种毒品的混合物，准确测量毒品的纯度和含量可为量刑定罪提供重要的依据。有研究证明当毒品混合物中的各个组分已知时，利用太赫兹光谱技术结合朗伯-比耳定律和线性回归等方法可对混合毒品进行定量检验。面对未知的混合组分，学者们采用微变化算法结合太赫兹技术一次性对含有海洛因、MA、MDA、MDMA、阿司匹林 5 种成分的毒品混合物进行了定量分析，并得到了较准确的定量结果[②]。虽然目前在实验室的研究工作中取得了较大进展，但具体到实际应用仍有一段距离。这同时也从侧面说明加快建立有关毒品的 THz 图谱数据库的重要性。

第四节　其他仪器分析法

一、毛细管电泳技术（capillary electrophoresis，CE）

毛细管电泳（capillary electrophoresis，CE）又称高效毛细管电泳（high performance capillary electrophoresis，HPCE），是利用毛细管作为分离通道，高压直流电场作为驱动力，并依据样品中不同组分之间的淌度或分配行为

[①] 和挺，沈京玲. 太赫兹光谱技术在毒品检测中的应用研究［J］. 光谱学与光谱分析，2013，33（9）：2348-2353.

[②] Chen Y, Ma Y, Lu Z, et al. Quantitative analysis of terahertz spectra for illicit drugs using adaptive-range micro-genetic algorithm［J］. J. Appl. Phys., 2011, 110（4）：044902.

的差异，以实现小体积分析物的高效分离。CE 也是另一种基于气相色谱和高效液相色谱的高效分离分析技术，凭借其高效、准确、微型、经济、操作自动化及分离模式多、重现性好等特点，被广泛应用于毒品的检测识别和溯源[1][2][3]。

基于毛细管电泳进行生物样品（血液、尿液、唾液等）中痕量毒品的分析检测时，由于毛细管内径较小、分析物进样量少（纳升级），检测光程短以及受到检测器的限制，都可能导致其浓度检测灵敏度低。此外，由于生物样品组成复杂，干扰物质较多，毒品在生物样品中的浓度较低，并且毒品与其代谢物以及类似物具有非常相似的结构，因此，需要结合较高灵敏度的检测方法和样品富集技术（也是样品前处理技术）对分析物进行净化、分离和富集，从而更大程度地提高检测的灵敏度和准确度[4]。

毛细管区带电泳（capillary zone electrophoresis，CZE）是根据物质的荷/质比差异来进行分离，比值愈大，迁移速度愈快。CZE 的原理相对简单易用，但分离的选择性有限，一般通过在毛细管壁上动态涂膜来改变 CZE 模式，提高分离效果。CZE 可用于海洛因及其代谢物中微量离子的定性和定量分析，也可用于检测摇头丸、可卡因等安非他明类药物的活性成分。对尿液样品中的毒品（安非他明类兴奋剂、麦角酸二乙酰胺、苯环己哌啶、氯胺酮、可卡因、可待因、巴比妥酸盐及其代谢物等）也能进行检测识别。通过化学修饰可使毛细管区带电泳具有分离和分析手性毒品的功能，进而

---

[1] 李晓娟，刘心，杨丽，等. 基于毛细管电泳技术的毒品检验与溯源[J]. 分子科学学报，2016，32（4）：334–338.

[2] Iwata Y T, Mikuma T, Kuwayama K, et al. Applicability of chemically modified capillaries in chiral capillary electrophoresis for methamphetamine profiling[J]. Forensic Sci. Int., 2013, 226(1-3): 235–239.

[3] 陈希. 毛细管电泳在毒品检验中的应用[J]. 法制与社会，2021（22）：72–74.

[4] 付娆. 毛细管电泳技术在酶分析及毒品灵敏检测中的应用研究[D]. 长春：东北师范大学，2015.

为毒品的来源提供有价值的信息[①]。

胶束电动色谱（micellar electrokinetic chromatography，MEKC）是将离子型表面活性剂（如十二烷基硫酸钠）添加到缓冲液中，形成胶束，被分离物质在水相和胶束相（准固定相）之间发生分配并随电渗流在毛细管内迁移而达到分离的目的。MEKC可以弥补CZE无法分离中性物质的不足，更适合毒品复杂体系的分析。据报道，正丁醇改进的MEKC可以实现4种冰毒类（安非他明、甲基安非他明、MDA、MDMA）和麻黄生物碱同分异构体（麻黄碱、伪麻黄碱、甲基麻黄碱、甲基伪麻黄碱）的分离识别[②]。通过发展新颖的胶束类型和与富集技术的联用方法可进一步提高MEKC检测分析的选择性和灵敏性。

二、离子迁移谱（ion mobility spectrometers，IMS）

离子迁移谱是一种在大气压下，基于电场作用，对离子化的待测物进行分离检测的分析技术。其工作原理是被测样品被加热汽化后，由载气带入电离区，样品的分子被放射物电离后，形成各种产物离子，产物离子在电场的作用下进入迁移区时，因电荷、质量、碰撞截面和空间构型各不相同，因而在电场中各自的迁移速率不同，使得不同的离子到达探测器上的时间不同而得以识别。IMS既可以检测正离子，也能检测负离子，且检测速度快（单次测量周期为秒量级），是一种无损的方法，所需样品量少。IMS具有较高的灵敏度，在一定的实验室条件下，其检出限可以达到纳克（ng）甚至皮克（pg）范围，此外，离子迁移谱结构简单，便于小型化，适用于现场的在线检测，其已经逐步发展成为一种便携式或手持式检测分析仪器。

---

① Baciu T, Botello I, Borrull F, et al. Capillary electrophoresis and related techniques in the determination of drugs of abuse and their metabolites [J]. Trac-Trend. Anal. Chem., 2015, 74: 89-108.

② 温涛, 赵霞, 罗国安, 等. 毛细管微乳液电动色谱和胶束电动色谱分离冰毒及其麻黄碱杂质的比较 [J]. 分析化学, 2006（11）：1529-1534.

离子迁移谱技术早在20世纪就已被运用于毒品检测,但该技术也存在一定的局限,如探测器的反应会受到基质(水分、温度和样品的排列)性质的影响,分辨率和选择性低;不能很好地区分具有相似质量和结构的化合物[1]。电场不对称离子迁移率光谱仪(field asymmetric ion mobility spectrometer,FAIMS)使用高(强)电场通过物理过滤器控制离子的运动,随后就可以施加一个脉冲电场来选择具有特定离子迁移率的离子,即只有具有特定迁移率的离子才能够通过滤波器并保持稳定的运动轨迹,其他离子则无法到达探测器,该技术能进一步提高IMS的选择性[2]。此外,为了提高毒品检测性能,离子迁移谱还可以和其他检测技术联用,从而更好地对大量的毒品样品进行现场快速识别,如将色谱与离子迁移谱联用后检测海洛因和可卡因等[3]。

三、核磁共振波谱法(nuclear magnetic resonance spectroscopy,NMRS)

核磁共振波谱法又称核磁共振波谱,是将核磁共振现象应用于测定分子结构的一种谱学技术。将磁性原子核放入强磁场后,用适宜频率的电磁波照射,它们会吸收能量,发生原子核能级跃迁,同时产生核磁共振信号,得到核磁共振波谱。其研究主要集中于氢谱和碳谱2类原子核的波谱,即核磁共振氢谱(^{1}H-NMR)和核磁共振碳谱(^{13}C-NMR)。核磁共振波谱利用化学位移、积分值和耦合常数等信息可以得到分子中化学官能团的数目和种类,通过核磁共振波谱可对8种常见毒品(盐酸吗啡、盐酸海洛因、

---

[1] Norman C, McKirdy B, Walker G, et al. Large-scale evaluation of ion mobility spectrometry for the rapid detection of synthetic cannabinoid receptor agonists in infused papers in prisons [J]. Drug Test Anal., 2021, 13(3): 644-663.

[2] Harper L, Powell J, Pijl E M. An overview of forensic drug testing methods and their suitability for harm reduction point-of-care services [J]. Harm Reduct. J., 2017, 14(1): 52.

[3] 刘辉. 几种毒品的离子迁移谱掺杂检测技术研究 [D]. 合肥:安徽大学, 2021.

盐酸 O_3-单乙酰吗啡、盐酸 O_6-单乙酰吗啡、盐酸可待因、盐酸乙酰可待因、氯胺酮和羟亚胺）标准品和毒品犯罪案件中缴获的毒品组分进行快速准确的定性分析[①]。

NMR 技术是解析未知化合物结构的有效手段，具有准确、快速、无须标准物质等特点，供研究的核磁样品可为液体或固体。NMR 不需要常规的萃取、纯化或衍生化等前处理步骤，对样本的纯度也没有要求，可以同时检测混合物中每一种可溶成分[②]。二维核磁共振波谱是由一维谱衍生出来的新实验方法，可将化学位移、耦合常数等参数展开在二维平面上，减少了谱线的拥挤和重叠，能显著提高测定的灵敏度，此外，二维核磁共振波谱还可以实现同核或异核的耦合，使其更准确地进行分子骨架的预测及构型鉴定。其中二维核磁共振波谱扩散排序谱（2D diffusion ordered spectroscopy，2D DOSY）是利用物质扩散系数的差异将来自不同分子的共振谱线区别开的一种核磁共振技术，它的基础在于混合物中不同分子在溶液中扩散系数的不同，而扩散系数的大小由相对分子质量的大小、分子结构及溶剂效应的差异性所决定。2D DOSY 能提供复杂体系内化合物的组成信息，对于成分未知的组分进行分离，得到混合物中单一组分的结构。据报道，利用 2D DOSY 技术可省略分离纯化的步骤，直接研究混合物中各组分的组成，实现对缉获的海洛因样品及其相关杂质进行分离后的定性和定量分析[③]。

新精神活性物质结构多变，对照品难以获得，通过核磁共振得到特定化学环境下产生的质子信号，可以应用于对完全未知化合物结构的推断，

[①] 钟永红，姚苏芝，黄克建，等.核磁共振氢谱定性分析案件毒品[J].广西大学学报（自然科学版），2018，43（2）：769-774.

[②] 李彭，赵阳，赵彦彪，等.核磁共振技术及定量核磁共振技术在毒品分析中的应用（英文）[J].刑事技术，2017，42（4）：312-323.

[③] Balayssac S，Retailleau E，Bertrand G，et al. Characterization of heroin samples by 1H NMR and 2D DOSY 1H NMR [J]. Forensic Sci. Int.，2014，234：29-38.

特别适合于新精神活性物质（疑似人造毒品）的快速识别[1][2]。定量核磁共振的原理是根据积分信号的面积与产生共振信号的原子核的数量的关系进行定量，通过与已知浓度的标准物质信号进行比较，即可得到分析物的绝对浓度。但这一技术也面临提高分辨率和灵敏度的挑战。核磁共振谱仪可与其他仪器配合使用，从而取长补短。通过加强核磁共振对新型毒品的检验方法开发，及时识别新型毒品并对其实施监管，从而预防、打击和减少毒品泛滥。

四、分子印迹技术（molecular imprinting technology，MIT）

分子印迹技术（molecular imprinting technology，MIT）是利用分子印迹聚合物模拟酶-底物或抗体-抗原之间的相互作用，对印迹分子（也称模板分子）进行专一识别的技术。MIT通常也被描述为定制具有特异性识别"钥匙（模板）"能力的"人工锁"的技术。模板分子与功能单体通过非共价或者共价的方式结合后在交联剂等物质的作用下进行聚合，在模板分子周围形成高度交联的具有一定刚性的高分子聚合物，用适当的方法将模板分子去除，聚合物中随即留下了与模板分子结构互补的立体空腔，在合适的条件下，这一空腔可以"记住"模板的结构、尺寸以及其他的物化性质，即可以对模板分子及其类似物进行选择识别。

分子印迹固相萃取技术（molecular imprinting solid phase extraction technology，MISPE）是将分子印迹技术与固相萃取技术相结合，固相萃取技术是目前使用较多的分离、纯化手段，它是一个固-液相间的物理萃取过程，利用吸附剂从复杂样品的基质中将目标物质吸附出来，随后通过洗脱将目标物质与吸附剂分离，从而达到分离富集的目的。MISPE融合了分

---

[1] 栾佳琪，贾薇，花镇东，等.核磁共振技术在新精神活性物质筛查中的应用［J］.中国药科大学学报，2018，49（5）：545-552.

[2] Castaing-Cordier T，Ladroue V，Besacier F，et al. High-field and benchtop NMR spectroscopy for the characterization of new psychoactive substances［J］. Forensic Sci. Int.，2021，321：110718.

子印迹聚合物的特异性吸附和传统固相萃取的分离特点,具有高选择性、高回收率和高富集倍数等优点,适合于复杂基体中微量或痕量物质的分离与检测。据报道,以苯甲酰芽子碱的类似物作为印迹分子,采用不同条件制备一系列苯甲酰芽子碱(可卡因的代谢物)的分子印迹聚合物,并将这些分子印迹聚合物作为高效液相色谱的固定相,通过色谱实验初步筛选出对苯甲酰芽子碱具有最佳识别性能的印迹聚合物,此后将选出的聚合物作为固相萃取吸附剂对样品溶液中的苯甲酰芽子碱进行选择性吸附识别[①]。

分子印迹传感器(molecularly imprinted sensor,MIS)是分子印迹技术在毒品检测中应用的另一条重要途径,该传感器以分子印迹聚合物作为识别元件的敏感材料,相比于生物敏感材料,分子印迹聚合物具有抗恶劣环境的优点。其中电流型分子印迹聚合物传感器曾被应用于吗啡的检测,首先将吗啡选择性地与传感器中的分子印迹聚合物结合,过量添加一个电活性竞争对手(可待因),从而释放一些结合的吗啡,然后用安培法检测释放的吗啡。值得注意的是,这种传感器适用于在苛刻的化学环境(如强酸性、强碱性和有机溶剂等)下的检测识别[②]。

第五节 毒品分析新技术

一、免疫分析初筛技术

对于毒品的现场及时检验和大规模群体性检验,具有低成本、操作简便以及检测速度快等优点的免疫分析技术在毒品的初步筛查中发挥着重要

---

① 郝红霞,刘建军,韦天新,等. 分子印迹技术在毒品检测中的应用[J]. 中国法医学杂志,2009,24(5):315-318.

② Kriz D, Mosbach K. Competitive amperometric morphine sensor based on an agarose immobilised molecularly imprinted polymer [J]. Anal. Chim. Acta, 1995, 300(1):71-75.

作用，可快速获取血液或尿液等生物检材中的毒品信息。

免疫分析方法主要依赖于特异性抗体的识别能力和与其他抗原抗体相结合的能力。免疫分析技术主要包括放射性免疫分析、酶联免疫吸附、胶体金免疫分析和荧光免疫分析等技术[①]，其中放射免疫分析以放射性同位素作为标记物，将同位素测量与免疫反应结合，实现了同位素体外检测。这种方法既可以用于检测尿液样品中的海洛因、可卡因、苯丙胺类毒品等，也可用于检测唾液、血液及毛发样本中的毒品。但检测过程中需要使用放射性同位素，对检测人员存在放射性危害。

酶联免疫吸附技术（enzyme linked immunosorbent assay，ELISA）是将固相吸附和免疫酶技术进行有机结合，其原理是用酶标记抗体，并将已知的抗原或抗体吸附在固相载体表面，使抗原抗体反应在固相载体表面进行，用洗涤法将液相中的游离成分洗除，通过酶作用于底物后显色来判断有无相应的免疫反应，颜色反应的深浅与标本中相应抗体或抗原的量呈正比。利用酶联免疫吸附分析技术可以实现对血清或尿液样本中多种毒品的快速检验，具有明确可读的优点。

胶体金免疫分析以胶体金为标记物，将特异的抗体先固定于试纸（硝酸纤维膜）的某一区域，将试纸一端与样品溶液接触，样品因毛细管作用而沿着试纸向前移动，当移动到抗体所在的区域时，样品中的抗原与抗体发生特异性结合而显示一定的颜色，检测结果直观可读，是目前最流行的快检技术之一。在实际应用中，影响胶体金免疫试纸灵敏度的因素较多，包括待测样品的浓度、温度等，试剂盒同一性较难保证，存在一定假阳性，因此该方法多用于初筛或定性分析。

时间分辨荧光免疫分析（time resolution fluorescence immunity analysis，TRFIA）技术是利用镧系元素及其螯合剂作为示踪探针建立的一种新型非同位素荧光免疫分析技术。TRFIA 技术用镧系元素（荧光寿命较长）标记

---

① 张蕾萍，侯伟，卢亮，等.体内毒品检验及鉴定技术的新进展[J].中国法医学杂志，2020，35（6）：655-659.

抗原或抗体，根据该荧光物质的发光特点，测量荧光，对特征信号进行分析处理（图2-7）。在生物分子荧光检测中，大部分背景荧光信号会短时存在，利用时间分辨荧光技术可以大幅度降低瞬时荧光的干扰。通过结合层析技术，可制备便携式毒品检测试纸条，时间分辨荧光免疫层析技术以固定有检测线（抗体或抗原）和质控线（二抗）的条状纤维层析材料为固定相，待检测液为流动相，荧光纳米微球标记的抗体或抗原固定于结合垫，待分析物通过毛细管作用在层析条上移动。对于毒品小分子抗原，通常采用竞争法，即待分析物在流动相作用下先与荧光纳米微球标记的抗体（抗原）结合，当到达检测线时再与固定的抗体（抗原）结合，多余的荧光微球标记物继续向前层析，与固定在质控线二抗结合。通过检测线和质控线荧光强度的强弱及其比值，即可分析出样品中待测物的浓度。基于荧光免疫层析技术可实现痕量毒品的现场快速检测。

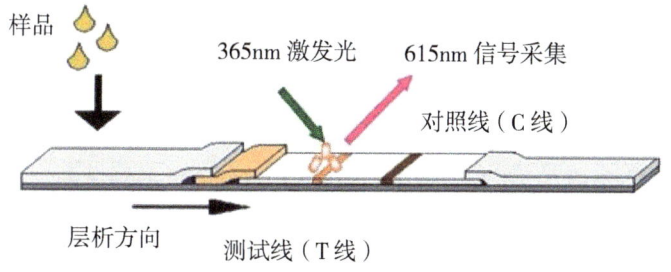

图 2-7　时间分辨荧光免疫分析检测原理图

二、高分辨质谱技术

高分辨质谱法（high resolution mass spectrometry，HRMS）是利用具有高分辨率（分辨率超过10000）的质谱仪对待测物进行认定的一类新的分析技术。分辨率大于10000的质谱仪可分辨具有较大结构差异的同分异构体；分辨率大于100000的质谱仪可分辨相对分子质量相近但元素组成不同的化合物；而分辨率值更高的质谱仪有望分辨同分异构体，如吗啡（M=285.3377）与去甲可待因（M=285.3379）。HRMS仪可获得至少精确至小数点后第 4 位，且质量精度小于 5 ppm① 的 m/z 信息。高分辨质谱分析主要提供高分辨质荷比、同位素丰度比和多级质谱图 3 方面的特征表观信息，并以此进一步得到待测物的精确相对分子质量、元素组成以及分子式，通过查询网络数据库，对可能结构进行理论质谱裂解，在实际测得的多级质谱图中查找、比对是否存在理论碎片离子，即可分析得到待测物的疑似结构。

对于代谢物的检测识别，由于生物样品一般基质复杂，代谢物浓度低并且代谢途径多，HRMS 不仅能提供目标物可能的结构信息，还可以对预测代谢物的生物转化类型、区分同质量数代谢产物（如区分甲基化代谢产物与羰基化代谢产物）等发挥重要作用。此外，低分辨质谱筛查方法限于质谱扫描时间，当超过 200 个目标物后仪器灵敏度和准确度明显下降，而 HRMS 技术具有高分辨优势，不仅能提供保留时间、2 对特征母离子/子离子对的信息，还能提供同位素丰度的信息，可以在目标物数量接近 1000 时仍保持最初的灵敏度。通过增加碰撞诱导裂解和多级质谱比对，可将一次分析中可筛查的目标物数量提升至 2500 种②。

三、质谱成像技术

质谱成像（mass spectrometry imaging，MSI）是将质谱的离子扫描技术与成像处理软件相结合的一种新型的成像技术，可实现对样本表面多种物质的原位定性定量分析，在获得物质组成的同时也获得物质的空间分布信息。MSI 包括 4 个基本步骤，即样本准备、离子化、分子的质量分析及图像重构。其利用激光或离子束照射待测物使其分子离子化，然后通过质谱测定这些离子化分子的质荷比，再由软件重构出目标物的空间分布情况。

---

① ppm 浓度（parts per million）是用溶质质量占全部溶液质量的百万分比来表示的浓度，也称百万分比浓度。经常用于浓度非常小的场合下，与之相似的还有 ppb（parts per billion）。对于气体，ppm 一般指摩尔分数或体积分数，对于溶液，ppm 一般指质量浓度，1ppm=0.001‰。

② 沈敏，向平．滥用物质分析与应用[M]．北京：科学出版社，2016：641-706．

用于 MSI 的离子化技术主要有基质辅助激光解吸电离（matrix assisted laser desorption ionization，MALDI）、二次离子质谱（secondary ion mass spectrometry，SIMS）、解吸电喷雾电离（desorption electrospray ionization，DESI）等，其中应用最广的是 MALDI 技术，MALDI 可分析的质量范围宽，既可分析小分子化合物，也可分析大分子（m/z 4000 以内），是最灵敏的离子化技术，空间分辨率一般为 50～100 μm，近年来商品化仪器的成像分辨率可提高至 5～10 μm，能耐受较高浓度的缓冲液、盐和去垢剂的存在。

利用 MSI 可以获得毒品在人体组织中的空间分布信息，如可原位获得精神活性物质在脑组织中的分布，头发中毒品及其代谢物在毛干上的分布，或毒品及其代谢物在指纹中的空间分布等。2021 年 Costa 等人研究采用解吸电喷雾电离（DESI）、基质辅助激光解吸电离（MALDI）和飞行时间二次离子质谱仪（time of flight secondary ion mass spectrometry，TOF-SIMS）这 3 种质谱成像方法对指纹样本进行对照分析，根据实验结果提出可卡因及其代谢物在指纹中的空间分布可用于区分供体是否摄入毒品或只是接触过毒品[①]。

四、实时直接分析技术

实时直接分析（direct analysis in real time，DART）是一种热解析和离子化技术。DART 主要由一个封闭的离子源和一个与质谱对接的转接反应区组成，DART 的分析对象是分子量小于 1000 Da 的小分子，对样品的极性没有选择性，既可以分析挥发性物质，又可以分析非挥发性物质。DART 与各种质谱相连，无须复杂的样品前处理，无须使用放射性部件，无须溶剂雾化及高的电压或真空度，大大缩短样品分析周期，能在几秒钟内分析存在于气体、液体、固体或各种形状的样品（如药片、叶子、粉末、

---

① Costa C，Jang M，de Jesus J，et al. Imaging mass spectrometry: a new way to distinguish dermal contact from administration of cocaine, using a single fingerprint [J]. Analyst, 2021, 146: 4010–4021.

食用油、食品、农产品、水产品、玩具等）表面的目标物分子，对样品没有破坏性，可实现无损、定性和定量分析，其在毒品物质分析中极具应用价值。

利用 DART-MS 技术可对体外毒品进行快速识别，如市面上出现的合成大麻类新型策划药是由传统大麻的化学结构改造而成，主要包括 CP、JWH 和 AM 等系列。不法分子将新型策划药溶解，滴在烟草产品上，干燥后以"Spice""K2""Blaze"等名字通过互联网等渠道贩卖。新型策划药种类繁多，即使标有同一名字的烟草，其中的成分也大不相同，而且不断有新的同系物出现，DART-MS 能有效解决传统色质联用法中谱库检索难以覆盖所有新型策划药的难题。

对于生物检材（血液、尿液、头发等）中的毒品及其代谢物也可利用 DART-MS 技术直接分析，Jagerdeo 等人利用 DART-TOF-MS 筛选尿液中的可卡因及其代谢物。分析前使用固相萃取小柱对尿液进行固相萃取净化，实验可测得可卡因及其代谢物可卡乙碱、苯甲酰爱康宁和爱康宁甲酯，该方法中样品前处理用时 2 min，质谱分析 1 min，能实现目标物的快速识别[1]。但是 DART 技术在分析生物检材时也存在一定的局限性。基质效应由于没有色谱分离步骤会产生较大影响，此外，DART 离子源可打碎不太稳定的化学键，如体内代谢物吗啡葡醛酸苷经 DART 可断裂成吗啡，则质谱采集的信息可能不完全是母体化合物，使其在定量检测方面受到限制。

五、手性分析技术

手性是指其分子的立体结构与它的镜像彼此不能互相重合，互为镜像关系且不能重合的一对分子称为对映体或对映异构体。对映异构体的分子

---

[1] Jagerdeo E, Abdel-Rehim M. Screening of cocaine and its metabolites in human urine samples by direct analysis in real-time source coupled to time-of-flight mass spectrometry after online preconcentration utilizing microextraction by packed sorbent [J]. J. Am. Soc. Mass. Spectrom., 2009, 20, 891-899.

中有一个连有 4 个不同原子或基团的碳原子，叫手性碳原子。对映异构体在自然界中普遍存在，部分毒品也属于对映异构体，以苯丙胺类兴奋剂为例，甲基苯丙胺和苯丙胺均为手性化合物，在生物体内的药理活性、代谢过程及毒性等方面存在显著的差异，S- 甲基苯丙胺的药理活性比 R- 构型强 5 倍。S- 甲基苯丙胺具有中枢神经兴奋作用，是常见的毒品，而 R- 甲基苯丙胺中枢神经兴奋作用较弱，外周拟交感作用强，主要作用于心血管系统，多用于临床医疗。按照国际麻醉品管制局的规定，除非特殊证明其应用，无论 S- 构型还是 R- 构型均为管制药物。但在定罪量刑上有一定的差异，如美国审判委员会指导手册中规定，审判时区别甲基苯丙胺的对映异构体，S- 甲基苯丙胺 1 g 相当于大麻 40 g，R- 甲基苯丙胺或混旋甲基苯丙胺 1 g 相当于大麻 10 g。对毒品的手性分析不仅可以区分其对映异构体，而且可为毒品案件的侦查和审理提供技术支持。

目前与质谱相连进行手性分离的色谱方法主要有气相色谱法（GC）、液相色谱法（LC）和毛细管电泳（CE）等。利用 GC 技术进行手性分离时可采用直接和间接 2 种方法进行。直接法采用手性柱进行分离，即利用固定相的手性提供分离对映体所需的环境，不会对对映体的组成造成影响。但对于极性目标物，因色谱行为差仍需要先进行衍生化；间接法则采用手性衍生化方法分离，该法的适用目标物为结构中含有易于衍生化的基团，如羟基、羧基和氨基等。需要注意的是，用 GC 法进行手性分析时一般需要在较高的温度下进行，会容易导致手性选择剂的消旋化，降低其手性识别能力。GC 法一般仅能分离易于汽化和热稳定性高的对映体化合物。

LC 是采用手性固定相进行对映体的分离。手性固定相是指能够直接分离对映异构体的具有光学活性的色谱固定相。其原理是先将高纯度的手性试剂化学键合到固定相上，键合后的固定相与目标物对映体形成复合物，再根据复合物的稳定常数不同而获得分离，分离的效率和洗脱顺序取决于复合物的相对强度。LC 法一般不需要衍生化，其适用范围广、分离性能高、灵敏度高、定量准确，相比于 GC 法，LC 法能够有效避免因温度过高对手性分离产生的影响，是手性物质分离应用最广泛的技术。

六、同位素质谱技术（isotope-ratio mass spectrometer, IRMS）

同位素质谱技术，是测定化学元素同位素相对丰度的一种分析手段。IRMS 技术分析的基础是稳定同位素在自然界的丰度差异。半衰期大于 10^{15} 年的同位素被称为稳定同位素，在已知的元素中原子序数在 84 以下的元素大多为稳定同位素。其中 H、C、N、O 和 S 等元素由于相对分子质量较小，且易于气化，这些元素被称为"轻元素"。在自然条件下，由于各种物理、化学或生物的作用会不断分离或聚集轻元素的同位素，即产生"同位素分馏"（或"同位素歧视"）现象，该现象使不同环境中轻元素的同位素组成不同，如大气中 ^{18}O 的含量较地表水高，长期处于某区域的物体会带有该地区的同位素丰度比特征，这种特征被称为该物体的"同位素签字"（或"同位素指纹"）。其中主要关注 $^{13}C/^{12}C$、$^{15}N/^{14}N$、$^{2}H/^{1}H$、$^{18}O/^{16}O$ 和 $^{34}S/^{32}S$ 这 5 对同位素丰度比特征。

待测样品中的同位素指纹，不仅能在天然毒品的来源推断中提供大量特征性、唯一性的地缘信息，也能为合成类毒品的溯源提供有价值的信息。基于植物生长期间与其生长地可进行物质交换，故植物体内的物质具有显著的地缘性同位素指纹。利用这一同位素指纹，可对天然毒品的产地来源进行推断。而对合成类毒品的溯源主要依据于毒品的生产原料、生产设备或添加剂的特征性影响。利用 IRMS 技术能准确地识别待测毒品中的同位素指纹，进而提供有效的证据信息。

如何判断涉毒案件中毒品及其代谢物质是由自体产生还是外源性摄入，即内源性和外源性毒品的区分，IRMS 技术对此也发挥着重要作用。其理论依据在于内源性和外源性物质在同位素丰度上具有较大的差异。同位素丰度信息不仅能反映涉药群体与对照群体之间的差异，还可用于自体对照，可以排除个体的代谢差异。需要注意的是，受基质和仪器自身设计的影响，利用 IRMS 技术分析结果的重现性须经过考察和验证，在分析过程的整个阶段也须做好各元素同位素定量曲线的测定和校准工作。此外，不同实验室获得的 IRMS 仪分析结果在进行比对时，须核对双方所采用的标准物质同位素丰度比。

七、代谢组学技术（metabonomics）

代谢组学是一种具有系统性的生物信息学技术，与转录组学、基因组学、蛋白质组学等经典组学研究不同的是，代谢组学一般以细胞、组织以及完整机体为考察对象，研究其受到各种外源性刺激或干扰时所引起的代谢改变。代谢组学的研究着眼于相对分子量小于 1000 的内源性化合物，主要是一些参与机体新陈代谢、维持正常生理功能的小分子化合物。代谢组学的研究优势主要有：①基因和蛋白表达的微小变化在代谢物上得到放大，检测更容易；②代谢物的种类小于基因和蛋白的数目；③代谢组学的研究无须建立全基因组测序及转录表达的数据库。

代谢组学研究一般分为 4 个层次：①代谢物靶标分析，对生物样品中特定的代谢物进行有针对性、高灵敏度的定性或定量测定；②代谢轮廓分析，对特定代谢过程中某类结构相关或性质相似的预设代谢物进行系列定量测定，如某一代谢途径中的所有中间代谢物和多条代谢途径的标志性代谢物；③代谢指纹分析，通过整体定性比较代谢物指纹图谱的差异对样品进行快速分类，如表型的快速鉴定和分类；④代谢组学通过高灵敏度、高选择性和高通量对限定条件下特定生物体或细胞中的所有小分子进行定性和定量[①]。

代谢组学最主要的分析工具是核磁共振（NMR）和色谱－质谱联用技术。代谢产物经过前期的检测、分析和鉴定之后进入后期的数据分析阶段。用于数据分析的手段主要为模识别技术，包括 2 类：①非监督学习方法，主要为主成分分析（PCA）、簇类分析（HCA）、非线性影射（NLM）等；②监督学习方法，主要为人工神经网络（ANN）、偏最小二乘－判别分析

---

① 闫娟，李林熹，张波. 代谢组学在常见毒品滥用中的研究进展［J］.川北医学院学报，2017，32（2）：306-309，314.

（PLS-DA）、k-最近邻法（k-NN）和簇类独立软模式法（SIMCA）等。

当毒品物质作用于机体后，生物体内原有的代谢机制会发生变化，代谢产物也随之变化。代谢组学通过分析代谢产物整体的变化轨迹可以对毒品的作用机制、生物标志物和成瘾机制等进行研究。代谢组学可对体液中小分子化合物进行高通量的分析，可反映个体使用毒品后的代谢变化，确定毒品滥用潜在的生物标志物。代谢组学采集并分析大量代谢物的定量数据，可用于研究药物成瘾动物模型的生化响应和代谢结果的改变。

毒品识别对毒品的预防、认定，毒品案件的定罪量刑以及戒毒治疗过程的监控等方面具有重要作用。物理法和化学法识别只能作为初步的鉴定和筛选，必须经过色谱法等其他检测方法进行确认。色谱法前处理复杂，而且需要专业人员在实验室操作，一般耗时较长，不利于毒品的快速检测。拉曼光谱、红外光谱法和荧光分析法等可以单独使用或与色谱联用，可实现对毒品的有效识别鉴定。毛细管电泳结合了电泳与色谱的优点，但也需借助样品富集技术提高检测的灵敏度和准确度。离子迁移谱与其他分析仪器联用以弥补其分辨率和选择性不高的不足，以进一步拓宽应用范围。核磁共振波谱法具有推断未知化合物结构的功能，特别适合于疑似人造毒品的快速识别。分子印迹技术的高选择性和富集能力使其对复杂基体中微量或痕量毒品物质的分离与识别具有独特优势。随着检测新技术、生物技术以及统计数据分析技术的发展，毒品识别方法将日趋丰富和完善，从而在禁毒工作中发挥更大的作用。

目前液相色谱技术、串联质谱技术和高分辨质谱技术有了迅猛发展。高效液相发展到了超高效液相，色谱柱粒径明显缩小，分析时间随之缩短，灵敏度提高。四极杆-静电场轨道阱-线性离子阱三合一组合超高分辨质谱通过弥补不同质谱仪之间的不足，达到高灵敏度、超高分辨率、配备多种裂解模式的目标。高分辨质谱对目标物的检测分子量比低分辨质谱提高了几个数量级，不需要标准物校正，增加了对未知物的识别能力。这些高精尖技术的快速发展，为法庭科学领域各类研究和鉴定提供了分析手段，尤其是在未知新型毒品及代谢物研究或新型毒物推测判定方面将发挥更大的作用。不断向前稳定发展的色-质联用技术具有同时筛查几十种甚至上百种目标物的高通量、高灵敏度、高选择性和高专一性优势，还将在很长一段时间内占据确证毒品的主流地位[①]。

---

① 张蕾萍，侯伟，卢亮，等.体内毒品检验及鉴定技术的新进展[J].中国法医学杂志，2020，35（6）：655-659.

第三章　毒品检测与识别程序

案例分析

某市在办理一起零包贩卖毒品案件中，当场查获可疑白色晶体3包，经公安机关毒品实验室检验，均检出甲基苯丙胺成分。但嫌疑人坚称其中一包约19 g的白色晶体为添加剂，不是毒品，要求重新鉴定。

2022年5月11日，办案单位送来0.24 g可疑白色晶体，要求重新鉴定白色晶体是否含有甲基苯丙胺成分。该白色晶体封装于无色塑料袋中，上贴标签"3-2　0.24 g"，该塑料袋封装于牛皮信封内，封口有办案单位公章及嫌疑人指纹、签名等。

经检验，该白色晶体中未检出甲基苯丙胺成分。为慎重起见，办案单位重新按照最高人民法院、最高人民检察院、公安部关于《办理毒品犯罪案件毒品提取、扣押、称量、取样和送检程序若干问题的规定》的要求，规范取样、送检，结果，从第2次送检的白色晶体中检出甲基苯丙胺成分。请分析2次重新鉴定结果不一致的原因？

第一节　涉毒检材采集与送检

一、涉毒检材分类

根据检材的性质不同，可将毒品检材分为涉毒现场检材（体外检材）和涉毒生物检材（体内检材）2大类。

（一）涉毒现场检材或体外检材

涉毒现场检材，常常称为体外检材，指现场查获的各种形态的毒品可疑物，是未经人体消化的检验材料，如现场查获的各类毒品及包装物、涉毒工具、半成品、易制毒化学品等，主要包括块状物、片剂、粉型、胶囊等固体物质；针剂、酊剂、溶液等液体物质；大麻、罂粟、古柯等原植物；浸有毒品的纺织品及其他物质等。

此类检材是毒品检验中最常见的检材，一般不需要进行复杂的前期净化处理。但毒品可疑物中的其他毒品、掺假剂、稀释剂、残留溶剂、试剂、中间体和副产物等会对检验造成干扰，因此在检验中要引起注意。

（二）涉毒生物检材或体内检材

涉毒生物检材，常常称为体内检材，是经过人体消化、吸收、代谢和排泄等过程后，取自活体或尸体的检验材料。包括血液、尿液、唾液、毛发、鼻黏膜、指甲，及中毒死亡者的胃、胃内容、肝、肾等检材。

（1）尿液，是应用最广泛的生物检材。大多数毒品都通过尿液排泄，因此，尿液中含有高浓度的毒品及代谢产物；同时，采集尿液检材对于操作者来说比较安全。由于专业的尿检试纸或尿检板成本较低，操作简单，检测速度快，是目前使用最广泛的一种吸毒认定方法。

（2）血液检材，也是比较常用的检材。相较于尿液检材，血液中毒品及代谢物含量较低，一般摄毒后数小时就难以检出。但血液中毒品或代谢物浓度可以有效地反映毒品的作用强度和毒品对行为能力的影响程度（如毒驾），因此，血液是比较理想的检材。

由于很多吸毒者都是传染性疾病病毒的携带者，采集血液检材，应由专业人士进行，注意防护自身安全。

（3）唾液检材。目前，许多国家开始对唾液中的毒品进行检测，与之相比我国对唾液中毒品检测的研究较晚，但也取得了一定的成果。唾液中毒品的检测存在一些不足，如检测窗口时间短、唾液采集装置不完备、易受污染、对某些成分如大麻检测灵敏度低等。

（4）毛发。与体液相比，毛发具有易获取、性质稳定、易保存及不易作假等优点，是较为理想的检材。目前，毛发毒品检验广泛应用于涉毒史的判断。

（5）组织。吸毒致死尸体解剖后应采取的检材主要有肝、肾、肺、脑、胆汁等。其中肝、肾是毒品的主要代谢器官，许多毒品进入体内后都储存在这些脏器中，其浓度常常较血液大，同时组织药物浓度也反映了药物作用强度，因而组织检材是比较理想的检材。

二、体内检材采集

（一）体内检材的特点

（1）毒品及代谢物含量低，且存在形式多样。毒品滥用摄取的量一般均未达到中毒量，因而体内毒品含量低（有时仅为纳克或皮克水平），有的甚至检不到物质原体。另外滥用物质在体内代谢快且"摄毒鉴定"一般在药后数天进行，故经常出现的情况是仅检出毒品的体内代谢物，通过特定代谢物的检出证明检验对象曾摄取某种毒品。如吸食海洛因数小时内，体内仅检出其代谢物单乙吗啡和吗啡，吸食海洛因 24 h 后一般仅能检出吗啡。

（2）样品处理操作复杂。由于体内滥用物质分析的主要目标物为药物代谢物，而这些极性代谢物大多以葡醛酸苷的形式存在，因而样品提取前必须先行水解或酶解或采用其他方式，使其释放游离；GC-MS 分析代谢物需要衍生化，以改善气相色谱行为，提高检测灵敏度。另外，由于某些滥用物质原体或代谢物如四氢大麻酸含量低，样品处理所用的玻璃器皿有时还需进行硅烷化，以免亲脂性代谢物被玻璃表面吸附而损失。毛发分析因其目标物含量低，对样品的去污染处理及分析技术提出了更高的要求。

（3）不同的检材可提供不同的信息。多种生物检材的毒物分析结果往往可以解决单一检材分析不能解决的问题。尿液中毒物原体和代谢物浓度较高，原体和代谢物浓度及浓度比对于吸毒时间、吸毒程度的判断具有一定的参考价值。头发具有滥用物质稳定、检出时限长、能反映摄毒史或用药史的特征，其提供的独特信息在某些情况下成为提供证据的唯一手段。同时，高度灵敏的分析技术为单次用药的毛发分析提供了可能性，使毛发分析在单次用药的涉毒案件、性犯罪案件、临床医学、兴奋剂检测等领域具有广阔的应用前景。唾液中滥用物质浓度与血液浓度存在一定的相关性，可作为一种简便的、无损害的方式用于药后驾车的现场监测。血液检材因滥用物质分布少、含量低，一般摄毒后数小时就难以检出，故活体较少采用。但血液中滥用物质浓度可以有效地反映作用强度、对行为能力的影响程度或中毒程度，某些情况下也必须采用。国际法庭毒理协会（The International Association of Forensic Toxicologists，TIAFT）已公布血液中千余种毒（药）物的治疗浓度和中毒浓度参考资料。同时采集心血和外周血，有利于摄毒死亡结果的解释。对于物质滥用中毒致死或涉毒尸体，除血液、尿液外，一般还选取胆汁、肝、肾等滥用物质含量较高的检材。

（二）体内检材的检出时限

毒品的检测时限通常是指缉毒查获的可疑毒品和生物检材中的毒品能被检出的最长时间限制。一般缉毒查获的可疑毒品体外检材比较稳定，基本都以盐的形式存在，受时间限制较小。而体内检材受检测时限影响较大，据报道，四氢大麻酚在血液中只能存在 4～5 h，代谢产物四氢大麻酸在血和尿中能存在 12 d。对于其他常见毒品，血液、尿液检材的适宜采取时间一般在服药后 3 d 内，最长不得超过 7 d，超过 7 d 毒品代谢排出体外，很难检出。一般来说，血液检测时限为服药后 3 h ~ 2 d、尿液检测时限为服药后 6 h ~ 5 d、毛发检测时限为服药后 3 d 至数月，可检测到药物原形或代谢物。

血液、尿液检材需放到冰箱冷冻保存，一般存放时间不超过 1 年。毛发易保存，受检测时间的限制较小。

对于常见的尿液检材，由于吸食毒品的种类不同、吸毒人员体质各异、吸食或注射的方式有别、吸毒史长短不一，造成吸食毒品后尿检呈阳性的时长也不相同。

（1）吸食的毒品类别不同，尿液样本呈阳性的时长不同。例如：吸食冰毒后在 1 h ~ 3 d 内尿检呈阳性；吸食吗啡、海洛因后在 2 h ~ 4 d 内尿检呈阳性；吸食 K 粉后在 2 ~ 4 h 内尿检呈阳性；吸食摇头丸后在 1 ~ 5 h 内尿检呈阳性；吸食大麻后在 2 ~ 56 h 内尿检呈阳性。

（2）尿检呈阳性的时间段因人而异。人体内新陈代谢快慢、体质强弱等因素各不相同，一般 5 ~ 10 d 毒品就能代谢完毕，即尿检结果就能转阴。

（3）吸毒史的长短也有影响。对于一些长期、大量吸毒的人群，尿检呈阳性的时间更长。吸毒史长的人员在吸食冰毒或海洛因后，1 周内尿检结果也可能会呈阳性。

因此，采集体内检材时，常常需要考虑吸食毒品的种类及检测时限的影响，确定检材采集的适宜时间及采集合适的检材种类。

（三）体内检材的采集

检材的选择对于分析结果的解释和判断至关重要。对于活体的摄毒鉴定或行为能力判定，血液、尿液、唾液、毛发是可靠的主要检材；对于摄毒死亡调查，则应采集心血、外周血、尿液、肝、胃内容物和头发等。

1. 血液

毒品在体内达到稳定状态时，血液中的毒品浓度反映了毒品的作用强度。由于许多药物的血液浓度有文献资料可供查阅，因此血液是毒品滥用认定的最佳检材。与尿液相比，血液中毒品浓度较低，监测时限短，但成分相对稳定，药物摄取后即可检测，无须等其代谢。血液分为全血、血浆和血清。血浆是全血加肝素或草酸等抗凝剂经离心后取得，其量约为全血的一半，而血清则是由血液中纤维蛋白原等影响引起血块凝结而析出的少量透明液体。因为血块凝结时往往造成毒品的吸附损失，导致血清中毒品含量降低，因此法医分析使用最多的是全血。

血液检材采集，一般 A、B 2 管分装，每管取 5~10 mL。

2. 尿液

体内毒品的消除主要通过尿液排泄，尿液中毒品以原形物（母体药物）、结合物或代谢物的形式存在。尿液中毒品浓度高，采集相对容易，因而是吸毒认定的最佳检材，也是系统筛选分析的首选检材。

由于尿液中有较高的毒品原体和代谢物浓度，尿液分析时除检出毒品原体外，一般要求同时检出代谢物。尿液中毒品原体及代谢物的浓度比对于吸毒时间、吸毒量、吸毒方式的判断具有一定的意义，但同时要考虑尿液的酸碱性对尿液中毒品原体及其代谢物量的影响。尿液还是药物动力学及毒品代谢研究工作感兴趣的检材，以一定时间间隔取样，求其排泄量（累计量），分析毒品原体及其代谢物的时间变化规律。

尿液检材的适宜监测时间为 1~3 d。应注意的是尿液中毒品浓度的高低不能反映血液中毒品浓度的高低，因排尿过程中，不仅包括肾小球的过滤，还包括肾小管的重新吸收，这样使得尿液与血液中的毒品浓度关系很不理想。另外，检测时还应注意尿液的真实性。滥用者为了隐瞒其摄取违禁药物的行为常采用尿样作假的手段。尿样作假包括尿样稀释、替换和掺假。例如，在留尿前喝大量的液体（体内稀释）或加液体至已留好的尿样中（体外稀释）。尿样替换有多种方法，用外观看起来像尿液的液体如橘子水、橙汁、柠檬水等来替换或者用另一个人的尿液替换。

尿样掺假是指在尿样中添加化学物质来掩盖违禁药物的存在,以此来干扰药物分析。因此,检出毒品代谢物是排除样品替换证实尿样真实性的重要保证。对于掺假尿液,需要了解掺假剂和毒品的反应规律,了解掺假后毒品性质的变化。

尿液检材采集,A、B 2 杯分装,每杯采集 15～30 mL。根据 GA/T 1586—2019《涉嫌吸毒人员尿液采集操作规范》,采尿时要注意尿液的真实性,即尿样提取要在有关人员监督下进行,及时贴上标签,防止被调包或稀释等;取样时应采取相应保护措施,防止传染病。

3. 毛发

对于长期摄入毒品的人,毒品可在其毛发中累积,使毛发成为毒品分析的重要检材。由于毛发中的毒品含量大大低于生物体液中的含量,用常规的分析法测定很困难,因此毛发曾被认为是一种没有实用价值的检材。但是随着科学方法和检验技术的进步,对毛发中的毒品进行分析已经成为现实。近年来毛发毒品分析成为法庭科学和临床分析毒物学研究的热点。

毛发是由蛋白质组成的,当毛发在毛囊中形成时,血液中的物质就滞留在其中。滞留在毛发中的毒品成分能保留数年而不会变质或发生损失,吸毒者不可能通过漂洗、拉伸等手段来逃避检测。因此毛发可以提供一个人滥用毒品情况的长期信息,其检测时间的长短仅受毛发的类型和长度的限制,典型的检测时限可以从 1 周到几个月的时间。正像尿液检测能反映收集尿液前 1～3 d 中被检测者是否服用过毒品一样,毛发分析也能反映出长时间内被检测者是否滥用过毒品。

毛发在进行合适的清洗之后不会被外界的污染所影响,所以当出现尿样分析结果有争议时,毛发分析会显示其独特的优越性。此外,毛发分析还可以避免尿样分析中可能出现的各种逃避检验的行为,如暂时停止吸毒和稀释尿液等,因此大大提高了毛发毒品分析的可靠性。

毛发样品的收集比较容易且文明,而且毛发样品能在外观上通过显微镜检查与被检测者匹配,不会被掺假或用其他样品代替。如果对分析结果有争议还可以对毛发进行第二次取样。

毛发分析另外一个独有的特点是它能够确定毒品使用的方式、严重性和大致的时间范围。通过分析，符合一定时间范围的毛发截段可以确定毒品滥用的模式，即毒品使用剂量的增减程度及持久性等，并可以清楚地区分重度、中度和轻微的滥用毒品情况。因此，对于吸毒史的过程性分析监测，毛发是较为理想的检材。

总之，毛发分析可避免暂时性药物切断或掺假的干扰，采样容易，检材稳定，结果可信，且检测期限长，使毛发分析比尿液分析更为实用和方便，在甄别吸毒者方面也更加有效。

根据《涉毒人员毛发样本检测规范》（2018公安部938号文件），毛发分析一般采集头发检材，工作人员应当佩戴一次性手套，使用医用剪刀或者锯齿剪刀紧贴被提取人员头皮表面剪取头顶后部（如头顶后部无法提取到足够头发的，可选择离该部位最近的头部部位）长度为 3 cm 以内的头发；长于 3 cm 的头发，需从发根端截取 3 cm。提取的毛发样本应当分为 A、B 2 份，每份样本重量不少于 50 mg，用铝箔纸包裹，分别装入纸质信封后将信封封装。

4. 唾液

唾液是由腮腺、颌下腺、舌下腺和口腔黏膜内许多散在的小腺体分泌的，在口腔内混合而成的消化液。唾液的 pH 值约为 6.9，唾液的分泌量每日 1~1.5 L，个体差异较大。唾液含有体液所有的电解质（主要为 Na^+、K^+、Cl^- 和 HCO_3^-），其中最主要的有机成分是黏液和淀粉酶。

唾液中的药物浓度与血液药物浓度存在一定的相关性。与血液类似，唾液中以毒品原体为主，且一般摄药 12~24 h 后药物完全消除。将唾液作为检材已成为一种简便的、无损害的并能反映血药浓度的方法。其优点是唾液的采取不受地点、时间的限制，易被检验者接受，许多用于尿液、血液的分析方法几乎可直接用于唾液的药物浓度测定。缺点是人们对药物及代谢物从血中进入唾液的机理及唾液中药代动力学尚不清楚，分析结果的解释较为困难。唾液检材已用于吗啡、可卡因、大麻、苯丙胺、安定等滥用药物的分析。

唾液已有专门的采集装置。经常使用的方法是：漱口后 1 min，收集口内自然流出或经舌在口内搅动后流出的混合唾液，然后以 2000～3000 r/min 离心 15 min，小心吸取上清液，供进一步分离净化之用。以酸刺激为例，唾液分泌速度可达 5 mL/min，为无刺激基础分泌量的 8～20 倍。用刺激方法采集唾液的优点是短时间内可得到大量唾液，唾液的 pH 值在 7 左右的狭小范围内（无刺激的唾液 pH 值变化较大），因此可减少唾液/血液分布比率的个体差异。

唾液检材，一般现场快速检测用，取样与检测同时进行。

根据 2017 年 1 月 1 日起施行的《吸毒检测程序规定》，上述阳性生物检材（血液、尿液、唾液、毛发等）的保存期应不少于 6 个月。

5. 生物组织

中毒致死或尸体解剖后应采取的检材主要有肝、肾、肺、脑等。其中肝、肾是毒品代谢和排泄的主要器官。许多进入体内的毒品都储存在这些脏器中，其浓度常常较血液大 100 倍左右，是最有价值的检材。组织药物浓度也反映了药物作用强度，有许多文献提供了肝、肾和血液浓度比较的数据，因而其分析结果可进一步证明和解释血液的结果。例如，在高血浓度情况下，肝血药浓度比大于 10，表明药物中毒致死；肝血药浓度比小于 10，提示药物在死后重新分布。在某些情况下，选取组织检材比体液检材更有价值。例如，挥发性溶剂滥用可选取肺组织作为检材；可卡因等高脂溶性的物质在脑组织中有更多的分布。

不同的生物检材的毒品分析可提供不同的信息。例如，尿液中检出苯甲酰爱冈宁，表明被检者摄入了可卡因，但不能说明其目前是否受可卡因的影响；而血液可卡因阳性结果可说明采血时被检者处于可卡因控制状态；毛发分析提供了被检者在毛发生长周期内的毒品滥用信息。多种生物检材分析的综合结果往往可解决单一检材分析不能解决的复杂问题。总之，检材的选择取决于分析的目的、所获得的结果是否具有判断价值以及检材是否易于采集、是否适合分析等因素。

生物组织检材，通常根据需要定性和定量分析的具体情况，送检检材量应满足多次分析的需要确定。一些死亡案例涉及多种药物，需要在尸检时收集大量组织和体液进行毒物鉴定。推荐尸检采集检材及数量如下：①脑，50 g；②肝，50 g；③肾，50 g；④心血，25 mL；⑤外周血，10 mL；⑥玻璃体液，全部；⑦胆汁，全部；⑧尿液，全部；⑨胃内容物，全部。[1]

6. 汗液

汗通过汗腺排泄，是人体维持正常体温的重要手段。水是汗的主要成分，约占99%；氯化钠是汗的主要溶质。另外，汗液中也含有痕量元素、废物、药物以及血液中存在的其他物质。汗液的平均pH值为5.82，锻炼后pH值上升至6.1～6.7。

药物可通过多种机理进入汗液，血液至汗液的扩散对脂溶性物质更为有利。非离子化的碱性药物通过扩散进入汗液，然后因汗液较低的pH值而离子化。由于血液和汗液不同的pH值，使碱性药物在汗液中发生积累。

汗液为无创伤性采样，即用特制的吸附胶片粘贴在皮肤上吸附汗液上的药物及代谢物，汗液分析可反映数周内的药物摄取的累积情况，作为其他检验结果的补充。其缺点与唾液相似。另外，汗液中药物浓度较低且难以重复检验限制了其推广应用。

对于注射致死者，除上述检材外，还要取注射部位肌肉和距离较近、较远的非注射部位肌肉作空白对照。

三、体外检材采集

（一）体外检材的特点

（1）毒品、易制毒化学品种类繁多，形式多样，不断出现新品种。且大多涉毒现场检材包装多样：有的仅有一个包装，有的有数个包装，甚至一个大包装物中又有许多小包装物，给检材的分组、提取、编号等工作

---

[1] 沈敏，向平. 滥用物质分析与应用[M]. 北京：科学出版社，2016：834.

造成困扰，处理不当会降低甚至丢失其证据价值。

（2）样品来源多为地下加工场非法制造，缺乏质量控制，质量差异大。

（3）毒品检材成分复杂，多为未知物分析。由于生产原料不纯、反应不完全、最终产品净化不好等原因，导致毒品中经常含有副产物，残存的溶剂、试剂、杂质等。此外，一般非法制造的毒品含量往往较高，毒品在流通过程中，贩卖者为获得利润或改变服用效果，在毒品中添加各种成分，如掺假剂和稀释剂。掺假剂一般是有药物活性的物质，有抑制或兴奋的作用，价钱便宜、易得到，如咖啡因、对乙酰氨基酚（扑热息痛）、利多卡因等。稀释剂是没有药物活性的物质，只为增加体积和重量，如淀粉、葡萄糖、乳糖等。这些成分的存在，使毒品成分复杂化，会干扰毒品的检验，但同时也为确定毒品的来源、加工、贩卖、流通等过程提供了非常有用的信息[1]。

（二）体外检材采集的原则

（1）采集的检材应具有代表性。对于涉案的大量可疑毒品，特别是有些稀释剂、掺假剂在掺杂过程中，极易被毒品污染，取样不当，可能导致错误的检测结论。由于实验室检验所需样品量极少，如何能使其具有代表性就显得尤为重要。

（2）检材量必须足够。

（3）不同查获地点、包装、性状等检材应分别采集、单独包装和编号；编号应与检材一一对应，且具有唯一性。

（4）任何情况下，不得将不同检材混合。

（5）注意采集程序的规范性和证据的合法性。

最高人民法院、最高人民检察院、公安部《关于办理毒品犯罪案件毒品提取、扣押、称量、取样和送检程序若干问题的规定》（2016年7月

---

[1] 吴玉红，钟岩. 禁毒化学技术［M］. 北京：中国人民公安大学出版社，2015.

1日施行）第3条：人民检察院、人民法院办理毒品犯罪案件，应当审查公安机关对毒品的提取、扣押、称量、取样、送检程序以及相关证据的合法性。

毒品的提取、扣押、称量、取样、送检程序存在瑕疵，可能严重影响司法公正的，人民检察院、人民法院应当要求公安机关予以补正或者作出合理解释。经公安机关补正或者作出合理解释的，可以采用相关证据；不能补正或者作出合理解释的，对相关证据应当依法予以排除，不得作为批准逮捕、提起公诉或者判决的依据。

（三）体外检材的采集方法

1. 毒品的收缴、称量、取样和封存

（1）收缴。除特殊情况外，对收缴的毒品应当场称量、取样和封存。在现场收缴毒品时，由毒品持有人（被搜查人）、2名以上侦查人员和见证人当场签名。对收缴的毒品和藏毒现场应当拍照固定，有条件的可全程录音录像后存档。

（2）称量。对查获的毒品，应在查获现场，毒品持有人（被搜查人）在场（无主毒品除外），并有见证人的情况下当场称量。称量时毒品持有人（被搜查人）必须进行指认，指认过程应当拍照固定，有条件的可全程录音录像后存档。

（3）取样与封存。称量完成后，侦查人员应在毒品持有人（被搜查人）在场（无主毒品除外），并在有见证人的情况下，提取毒品样本检材，缴获的毒品和提取的检材应分别使用物证袋当场封存。包装密封处须由毒品持有人（被搜查人）、称量人（样本提取人）、见证人使用记号笔签名，并分别签署封存时间。

特殊情况下，无法进行现场称量、取样的，应当先行现场封存。到达执法办案场所后，按照上述规定进行称量和取样。

多包装毒品在保存时应当区分查获地点、包装、性状等，不可混合保存。

2.检材的采取

对体外涉毒检材，特别是一些疑似受到污染的掺杂剂，取样方法是否正确，对检测结果有决定性影响。最高人民法院、最高人民检察院、公安部《关于办理毒品犯罪案件毒品提取、扣押、称量、取样和送检程序若干问题的规定》第24～26条，对体外毒品检材采取作出了明确、具体的规定。

第24条：对单个包装的毒品，应当按照下列方法选取或者随机抽取检材：

（1）粉状。将毒品混合均匀，并随机抽取约1 g作为检材；不足1 g的全部取作检材。

（2）颗粒状、块状。随机选择3个以上不同的部位，各抽取一部分混合作为检材，混合后的检材质量不少于1 g；不足1 g的全部取作检材。

（3）膏状、胶状。随机选择3个以上不同的部位，各抽取一部分混合作为检材，混合后的检材质量不少于3 g；不足3 g的全部取作检材。

（4）胶囊状、片剂状。先根据形状、颜色、大小、标识等外观特征进行分组；对于外观特征相似的一组，从中随机抽取3粒作为检材，不足3粒的全部取作检材。

（5）液态。将毒品混合均匀，并随机抽取约20 mL作为检材；不足20 mL的全部取作检材。

（6）固液混合状态。按照本款以上各项规定的方法，分别对固态毒品和液态毒品取样；能够混合均匀成溶液的，可以将其混合均匀后按照本款第5项规定的方法取样。

对其他形态毒品的取样，参照前款规定的取样方法进行。

第25条：对同一组内2个以上包装的毒品，应当按照下列标准确定选取或者随机抽取独立最小包装的数量，再根据本规定第24条规定的取样方法从单个包装中选取或者随机抽取检材：

（1）少于10个包装的，应当选取所有的包装。

（2）10个以上包装且少于100个包装的，应当随机抽取其中的10个包装。

（3）100个以上包装的，应当随机抽取与包装总数的平方根数值最接近的整数个包装。

对选取或者随机抽取的多份检材，应当逐一编号或者命名，且检材的编号、名称应当与其他笔录和扣押清单保持一致。

第26条：多个包装的毒品系包装完好、标识清晰完整的麻醉药品、精神药品制剂的，可以从相同批号的药品制剂中随机抽取3个包装，再根据本规定第24条规定的取样方法从单个包装中选取或者随机抽取检材。

四、涉毒检材送检

涉毒检材的送检，实际上是一个委托鉴定的过程，包括委托、受理、检材流程等过程。

（一）委托

（1）委托的法律依据。毒品鉴定部门主要包括公安机关鉴定机构和司法鉴定机构，对检材委托的依据分别为公安部《刑事科学技术鉴定材料送检规则》、司法部《司法鉴定程序通则》。如果涉及刑事案件，还应参考办理刑事案件程序通则的规定。

（2）需要向鉴定机构提交的材料：①检材；②委托公函（并盖章），写明案由、检验要求及剩余检材处理、检材和比对样品清单等；③个人有效证件。

（二）受理

检材受理必须由工作人员在案件受理区进行。受理案件时，鉴定机构的工作人员应认真履行以下职责：

（1）查验委托公函及个人有效证件。

（2）听取送检人介绍案情及检验要求。

（3）查验检材及比对样品是否具备检验或比对条件；并详细记录检材样本的性状和包装情况，特别是对毒品检材，需要单独标注。

（4）根据检材情况（种类、数量）和实验室设备、人员及鉴定资质情况，决定是否受理或是否需要补充有关检材。如决定受理检验，应填写《受理检验鉴定登记表》等相关表格，并由送检人、受理人签字确认，完成受理检材手续。

（三）检材的保管与传送

检材的保管与传送，是保证检材真实有效的重要步骤，应尽可能减少中间环节。实验室内根据不同性质的检材设定专门的检材保管区域（如冷冻区、冷藏区、常温区等），并指定专人进行保管。特别是毒品检材，必须保证其绝对安全，最好存放于保险柜中，并委派2人分别保管钥匙和密码，每次检材传送过程必须有详细记录，并由保管人、接收人双方签字确认，注明领取和接收时间，以及检材剩余情况等。同时，实验室有专门的检毕样本保管区和相关处理档案记录。对于涉毒生物检材，由于死者或嫌疑人可能患有传染性疾病，检材流转过程中应防止检材腐败变质的同时，应制定保护措施，保护相关接触人员的人身安全。

第二节　涉毒检材检测程序

毒品检测一般分为现场快速检验和实验室检测2种。现场快速检验的目的是快速识别一些现场的可疑物品是否为毒品及易制毒化学品，确定可疑人员是否吸毒等，有利于公安机关抓住时机，及时破案。毒品现场快速检验具有排除、筛选和指向作用，但其灵敏度低、专属性差，难以区分化学结构相近的物质，其结论不能作为法庭定罪量刑的依据。实验室检测一般利用现代仪器分析方法对涉毒检材进行定性定量分析，应用范围广，有较高的灵敏度和准确性，鉴定结论可作为法庭定罪量刑的依据。

一、毒品现场快速检验

毒品现场快速检验常用方法有免疫法、化学筛选法、仪器法等。

（一）免疫法

免疫法是快速检验人体体液（如血液、尿液、唾液）中是否含有毒品及代谢物，从而判断被检者滥用毒品或用药的情况。有些情况下，现场查获的可疑毒品，也可用水溶解后，用免疫法进行初筛。

常用的免疫法有胶体金免疫法、酶免疫法、放射免疫法、荧光偏振免疫法。不同免疫法快速检测毒品各有其优缺点（见表3-1），此处仅介绍使用最广泛的是胶体金免疫法检验。

表3-1 免疫法快速检测毒品比较

	优点	缺点
放射性免疫法	特异性强，灵敏度高，设备要求简单	取尿液作为样品，操作不方便
酶免疫法	简便快速，前处理简单，设备价廉	取样不方便（尿液或血液）
荧光偏振免疫法	快速、重复性好、特异性高、易自动化	试剂成本较高，且需要专用仪器
胶体金免疫法	灵敏度高、特异性强、简便、快速、试剂稳定、人员不需经过分析培训等优点，适合在基层、公安机关、现场检测使用	进行质量控制，即使是同一批生产的也很难保证每个试剂的同一性

1.胶体金免疫法基本原理

当样品（尿液或唾液等）滴入该产品样品孔后，与胶体金标记的抗毒品单克隆抗体作用，由于毛细原理会自动推动紫色抗体在合成膜上面移动。当尿液（或唾液等）中毒品达到一定量时，即与胶体金标记的抗毒品单克隆抗体全部反应，而使其不能与预涂于合成膜上（检测区）的毒品抗原结合，检测区不出现紫红色条带，而仅在质控区出现 1 条紫红色条带，结果为阳性；反之在检测区及质控区均出现紫红色条带，即 2 条紫红色条带，结果为阴性。

免疫胶体金法检测试纸盒一般分为鸦片类、苯丙胺类、氯胺酮、可卡因、大麻等，市场上还有二合一、三合一、五合一尿检盒（检测试纸），可同时测定多种毒品。目前使用较多的是尿液检测卡和唾液检测卡。用唾液作检材，避免了取尿样时容易作假，不易受到场地和性别限制，采样非常方便，是被检测者最容易接受的检测方式。但是唾液容易被香烟、口香糖、食物等污染，很容易导致检测结果不稳定或发生一定误差等。因此，在戒毒医院，这种方法不多见。

免疫胶体金法快速、方便、便于携带、准确率较高，但该方法仅提供初步的筛选结果，若呈阳性还需选用其他方法（如 TLC、GC、HPLC、GC/MS）进一步确证。

2. 尿液的快速筛选法

打开包装袋前将免疫胶体金试纸盒与检测尿液样本均恢复至室温。打开免疫胶体金试纸盒包装袋后，应尽快地使用（特别是室温高于 30℃或高度潮湿的环境中）。具体操作方法如下：

（1）点样：打开包装袋，将免疫胶体金试纸条平放于实验台上，滴入 2～3 滴尿样于加样孔内，2～5 min 观察色带变化。

（2）结果判定：（如图 3-1 所示）

阳性：仅质控区（C）出现 1 条紫红色条带，在测试区（T）内无紫红色条带出现。

阴性：2 条紫红色条带出现，一条位于测试区（T）内，另一条位于质控区（C）。

无效：质控区（C）未出现紫红色条带，表明不正确的操作过程或试剂盒已变质损坏。在任何情况下，应重新测试。如果问题仍然存在，应立即停止使用该批号产品，并与当地供应商联系。

（3）注意：测试区（T）内的紫红色条带可显现出颜色深浅的现象。

但是，在规定的观察时间内，不论该色带颜色深浅，即使只有非常弱的条带也应判为阴性结果。

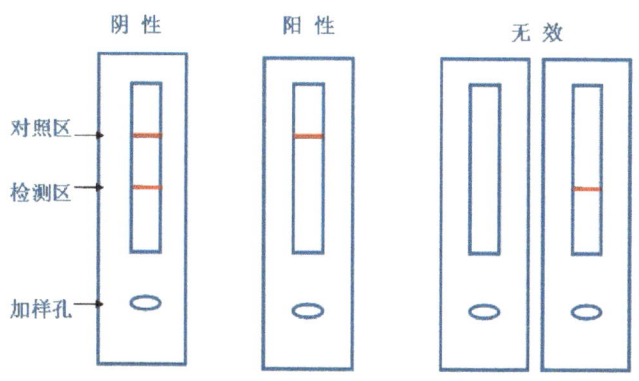

图 3-1　胶体金毒品检测使用示意图

3. 唾液的快速筛选法

（1）在进行测试前将试剂和样本恢复至室温（18～25℃）。

（2）从原包装铝箔袋中取出检测卡，在检测卡上标记被检人或样品编号，将检测卡置于干净平坦的台面上。

（3）手持检测卡，将唾液直接吐入检测卡的加样孔中，直至反应区内出现红色条带（如图 3-2 所示）。

（4）3～5 min 内观察结果，超出 10 min 则结果无效。

操作图示：

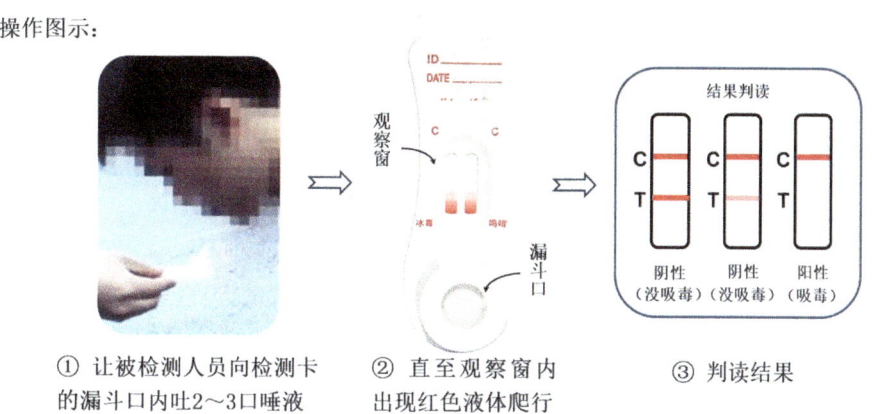

图 3-2　唾液毒品快速检测示意图

4.注意事项

（1）注意免疫胶体金试纸条应在保质期内使用。

（2）免疫胶体金试纸条具有专一性，注意查看其使用说明，确定其检验的毒品种类。

（3）阳性结果表示样品中可能存在某种毒品成分；所有阳性结果或结果模糊的样品必须送实验室做一步分析。如果某一试验的结果为阴性，一般认为该样品中不含某一成分；但当有其他理由怀疑该样品含有毒品时，可将该样品全部送到实验室做进一步分析，并向实验室提供现场检验情况、检验结果和怀疑的原因。

（4）某些药物对检测结果有干扰，可能会出现假阳性或假阴性现象。

（5）采集的样品如不能及时处理，应冷冻或冷藏保存。

（二）化学筛选法

使用快速、简便的化学显色反应、沉淀反应或显微结晶反应等，使毒品与某 1 种或多种化学试剂起化学作用，在几秒钟内出现特定的颜色、沉淀、结晶等，初步判断是否可能存在某类毒品或排除某类毒品存在。

化学筛选法一般用于现场快速检验可疑毒品，不同类毒品采用不同的反应原理和具体方法。如鸦片类毒品包括鸦片、吗啡、海洛因，马改氏试剂（甲醛硫酸试剂）立刻现紫红色，由此判断可能存在鸦片类毒品。

化学筛选法可采用试纸反应、试管反应或点滴板反应等方式，其常用的设备有商品化的毒品快速检验箱、检验包、检验盒、检验管、试纸等，能在几分钟至 10 多 min 内得出结论，具有试剂便宜、操作简单、反应快速、结论直观等优点。但定性准确性差，阳性结果容易受到干扰，一般需要用其他检测方法进行确认。有时阴性结论也不一定准确，如检材中杂质可能与检测试剂产生不同的颜色或检材本身有颜色，对显色反应的结果判断会产生影响。例如，涉毒植物样品大多具有较深的颜色且溶解性较差，取出一部分磨碎后进行分析，往往会对颜色反应或沉淀反应的结果产生干扰，因此，使用化学筛选法时应慎重。

如果检材数量较少,不能同时满足现场快速检验和实验室检验的需要时,应直接将样品送实验室检验。

(三)仪器筛选法

除了免疫法和化学检测法外,目前,通过便携式毒品查缉设备进行毒品现场快速检测,成为新的发展方向。用于毒品现场快速检验的仪器分析方法主要有拉曼光谱法、红外光谱法、气相色谱-质谱联用法、太赫兹光谱、离子迁移谱等。各种方法的优缺点见表3-2。

表3-2 毒品快速仪器筛选法比较

	优点	缺点
拉曼光谱法	检测快速,对样品无损	检测混合物效果不佳,对溶液浓度要求较高
红外光谱法	精准度高	对样品的纯度要求高
气相色谱-质谱联用法	可分析混合物,准确性高	对操作人员专业性要求较高
太赫兹光谱	灵敏度高,辐射低,能穿透材料对隐藏物成像	技术不太成熟,还无法消除干扰物的影响
离子迁移谱	成本低、简单快速、操作方便、灵敏度高和检测限低	容易误报,日常保养和维护要求较高

二、毒品实验室检验

毒品实验室检验是对涉毒检材中的毒品进行确证试验,确定检材中是否含有毒品、是何种毒品、含量多少,其鉴定结论可作为定罪量刑的依据。因此,毒品实验室检测方法一般应选择相应的司法鉴定标准方法。与毒品鉴定相关的鉴定标准有100多项,包括国家标准、行业标准等。使用鉴定标准时应遵循的原则是:首先选用国家标准,然后是行业标准和技术规范;如果没有相应的标准,可以选择行业内多数专家认可的技术方法。无论选用哪种分析方法，该方法必须经过本实验室验证通过才能使用。

毒品实验室检验方法常用的有气相色谱－质谱联用法、液相色谱－质谱联用法、红外光谱法、核磁共振波谱仪等。毒品实验室检测通常包括以下程序：

（一）制定检验方案

毒品检验工作复杂，经常为未知毒品检验，尤其是生物检材数量有限，不能重复采取，检验前需制定周密的检验方案，确保检验工作的顺利进行。

检验方案的制定首先应考虑是系统分析还是针对单一毒品检验，然后确定取哪些检材，用什么方法分离提取，采用什么仪器进行定性和定量分析等。

制定检验方案时，应注意检材一般只能使用 1/3 ~ 1/2，剩余检材留存供复核及复检使用。如果检材数量太少或其他原因，必须使用全部检材进行检验才能得出检验结果，首先必须征得送检单位同意，并拍照固定证据后，才能进行检验。

（二）检材前处理

检材前处理主要是对毒品进行分离提纯，将检材中的毒品与杂质分开的过程。毒品的分离提取是毒品检验工作的首要环节，这一环节能否将检材中的毒品尽可能多地提取出来，杂质是否去除彻底，分离提纯的效果将直接影响到检测结果。尤其对于生物检材，毒品进入体内，经吸收、分布、代谢，然后排出体外。在体液、脏器中除原形毒品外，还有代谢物及结合物，且待检毒品含量低，与杂质共存，分离提纯的难度更大，因此，必须选择合适的分离提纯方法。

毒品的存在形式和性质不同，分离提取的方法亦不同，常用的方法有液液萃取法和固相萃取法等。

(三)定性分析

定性分析是确定检材中是否含有毒品、含有何种毒品。检材经分离提取后,即可用于定性分析。定性分析常用的方法是薄层色谱法、气相色谱、气相色谱–质谱联用技术、光谱分析法等。其中薄层色谱法灵敏度较低,分离不好,目前应用较少。气相色谱法和液相色谱法定性分析均需与标准品进行比对,通常只针对有目的的毒品进行定性分析。气相色谱–质谱联用或液相色谱–质谱联用技术是最常用的毒品定性分析方法,通常无须标准品比对,简单、快捷、准确。

(四)定量分析

定量分析是在定性分析之后,为进一步确定检材中某种特定的毒品含量多少而进行的实验。检材经分离提取后,即可用于定量分析。可疑毒品的含量高低,对定罪量刑有一定的影响;而生物检材中毒品及其代谢物的含量,是确定是否毒品中毒或致死的依据。

常用的定量分析方法有气相色谱法、液相色谱法和气相色谱–质谱联用技术等。定量操作方法可采用单点定量法、标准工作曲线法;内标法、外标法等。其中,单点定量法要求校准样或控制样浓度与检材样本浓度相近,外标法对操作条件的重现性要求较高。为消除系统误差,保证分析结果的准确性,通常采用内标–标准工作曲线法进行定量分析。

无论采用哪种定量方法,均应进行质量控制。如制作与检材样本相同或相似基质的阴性控制样、阳性控制样、分析控制样等,进行平行样分析。

(五)毒品检验鉴定书(或检验报告)

检验结束后,需出具鉴定书(或检验报告)。鉴定书(或检验报告)一般包括标题、鉴定文书的唯一性编号和每一页的标识;委托与受理情况、检材情况、检验情况、结论以及剩余检材的处理等内容。鉴定书(或检验报告)的具体文书格式和内容由相关管理部门发布并进行规范。目前,鉴定文书格式主要由《公安机关鉴定规则》(公通字〔2017〕6号印发，2017年2月16日起施行）或《司法部关于印发司法鉴定文书格式的通知》（2016年11月21日，司发通〔2016〕112号）进行规范。

1. 公安鉴定文书规范

根据《公安机关鉴定规则》第45条规定：鉴定文书分为《鉴定书》和《检验报告》2种格式。客观反映鉴定的由来、鉴定过程，经过检验、论证得出鉴定意见的格式，出具《鉴定书》。客观反映鉴定的由来、鉴定过程，经过检验直接得出检验结果的格式，出具《检验报告》。鉴定后，鉴定机构应当出具鉴定文书，并由鉴定人及授权签字人在鉴定文书上签名，同时附上鉴定机构和鉴定人的资质证明或者其他证明文件。

《公安机关鉴定规则》第46条规定，鉴定文书应当包括以下内容：①标题；②鉴定文书的唯一性编号和每一页的标识；③委托鉴定单位名称、送检人姓名；④鉴定机构受理鉴定委托的日期；⑤案件名称或者与鉴定有关的案（事）件情况摘要；⑥检材和样本的描述；⑦鉴定要求；⑧鉴定开始日期和实施鉴定的地点；⑨鉴定使用的方法；⑩鉴定过程；⑪《鉴定书》中应当写明必要的论证和鉴定意见，《检验报告》中应当写明检验结果；⑫鉴定人的姓名、专业技术资格或者职称、签名；⑬完成鉴定文书的日期；⑭鉴定文书必要的附件；⑮鉴定机构必要的声明。

《公安机关鉴定规则》第47条，规定了鉴定文书的制作要求：①鉴定文书格式规范、文字简练、图片清晰、资料齐全、卷面整洁、论证充分、表述准确；使用规范的文字和计量单位。②鉴定文书正文使用打印文稿，并在首页唯一性编号和末页成文日期上加盖鉴定专用章。鉴定文书内页纸张2页以上的，应当在内页纸张正面右侧边缘中部骑缝加盖鉴定专用章。③鉴定文书制作正本、副本各1份。正本交委托鉴定单位，副本由鉴定机构存档。④鉴定文书存档文件包括：鉴定文书副本、审批稿、检材和样本照片或者检材和样本复制件、检验记录、检验图表、实验记录、鉴定委托书、鉴定事项确认书、鉴定文书审批表等资料。⑤补充鉴定或者重新鉴定的，应当单独制作鉴定文书。

2.司法鉴定文书格式

司法部《关于印发司法鉴定文书格式的通知》中规定,司法鉴定意见书由标题、案件编号及以下内容组成:①基本情况;②基本案情;③资料摘要;④鉴定过程;⑤分析说明;⑥鉴定意见;⑦附件,司法鉴定人签名(打印文本和亲笔签名)及《司法鉴定人执业证》证号(司法鉴定专用章)等部分组成。

该司法鉴定意见书文书格式不仅包含了司法鉴定意见书的基本内容(各省级司法行政机关或司法鉴定协会可以根据不同专业的特点制定具体的格式,司法鉴定机构也可以根据实际情况作合理增减),而且对各部分的具体内容也作出了具体规定。如关于基本情况,应当简要说明委托人、委托事项、受理日期、鉴定材料等情况。鉴定过程,应当客观、翔实、有条理地描述鉴定活动发生的过程,包括人员、时间、地点、内容、方法,鉴定材料的选取、使用,采用的技术标准、技术规范或者技术方法,检查、检验、检测所使用的仪器设备、方法和主要结果等。分析说明,应当详细阐明鉴定人根据有关科学理论知识,通过对鉴定材料,检查、检验、检测结果,鉴定标准,专家意见等进行鉴别、判断、综合分析、逻辑推理,得出鉴定意见的过程。要求有良好的科学性、逻辑性等。

同时,对司法鉴定专用章制作规格与用印方式,纸张规格,字体、字号、文字对齐方式、行间距等均作了详细规定。

鉴定人对鉴定书的内容、结论的真实性承担法律责任,并有出庭作证的义务。鉴定和复核需2人以上。鉴定结论必须由具有鉴定资格的鉴定机构作出,鉴定人应具有鉴定资格。

第三节 毒品检测结果分析

在禁毒执法和司法活动中,毒品鉴定结论往往占据案件证据链的核心位置,司法系统对于毒品鉴定意见的依赖程度相对较大。随着科学技术的进步和司法体制的健全,对毒品检测结果的科学性、可靠性、权威性提出了更高要求,对分析结果进行质量控制是满足这一要求的有效手段。当毒品检测获得阴性或阳性结果时,特别是体内生物检材中检出痕量毒品成分时,其摄毒认定需有过程的质量控制和可靠、充分的判断依据。

分析质量控制是为了将分析结果的误差控制在允许限度内所采取的控制措施,包括实验室内质量控制和实验室间质量控制。实验室内质量控制包括标准溶液的校核、空白试验、标准曲线的核查、平行样分析、加标样分析、留样再测、不同方法的比较、分析一个样品不同特性结果的相关性等,是实验室和分析人员对测试过程进行自我控制的过程。实验室间质量控制包括实验室间比对或能力验证,是发现和消除实验室间存在系统误差的重要措施[①]。分析质量控制可通过分析方法验证、分析方法质量控制和分析结果评判来实现。

一、分析方法验证

建立可靠的分析方法是结果质量保证的关键。方法使用前应对其科学性、可靠性和有效性作出评价,即方法验证。方法验证是采用一系列实验评估方法或经过修改的方法的有效性和可靠性,确认方法可有效应用于预定用途以及方法正常使用时的局限性。即考察所建方法是否准确、灵敏、专属和重现,或证明由方法误差而导致分析结果判断错误的概率是否在允许范围之内。鉴定方法评价对鉴定质量控制至关重要。

关于方法验证,我国于 2019 年发布了中华人民共和国公共安全行业标准 GA/T 1649—2019《法庭科学 毒物检验方法确认规范》,2020 年颁布了司法鉴定技术规范 SF/T 0063—2020《法医毒物分析方法验证通则》。

---

① 沈敏,向平. 滥用物质分析与应用[M]. 北京:科学出版社,2016.

（一）方法验证的范围和指标

1. 方法验证

适用范围包括：①非标方法；②实验室制定的方法；③超出其预定范围使用的标准方法；④扩充、修改过的标准方法等。

2. 方法验证的指标

典型的毒品鉴定方法分为筛选方法、定性（确认）方法和定量方法。根据方法的预期用途，选择需要验证的方法性能指标。

（1）筛选分析

筛选分析方法验证的性能指标包括：①选择性；②检出限；③稀释可靠性（必要时）；④稳定性（必要时）。

（2）定性（确认）分析

定性（确认）分析方法验证的性能指标包括：①选择性；②延迟效应；③基质效应（适用 LC-MS 分析）；④检出限；⑤稀释可靠性（必要时）；⑥稳定性（必要时）。

（3）定量分析

定量分析方法验证的性能指标包括：①选择性；②延迟效应；③基质效应（适用 LC-MS 分析）；④检出限；⑤稀释可靠性（必要时）；⑥稳定性（必要时）；⑦线性范围；⑧精密度；⑨准确度；⑩定量限；⑪提取回收率。

（二）分析方法的全面验证

1. 选择性（selectivity）

方法的选择性是指从基质等内源性成分及毒物的原形、代谢物等共存物中选择性地分离、测定一种或几种被测组分的能力。考察方法的选择性，一方面要证明空白基质中没有干扰被测物信号的存在，另一方面需要确证少量干扰物质不影响定量分析结果，定量限处的准确度和精密度在可接受的限度内。

2. 延迟效应（carryover）

延迟效应是指在高浓度或易吸附的被测物进样分析后，在仪器系统中残留了一定量的被测物，从而影响此后定性、定量分析的准确性及重复性。《法医毒物分析方法验证通则》的要求包括：①应在高浓度的样品或者校准曲线最高浓度点样品后紧接着分析空白样，并通过空白样来评价延迟效应。宜重复测定3次。②优化分析方法以消除延迟效应。但如果延迟效应不可消除，则应注明控制延迟效应的措施。

3. 线性范围（calibration curve）

校正曲线反映了被测物浓度与方法响应值之间的关系。线性范围是指精密度、准确度均符合要求，且成线性的被测物浓度的变化范围。

分析方法应根据测试样的预期浓度或含量范围确定校准曲线的线性范围。方法的线性范围确定包括以下要求：①配置校准曲线的样品应包含1个空白样（不含目标物和内标的基质样品）、1个零点样品（空白样加内标）和一定梯度的6个以上浓度点样品。②校准曲线的最低浓度点应远离检出限，位于定量限附近，中间点为分析目标物日常检测平均浓度水平，最高校准点浓度为预期浓度范围的最高点或接近最高点。③校准曲线的浓度点应尽可能均匀地分布在线性范围内，每个浓度点至少需5个平行样品，且5个平行样品需在不同批次进行分析。④应选择1种合适的数学模式来表述校准曲线的各浓度点的响应值（通常为目标物与内标峰面积的比值）与浓度的相关关系。通常一元线性回归适用于等变异的数据，若线性回归模型存在异方差性，则可选用权重系数 $1/x$ 或 $1/x^2$ 以补偿异方差性。如有需要也可采用非线性回归。⑤相关关系分析应包括不同浓度点的5个平行样，校正曲线可用作图法（响应值 y/浓度 x）或计算回归方程（$y=ax+b$）表示。一般控制相关系数 $R \geq 0.99$。⑥若一条校准曲线在最低浓度到最高浓度范围内不能满足相关要求，可考虑分多段制作校准曲线。

线性范围确定后，在考察其他方法指标如准确度、精密度及稳定性或测定样品时，所作的工作曲线可减少浓度点或减少平行样。

4. 检出限（limit of detection，LOD）

检出限是指被测样本中的被测物标准品经提取处理后依法分析，能区分于噪声的最低检出浓度。LOD 是一种限度检验效能指标，它既反映方法与仪器的灵敏度和噪声的大小，也表明生物样品经提取处理后空白基质值的高低。

检出限常采用以下 2 种方法获得：①信噪比法。逐步稀释低浓度添加样品，应有至少 3 个不同来源的空白基质添加样品，每个样品至少分析 3 次。选取被测物出峰附近的一段基线为参照，仪器可自动计算选定色谱峰的信噪比（S/N），以 $S/N \geqslant 3$ 时且符合定性要求（例如：保留时间、峰形和离子丰度比等）的添加样品最低浓度为检出限。②校准曲线法。根据至少 3 条独立的校准曲线的斜率及在 y 轴上截距的标准偏差，由公式求出 $LOD=3.3SD/k$（式中 SD：y 轴上截距的标准偏差；k：校准曲线斜率的平均值）。无论用何种方法，均需要一定数量的最低浓度附近的系列浓度样，以可靠地确定检测限。

5. 定量限（limit of quantitation，LOQ）

定量限指样品中的被测物标准品经提取处理后依法分析，能符合一定精密度和准确度要求的最低检出浓度。LOQ 属于定量分析的效能指标，反映了方法测定低浓度被测物时具有的可靠性。

定量限可用与检出限相同的方法获得：①信噪比法。逐步稀释低浓度添加样品，应有至少 3 个不同来源的空白基质添加样品，每个样品至少分析 3 次。选取被测物出峰附近的一段基线为参照，仪器可自动计算选定色谱峰的信噪比（S/N），以 $S/N \geqslant 10$ 时且满足精密度和准确度要求的添加样品最低浓度为定量限。②校准曲线法。将校准曲线最低浓度点作为定量限。应有至少 3 个不同来源的空白基质添加样品，每个样品至少分析 3 次，以保证满足精密度、准确度的要求。

6. 准确度（accuracy）

准确度是指在确定的分析条件下，测定结果与真实值的接近程度，表示分析方法测量的正确性。测量的准确性由系统误差和随机误差组成，一般用准确度来考察系统误差,系统误差又称偏倚。由于其"真值"的未知性,所以准确度通常采用"回收试验"或"加标回收试验"确定。

准确度和精密度可同时进行考察,应采用质控样进行评估。配制校准曲线与质控样的标准溶液应分别称重或稀释,如有可能,则使用不同来源的标准物质。准确度通常用偏倚表示,即为测定平均值和参考值的差值与参考值的百分比,应控制在 ±15% 之内,定量限则处在 ±20% 之内。具体要求包括:①质控样包括定量限、低、中和高4个浓度。根据方法,定量限与低浓度可为同一质控样,或者低浓度为定量限的3倍,中浓度为校准曲线的中间浓度,高浓度接近校准曲线的最高浓度。②每个浓度点应配制3个质控样,按所建立的方法分析,得到测定值。同样操作应连续进行5 d。③有条件时,实验室还可通过分析有证参考物质及参加能力验证来评价准确度。

7. 精密度(precision)

精密度是指在确定的分析条件下,相同基质中相同浓度样品的一系列测量值的分散程度。精密度反映方法的随机误差,常用标准偏差(standard deviation,SD)或相对标准偏差(relative standard deviation,RSD)表示,相对标准偏差也称变异系数(cofficient of variation,CV)并可细分为日内精密度(intra-day precision)和日间精密度(inter-day precision)。

生物样品定量分析方法的 RSD 应控制在15%以内,在定量限处 RSD 应小于20%。具体要求包括:①采用定量限、低、中和高4种浓度的质控样,每个浓度点至少配制3个质控样,按所建的分析方法,得到测定值。同样操作连续进行5 d。②日内精密度是同一批次、1d 之内进行的精密度考察。按式 RSD 日内 $\%=SD/X \times 100\%$ 计算日内精密度(SD:同一批次1d内3个质控样测定值的标准偏差;X:同一批次1d内3个质控样测定值的平均值)。③日间精密度是不同批次、不同时间测定的精密度。按式 RSD 日间 $\%=SD'/X' \times 100\%$ 计算日间精密度(SD′:不同批次不同时间15个质控样测定值的标准偏差;X':不同批次不同时间15个质控样测定值的平均值)。

准确度和精密度是 2 个不同的概念,从不同方面反映了方法的准确性。精密度是保证准确度的前提,精密度差,即使有高准确度,所得的结果也不可靠。

8. 提取回收率(extraction efficiency)

提取回收率又称绝对回收率,是样品提取过程的回收率,反映出样品提取过程中目标物丢失的情况,是评价前处理过程优劣的指标之一。采用液相色谱-质谱分析,因为目标物信号响应的变化有一部分是由于基质效应,所以,提取回收率应与基质效应一起考察。

提取回收率评价通常要求:①采用低和高 2 个浓度的质控样,每个浓度点应使用至少 6 个不同来源的空白样;②采用至少 6 个不同来源的空白样;②采用至少 6 个不同来源的空白样,分别进行 3 组实验(表 3-3),仪器分析前定容试剂和定容体积相同,得到 3 组的峰面积均值后,按式 C/B×100 计算提取回收率。

表 3-3 提取回收率和基质效应的实验要求

实验序号	实验内容
A	一定浓度的标准物质溶液,需重复进样至少 6 次
B	不同来源的空白样,提取后添加对应浓度的标准物质
C	不同来源的空白样,提取前添加对应浓度的标准物质

提取回收率低或不稳定,则应改进生物样品的前处理方法。对于某些提取回收率不稳定的方法可以用内标加以修正。但应注意,不准确的内标回收率则会导致额外的分析误差和更大的偏离,最好选用物理化学性质较接近的同位素内标。

9. 基质效应(matrix effects)

基质效应是 LC-MSn 分析时存在的现象,是由于样品基质、样品前处理过程、色谱分离效果、流动相和离子化等因素造成的离子增强或抑制作用。基质效应可影响方法的 LOD、LOQ、线性、准确度和精密度,若没有同位素内标则将更为明显。故 LC-MSn 方法验证应考察其基质效应。通常基质效应与方法回收率合并考察。具体要求和实验见表 3-3，实验结果按（B/A-1）×100 计算基质效应。

10. 稀释可靠性（dilution integrity）

必要时，可根据具体情况选择验证稀释可靠性，样品稀释后不应影响准确度和精密度。在空白样中添加目标物至高于校准曲线最高点的浓度，用相同的空白基质稀释该样品，使其浓度在校正曲线的定量范围。然后按照已建立的方法分析。应至少分析 3 个批次，稀释后的准确度和精密度在可接受的范围内，即准确度在 ±15% 以内，精密度 PSD 应小于 15%。稀释可靠性应当覆盖试验样品所用的稀释倍数。

11. 稳定性（stability）

稳定性指标通常不是方法验证的组成部分，因其更多设计样品及其稳定性。为保证分析结果的准确性和重现性，必要时可根据具体情况，如样品保存、处置后存在不稳定因素时，可验证其稳定性。具体内容和要求包括：

（1）冻融稳定性：①采用至少底和高 2 个浓度点的质控样，每个浓度点 9 个平行样。②每个循环应首先 -20℃冷冻 24h，然后室温放置 24h 融化。③每个冻融循环后（-20℃到室温），应测定 3 个质控样。共重复 3 个冻融循环。④冻融稳定性应至少重复测定 2 次。⑤测定样品中被测物信号响应（如目标物峰面积或目标物与内标的峰面积比值），与新配制的质控样目标物的信号响应进行比较。⑥偏倚在 ±15% 之内，可认为反复冻融后稳定。

（2）长期稳定性：①采用底和高 2 个浓度点的质控样，每个浓度点 3 个平行样。②按常规工作要求，在 -20℃冷冻样品一定时间后处理、测定样品中被测的信号响应（如目标物峰面积或目标物与内标的峰面积比值），并与新配制的质控样目标物的信号响应进行比较。③偏倚在 ±15% 之内，可认为一定时间内保存稳定。

（3）处理后样品的稳定性：①采用底和高 2 个浓度点的质控样，每个浓度点 3 个平行样。②经样品处理后,在自动进样器中或按实际情形放置 2 ~ 24 h 或者更长时间,测定样品中被测物的响应(如目标物峰面积或目标物与内标的峰面积比值),并与新配制的质控样进行比较。③偏倚在 ±15% 之内,可认为处理后样品稳定。

12. 重现性(reproducibility)

重现性是评价方法保持不受参数微小变化影响的能力,是指在不同实验室中使用此种分析方法的精密度。这些影响因素包括不同的实验室、不同的鉴定人、不同的仪器、不同批号的试剂、不同的分析温度、pH 的微小变化、流动相组成、温度等。方法的有效性验证通常不包括考察重现性,但若方法在不同的实验室应用如制定行业标准等则需要对其评价。

重现性指标的考察较为复杂,基本步骤包括:①确定测定的影响因素。②确定这些因素可能对测定结果的影响程度。③选择实验因素设计。④确定实验方案。⑤明确观察指标。⑥完成实验,得到结果。⑦统计分析。⑧获得结论,若必要则重新改进方法。

二、分析方法的质量控制

(1)毒品检验应使用控制样监测定性、定量结果的可靠性。控制样分为 3 类:①阴性控制样,以证明分析操作过程未引入污染而造成假阳性,如空白样品、空白溶剂样品等。②阳性控制样,一般选择接近方法检出限浓度的样品,以证明方法的定性检出能力。③分析控制样,一般选择有判断价值的浓度,以监测定量分析的能力。控制样应由与检材相同或相近的基质制备,定量分析应进行双份平行样分析,且相对偏差应在 20% 之内[①]。

(2)代谢物的确认。对于体内检材,毒品代谢物的存在与确认是其原体进入体内的标志之一。因此,在大多数情况下,检出滥用物质的同时还应确认其代谢产物,以确保检材及分析过程无外源性物质干扰。

---

① 沈敏,向平. 滥用物质分析与应用[M]. 北京:科学出版社,2016.

（3）判断阈值（cut-off）。cut-off 值是定性认定的阈值，高于此值时一般才报告阳性结果。合适的 cut-off 值可切割各种原因所致的极痕量的测定数据，得到科学、合理的定性结果。cut-off 值一般认为可取 LOD（最低检出限）的 5～10 倍值。但事实上，cut-off 值的确定并非单纯的技术问题，其值与不同国家对检测目标物的认可程度、不同分析的目的和使用的方法有关，并且应建立在阳性结果的统计基础之上。如 GA1333—2017《车辆驾驶人员体内毒品含量阈值与检验》中规定，O_6-单乙酰吗啡血液浓度阈值为 10 ng/mL，这种情况下，cut-off 值是由法律所规定的。如果车辆驾驶人员血液中检出 O_6-单乙酰吗啡，但浓度低于 10 ng/mL，则不认为驾驶员为毒驾。

三、分析结果评判

科学有效的鉴定结果是首先应建立在正确的检材采集、传递、保存的基础之上；其次，在保证试剂质量、分析方法和操作无误，检验过程无干扰的情况下，如果检验结果呈阴性，说明检材中不含被测毒品或毒品浓度低于所用方法的检出限。对于阴性结果的确认，从分析方法方面，必须考察方法的回收率、仪器最低检出限等条件，防止出现假阴性结果。从检材方面，如果检验结果呈阴性，应考虑检材采集是否具有代表性；是否因检材保存或处置不当，毒品已分解变化。对于体内毒品检材，还应考虑检材提取是否超出检测时限，毒品已代谢排泄。

如果检验结果呈阳性，说明检材中含被测毒品且毒品浓度高于方法检出限。如果检验结果呈阳性，应考虑其工作或生活环境中是否可能接触毒品；检材是否污染；对于体内检出的麻醉药品或精神药品，还应考虑受检者是否处于合法的治疗用药期间。

第四节 实验室资质认定与认可

毒品分析的任务和特点，对毒物分析工作者和实验室操作规范及质量控制提出了更高的要求，必须加强实验室的分析质量管理，确保检验结果或鉴定结论的科学、可靠。对于同一涉毒案(事)件，由于不同鉴定主体——鉴定机构的仪器配置和规范管理水平不同，以及法医毒物鉴定人的专业知识技能、技术方法选择、综合判断能力的差异，将影响到鉴定过程和鉴定结果的科学性和可比性。为了规范实验室检验工作的质量，最大限度地减少鉴定主体的主观性、随意性，最大限度地规范鉴定主体、鉴定对象、鉴定方法、鉴定程序、质量控制和结果判定，最大限度地保障鉴定意见的科学性、可靠性、有效性以及不同鉴定机构对同一鉴定事项的可比性，保证实验室出具的数据得到社会认可，需对实验室的检测能力进行评定。实施实验室认证认可，可以产生高质量和标准化的实验结果[①]。

我国的认证认可制度大致有2种：检测/校准实验室认可（CNAS）、实验室和检测机构资质认定（CMA）。两者都是对实验室能力的考核或对其能力的正式承认，都要求建立完整的质量体系并有效运行，但它们之间是有区别的。

国务院于2003年9月3日公布了《中华人民共和国认证认可条例》，并于2016年1月13日和2020年12月11日进行了2次修订，其中，第15条规定："向社会出具具有证明作用的数据和结果的检查机构、实验室，应当具备有关法律、行政法规规定的基本条件和能力，并依法经认定后，方可从事相应活动，认定结果由国务院认证认可监督管理部门公布。"2005年2月28日，第十届全国人民代表大会常务委员会第十四次会议通过《全国人民代表大会常务委员会关于司法鉴定管理问题的决定》，其中第5条规定："有在业务范围内进行司法鉴定所必需的依法通过计量

---

① 刘伟，沈敏，陈航，等.法医毒物鉴定专业标准体系构建[J].中国司法鉴定，2018，96（1）：42-46.

认证或者实验室认可的检测实验室。"

一、实验室认定认可的基本概念

实验室资质，是指实验室应当具有的基本条件和能力。对于需要面向社会出具具有证明作用的数据和结果的实验室，是否具备资质就显得尤为重要。认定，是指国家认证认可监督管理委员会和各省、自治区、直辖市人民政府质监部门对实验室和检查机构的资质是否符合法律、行政法规规定以及相关技术规范或者标准，所实施的评价和承认活动。国家市场监督管理总局 2023 年 5 月 15 日通过的《检验检测机构资质认定评审准则》第 2 条规定："本办法所称资质认定，是指市场监督管理部门依照法律、行政法规规定，对向社会出具具有证明作用的数据、结果的检验检测机构的基本条件和技术能力是否符合法定要求实施的评价许可。"

认证，是指由认证机构证明产品、服务、管理体系符合相关技术规范、相关技术规范的强制性要求或者标准的合格评定活动。

认可，是正式表明合格评定机构具备实施特定合格评定工作能力的第三方证明。通俗地讲，认可是指认可机构按照相关国际标准或国家标准，对从事认证、检测和检验等活动的合格评定机构实施评审，证实其满足相关标准要求，进一步证明其具有从事认证、检测和检验等活动的技术能力和管理能力，并颁发认可证书。

法庭科学实验室资质认定活动所依据的基本准则主要包括：RB/T 214—2017《检验检测机构资质认定能力评价 / 检验检测机构通用要求》、RB/T 219—2017《检验检测机构资质认定能力评价 / 司法鉴定机构要求》。而法庭科学实验室认可活动所依据的基本准则主要包括：CNAS-CL08：2018《司法鉴定 / 法庭科学机构能力认可准则》。

二、实验室资质认定的程序与方法

（一）认证前的准备工作

1. 成立专门负责认证工作的领导小组

首先建议成立领导小组，负责制定认证工作计划及软、硬件的准备情况，并组织人员培训学习，只有掌握认证前工作的进度及运行情况，并处理好各部门之间的衔接，才能保证认证前工作的顺利实施。

2. 确定申请项目及检测能力

编制《申请资质认定检测能力表》及《仪器设备（标准物质）配置一览表》，根据单位实际情况、仪器设备配备情况和技术能力，拟定出申请项目。为了规范填写，要求先将项目按类别分类，大类名称下再填写具体项目（或参数）名称，并列出每个项目（参数）所依据的检测方法或标准。

3. 内审及管理评审

（1）内部审核。即实验室定期对自身质量活动进行审核的过程，以保证自身运作符合管理体系和《实验室资质认定评审准则》的要求。每年度的内部审核活动应覆盖管理体系的全部要素和所有活动。认证前实验室需按照准则的管理要求和技术要求中的19个要素，在全面的质量管理体系内部审核过程中逐一排查，发现问题，分析原因，自查自纠，跟踪检查，改进建议，及时采取纠正措施，以确保质量管理体系的持续性、适用性和有效性。内部审核中所产生的记录（包括电子版）均应存档，以备核查。

（2）管理评审。即实验室最高管理者根据预定的计划和程序，定期对管理体系和检测/校准活动进行评审，并进行必要改进，以确保质量管理体系运行的有效性和持续性。在管理评审过程中，管理者应注意如下因素：①是否符合政策和程序；②管理者和监督人员的报告；③近期内部审核的结果；④纠正措施和预防措施；⑤外部机构评审的结果；⑥实验室间比对和能力验证的结果；⑦申诉、投诉及客户反馈情况；⑧资源以及人员培训情况；⑨改进的建议；⑩质量控制活动。

(二)仪器设备(标准物质)管理

(1)编制仪器设备(标准物质)一览表。要配备设备专管员,并建立仪器设备(标准物质)一览表,每台设备应确保信息清晰、准确、完整,以便搜索查阅。内容除包括设备名称、规格型号、精确度、用途、金额、购置日期等基本信息外,还应体现检定/校准日期和检定周期以及存放状态。

(2)编制检定/校准计划表。仪器设备的准确与否将直接影响检测/校准结果的准确性。每年年初要编制设备检定/校准计划表和期间核查计划,针对使用频次高、稳定性差、易损坏或发生过损坏事故的设备,在2次正式检定/校准期间要进行期间核查,强检设备要按照检定周期检定,自校设备应参考同类设备进行检定。

(3)设备标识管理。仪器设备的标识管理是检查仪器设备是否处于受控管理状态的措施之一。共分为3种标识:管理标识、状态标识和检定校准标识。其中,管理标识主要包括:仪器唯一性编号、规格型号、生产厂家、使用人等;状态标识包括:"合格""准用"和"停用"3种,分别用绿、黄、红3种颜色来表示。

(三)档案管理

(1)建立设备档案。做好设备档案管理有助于实验室更好地掌握仪器设备的技术分析和检测事故,做到一设备一档案。实验室应分类建立仪器设备总台账,实施动态管理。总台账应包括:设备名称、型号、量程、精度、购入价格、购入日期、制造厂商名称、出厂编号、本单位仪器管理编号(唯一性识别号),还应包括设备使用说明书、设备保修单、设备验收记录、设备使用记录、使用期间的核查或维修保养记录、操作规程、设备环境监测记录、检定/校准证书等,以保证它的连续性。

(2)建立人员业绩档案。人是体系运行的关键因素,应当做到一人一档,动态管理。人员业绩档案应包括:简历、获奖情况、培训情况、科技成果,还应附有已发表的学术论文、已出版的书籍等的复印件。比如:

继续再教育情况、上岗证书、学历证明、学习经历等相关信息资料等。

（3）建立技术资料归档。实验室应安排专人对技术资料更新及技术标准进行不定期检查；对已作废的标准，应在封面右上角加盖"作废"章。实验室应将申报的检测项目/参数的检验产品的检验依据、技术标准、方法标准等相关的技术资料经过确认后编号归档并受控。

（4）记录归档。实验室的检验报告、技术记录和管理记录应该按照管理体系的相关要求进行分类、编号、造册建档保管，根据体系文件要求做好保管措施，以防止丢失、损毁或霉变。

（四）现场评审工作

（1）评审工作条件。应根据实际情况，尽可能给予评审组独立办公房间以及办公设备，包括电脑和打印机，并配备熟练的打字员和硬、软件联络员，以提高双方工作进程和办事效率。

（2）评审工作配合。按照评审组的日程安排，在评审的各个环节积极配合评审工作，随时提供质量记录、技术记录及档案等相关资料，积极回答评审组提出的问题，认真对待理论考试和相关考核，严格按照标准进行现场试验，确保申报参数的检测结果准确，便于评审组最终确定检测能力。

（3）不符合项与整改。现场评审结束后，应召开整改专题会议，将审核结果进行汇总和讨论，再通过整改要素确认评审组提出的不符合报告并逐条分析原因，确定最有效的整改措施，落实整改责任人和整改完成期限。

（4）整改材料上报。按照既定的整改措施，及时完成整改，整改完成后经质量负责人确认整改到位后，形成整改报告，并将整改报告及证明材料尽快上报[①]。

---

① 张芳.实验室资质认定评审工作综述［J］.现代工业经济和信息化，2015，5（16）：113-114，120.

三、毒品鉴定实验室认证认可

毒品鉴定作为司法鉴定的组成部分,应满足司法鉴定所具有的科学和法律的双重属性。科学属性体现为毒物鉴定的理论和方法建立在自然科学的基础上,通过科学技术手段揭示毒物的结构、数量以及变化规律,提供严谨、可靠、准确的结果;法律属性要求其全部构成和程序必须符合法律的要求,其结果或结论具备法律上的有效性。由此可见,科学上的可靠性和法律上的有效性是毒品鉴定的本质属性,是毒品鉴定质量控制的目标要求。我国《司法鉴定机构登记管理办法》《司法鉴定人登记管理办法》《司法鉴定程序通则》和《司法鉴定/法庭科学机构能力认可准则》《检验检测机构资质认定能力评价/司法鉴定机构要求》等规范性文件规定了鉴定机构和鉴定人从事毒品鉴定活动,向社会提供具有证明作用的数据和结果的最低刚性要求。

由于毒品鉴定的检测结果直接关系到当事人的定罪量刑,毒品实验室的认证认可显得尤其重要,处在前置条件。换句话说,毒品鉴定实验室只有先通过了相关的资质认定或者认可,才能出具认证认可范围内的毒品检测结果。

(一)毒品鉴定实验室认证认可前的准备

以申请可疑毒品中甲基苯丙胺的定性、定量分析检验方法的资质认定或实验室认可为例。

资质认定的评审依据《检验检测机构资质认定能力评价/检验检测机构通用要求》(RB/T 214—2017)和《检验检测机构资质认定能力评价/司法鉴定机构要求》(RB/T 219—2017);实验室认可的评审依据《司法鉴定/法庭科学机构能力认可准则》(CNAS-CL08)和《司法鉴定/法庭科学机构能力认可准则在法医毒物分析和毒品鉴定领域的应用说明》(CNAS-CL08-A007)。

一般来说,按照"人、机、料、法、环"5个方面的要求准备。

（1）人：指的是人员，包括对人员的资格要求、技能要求和道德要求等。

首先，检验检测机构的检测人员或司法鉴定人必须符合资质认定或者实验室认可的资格要求。毒品检测人员或司法鉴定人应具有化学或相关专业专科以上学历，或者具有 10 年（含）以上化学检测工作经历。授权签字人应具有化学及相关专业本科以上学历，并取得中级及以上技术职称后在本鉴定专业连续从业 3 年（含）以上。监督员应熟悉本专业的鉴定方法、程序、目的和结果评价，并具备本专业中级及以上技术职称。鉴定机构至少有 1 名鉴定人员能掌握化学分析测量不确定度评定的方法，并能就所负责的鉴定项目进行测量不确定度评定。

实验室主管应根据本实验室业务开展情况，制定、规划实验室内工作人员业务技能目标，定期对实验室工作人员进行业务技能水平测试，有目的地组织继续教育、专业技能培训，并记录在案。由于毒品检验的特殊性，对实验室工作人员的道德标准有很高的要求，必须有对检测结果负责任的态度，能排除任何外部因素的干扰，保证检验工作的严谨性和检测结果的准确性。

（2）机：指的是设备。鉴定机构应配备鉴定所需要的分析仪器以及检材分离、处理和制备所需的配套设备。如体外毒品中甲基苯丙胺的定性分析使用气相色谱 – 质谱联用仪，定量分析使用气相色谱仪。根据中华人民共和国国家标准《疑似毒品中甲基苯丙胺检验》（GB/T 29636—2023），鉴定机构应配备气相色谱仪（配有 FID 检测器）、气相色谱 – 质谱联用仪（配有 EI 源）、高速离心机、电子天平、振荡器、移液器、容量瓶等。其中这里的气相色谱、气质联用仪、电子天平、移液器、容量瓶等对检测结果的准确性和有效性有影响，对计量溯源性有要求，需要有计划地实施检定或校准。设备在投入使用前，采用核查、检定或校准等方式，以确认其是否满足检验检测的要求。在使用期间，应定期进行期间核查，详细记录仪器的使用、维修情况。

（3）料：指的是鉴定所需的标准物质以及试剂、耗材等。实验室应制定标准品使用、管理规范，包括采购、存储（对毒品标准品应有严格的保管措施）、使用、期间核查、安全处理等规范，防止标准品及试剂等降解、失效、污染等。

（4）法：指的是检测方法和标准的选用与验证，以及对检验过程的质量控制。

《司法鉴定程序通则》中第23条规定："司法鉴定人进行鉴定，应当依下列顺序遵守和采用该专业领域的技术标准、技术规范和技术方法：（一）国家标准；（二）行业标准和技术规范；（三）该专业领域多数专家认可的技术方法。"因此，选用分析方法时，应当遵循此规则。但标准化分析方法的制度常常具有滞后性，特别是对于新精神活性物质的检验，往往没有现行的标准分析方法，实验室可通过科研项目、文献资料查阅等，将其转化为实验室内部检验方法。无论是标准化分析方法还是专业领域多数专家认可的技术方法，在使用之前，都必须经过本实验室方法验证，确认其科学性、有效性及在本实验室应用的可行性。方法的验证按照中华人民共和国公共安全行业标准 GA/T 1649—2019《法庭科学 毒物检验方法确认规范》或者2020年颁布的司法鉴定技术规范 SF/T 0063—2020《法医毒物分析方法验证通则》执行。

（5）环：指检验检测机构的环境设施条件满足检验检测要求。毒品检测实验室一般要求实验室整体环境整洁，功能区布局合理，同时，定期进行实验室检查：①检验检测标准或者技术规范对环境条件有要求时或环境条件影响检验检测结果时，要做到实验室的检测和校准设施及环境条件满足相关技术规范和标准要求。②实验室应监测、控制和记录对检验结果有影响的设施和环境条件，如温度、湿度对于仪器的影响，气相色谱仪、电子天平需要抗震、恒温恒湿的环境等。③防止交叉污染，对不同工作的功能区应进行有效隔离，如办公区、案件受理区、检材前处理区、案件检验区等。不同分析仪器有时也需要进行物理隔离，如气相色谱或气质联用仪分析体外毒品时，可能对液相色谱或液质联用仪的分析结果产生干扰。④实验室产生的废液、废气等要经过特殊处理后及时排放，防止出现安全事故。

（二）毒品鉴定实验室资质认定申请程序

以上材料准备好后，可向市场监督管理总局或者省级市场监督管理部门提交书面申请和相关材料。资质认定部门对申请人提交的申请和相关材料进行初审，自收到申请之日起 5 个工作日内作出受理或者不予受理的决定，并书面告知申请人。资质认定部门自受理申请之日起，应当在 30 个工作日内，依据检验检测机构资质认定基本规范、评审准则的要求，完成对申请人的技术评审。技术评审包括书面审查和现场评审（或者远程评审）。技术评审时间不计算在资质认定期限内，资质认定部门应当将技术评审时间告知申请人。资质认定部门自收到技术评审结论之日起，应当在 10 个工作日内，作出是否准予许可的决定。准予许可的，自作出决定之日起 7 个工作日内，向申请人颁发资质认定证书。不予许可的，应当书面通知申请人，并说明理由。

（三）资质认定或实验室认可应注意的问题

（1）按认证认可评审要求，制定相应计划，并严格实施。包括内审计划、管理评审计划；人员培训计划、（操作）考核计划；仪器设备检定、校准计划；标准物质、仪器设备期间核查计划；质量控制计划、能力验证计划等。最好指定专人负责，将这些计划制定时间表，督促落实。

（2）做好相关记录和溯源工作。笔者认为最重要的是记录，换言之就是将评审准则上的要求以表格、文字和图谱的形式记录下来。例如标准物质的采购记录、验收记录、使用记录、配制记录、期间核查记录、销毁记录等；设备的采购记录、验收记录、检定或者校准记录、期间核查记录、维修记录直至淘汰弃用记录等。只有保证记录完整，检测结果才能实现有效溯源。

第四章　常见毒品检验鉴定

案例分析

交警在例行执法检查中，发现驾驶员李某涉嫌毒驾，遂提取其血液送鉴定机构检测。经检验，李某血液中检出氯胺酮、MDMA等毒品成分。李某对鉴定结论不服，要求提取毛发重新鉴定，请问，李某的要求合理吗？为什么？

毒品检验就是应用化学、物理、生物和现代仪器分析的原理和技术，对毒品可疑物质进行快速、准确鉴别与测定，从而判断检材是否毒品、是何种毒品及某种毒品的含量多少；判断一个人是否吸毒、吸食何种（或哪几种）毒品及吸毒史；对死亡尸体，判断是否吸毒致死；通过污水检测，判断一定区域内涉毒现状，为判断毒情、侦查破案提供线索或依据等。毒品检验鉴定是打击和预防毒品违法犯罪的重要环节。目前，常见的毒品包括鸦片类、苯丙胺类、大麻类、古柯类，以及一些兴奋剂、致幻剂、抑制剂等。

第一节　鸦片类毒品

鸦片类毒品是指从罂粟植物中提炼的生物碱及人工合成的具有吗啡药

理学特性的一类物质。医疗上常用其缓解疼痛，主治久咳、久泻、脱肛、胸腹痛等症。

一、分类

根据毒品来源不同，可将鸦片类毒品分为天然鸦片类毒品、半合成鸦片类毒品和合成鸦片类毒品。

天然鸦片类毒品是指从毒品原植物罂粟中提炼出来的生物碱。常见的有毒品原植物罂粟，鸦片及其主要生物碱吗啡、可待因、那可汀、蒂巴因、罂粟碱等。

合成鸦片类毒品是指人工合成的可使机体产生类似吗啡效应的药物。如美沙酮、哌替啶、芬太尼、曲马多等。

半合成鸦片类毒品则是在天然植物成分基础上进一步合成的，常见的有海洛因、丁丙诺啡、二氢埃托啡、福尔可定等。

二、常见品种的性质与中毒症状

（一）罂粟（poppy）

罂粟为一年生或两年生草本植物。茎直立，少分枝，株高0.6～1.5 m，叶片碧绿。夏季开花，花朵五彩缤纷，常见的有红色、紫色或白色（图4-1）。花瓣脱落后10余天，有形如草果的蒴果（罂粟果）长成（图4-2）。未成熟的蒴果壁中含有白色果浆，当在其表面割开一道道浅浅的口子时，果浆流出并逐渐凝结成深褐色膏状物，这种膏状物即为生鸦片。

图4-1 罂粟花

毒品识别理论与实务

图 4-2　罂粟果

罂粟有一个"同属姐妹"——"虞美人"，因虞美人和罂粟花外表相像，很容易混淆，但虞美人不是毒品原植物。两者最大的区别是虞美人整个叶茎上都有茸毛，而罂粟花整体上比较滑腻（图4-3）。此外，罂粟花大多为红色、重瓣的，而虞美人花单朵顶生，颜色鲜艳（图4-4）。罂粟较为光滑，它的茎、叶、果都相对粗壮，分枝比较少，叶子更厚实。虞美人全株有明显的糙毛，分枝比较多而纤细，叶质比较薄，整体感觉比较纤弱。

图 4-3　虞美人（左）和罂粟花（右）（一）

图 4-4　虞美人（左）和罂粟花（右）（二）

罂粟是制取鸦片的主要原料，从蒴果上提取的汁液，可加工成鸦片、吗啡、海洛因，罂粟是世界上毒品的重要根源，因而罂粟也被称为"恶之花"。食用罂粟壳会使人体产生依赖性而造成瘾癖，对人体肝脏、心脏有毒害作用。长期食用含有罂粟壳的食物，会出现发冷、出虚汗、乏力、面黄肌瘦、犯困等症状，严重时可能对神经系统、消化系统造成损害，引起精神失常，出现幻觉，甚至会呼吸停止而死亡。

（二）鸦片（opium）

鸦片又名阿片，俗称大烟、烟土、阿芙蓉等，是从罂粟植物中提取的麻醉药品。鸦片由生物碱、糖、蛋白质、类脂化合物及水等成分所组成。鸦片膏中含有多种生物碱，主要是吗啡，含量为4%～21%，平均为10%。吸食鸦片后，吗啡主要分布在人体内的血液、尿液、呼吸器官等体液和各组织器官中。常见的鸦片品种主要有5种：

生鸦片，割开罂粟未成熟的蒴果后流出的白色浆汁凝结成的深褐色膏状物，生鸦片有刺激性气味，一般不直接吸食。

精制鸦片，又称熟鸦片，是生鸦片用水浸泡，加热、过滤掉杂质后进一步加热至深褐色，久放成黑色硬块状，吸食时有强烈的香甜气味（图4-5）。

鸦片制品，常见的制剂有鸦片粉、鸦片酊、鸦片液及阿片片，这些可供医疗使用的合法制剂，主要用于止痛、止泻和止咳。

罂粟壳，罂粟科植物的干燥果壳，即去浆汁及籽后晒干后的蒴果壳，其吗啡含量为0.02%～0.05%，其有一定的止痛和止泻作用，但是长期食用也会形成依赖性。

卡苦，是以鸦片为主的多种植物的加工混合物，成品形状类似烟丝，多用水烟筒吸食。

一般吸食鸦片者在相当长的时间内尚能保持正常的职业和智力活动，但长期吸食会出现一系列不良症状。鸦片中毒的轻度症状表现为开始极度兴奋，继而口渴、心烦，疲乏，嗜睡及瞳孔开始缩小；中度症状表现为深睡，唤醒后意识不清，并伴有恶心现象；重度症状表现为脉搏变慢，昏睡不醒，体温下降，反射消失，呼吸变慢，最终因呼吸中枢麻痹死亡。对于成人来说，阿片致死量为2～5 g。

鸦片一般为抽吸，刚开始吸食鸦片时会使人头晕目眩、恶心或头痛，但随后逐渐体验到一种欣快感，如此反复后，鸦片的依赖性便会产生。一且不再服用，便出现了使人更加难受的戒断症状，其成瘾及戒断症状表现为面无血色，肌体消瘦，目光无神，瞳孔缩小，失眠，整天无所事事，机体先天免疫功能逐渐丧失，易并发多种疾病，最终死亡。戒断症状一般在停药后 4～8 h 出现，于 36～48 h 达到顶峰。典型症状包括：初时流涎、流涕、流泪、出汗、焦虑、频繁哈欠、失眠等，继而厌食、瞳孔扩大、皮肤起鸡皮疙瘩、恶心、呕吐、腹绞痛等，最后血压升高，肌肉和关节酸痛，出现脱水，全身性不适加重。

图 4-5　生鸦片（左）与精制鸦片（右）

（三）吗啡（morphine）

吗啡，分子式为 $C_{17}H_{19}O_3N$，分子量为 285。吗啡的结构是由 5 个环稠合而成，含有部分氢化菲环、哌啶环，环上有 5 个手性碳原子，构型分别为 5R、6S、9R、13S 和 14R，天然存在的吗啡为左旋体。纯品吗啡为无色结晶或白色结晶性粉末，一般含 1 分子结晶水，熔点为 254～256 ℃，其中含 3 分子结晶水的盐酸吗啡为医疗中常用的麻醉剂。吗啡具有强效镇痛效果，临床上适用于外伤性剧痛、癌症晚期剧痛等。常见的吗啡品种有 3 种：

（1）吗啡碱，从鸦片中直接提取的生物碱，在毒品交易中常被称作"黄皮""黄砒"等。其中吗啡含量为 60%～70%，呈浅咖啡色，有鸦片的特殊气味，形状似细咖啡粒。

（2）粗制吗啡，在毒品交易中常被称作"1 号海洛因"，可作海洛因原料（图 4-6）。其中盐酸吗啡的含量为 70%～90%，呈深褐色、米色和白色等，为粉末状或块状，块状重 1200～1500 g。

图 4-6 吗啡结构式（左）、吗啡晶体（中）与粗制吗啡（右）

（3）吗啡片，合法生产的麻醉药品，分为盐酸吗啡和硫酸吗啡，呈蓝色、米色或黄色，为片状。如控制不严，会被非法交易。

吗啡是鸦片中最主要的生物碱，可口服、鼻吸和注射，经皮下、肌肉注射以及鼻、口腔、胃肠道黏膜表面吸收，主要分布于肾、肝、肺和脾脏。吗啡的中毒症状、成瘾症状及戒断症状多与鸦片相似。吗啡的毒性主要表现在对中枢神经系统的抑制作用上，对呼吸中枢的麻痹作用为致死的主要原因。急性中毒表现为颜面潮红、疲倦、眩晕、恶心、呕吐、动作不协调、状如酒醉、意识不清、昏迷、反射消失、体温、血压下降，两侧瞳孔缩小如针尖样大、脉弱不规则、呼吸浅慢或出现潮式呼吸，多在中毒 6～8 h 发生肺水肿和呼吸麻痹而死。

吸食吗啡具有较强的心理和生理依赖性，一般连续使用 1～2 周即可出现耐受性，滥用剂量是普通治疗量的 20～200 倍。若对吗啡成瘾者突然停用即可出现戒断综合征，表现为流泪、流涕、出汗、瞳孔散大、血压升高、心率加快、体温升高、呕吐、腹痛、腹泻、肌肉关节疼痛及神经、精神兴奋性增高，如惊恐、不安、打呵欠、震颤和失眠等，严重者还会出现虚脱和意识丧失。长期滥用吗啡可导致精神不振、消沉、思维和记忆力衰退，并可引起精神失常、肝炎等，严重的会导致呼吸衰竭而死亡。

（四）可待因（codeine）

可待因，又名甲基吗啡，可待因分子式为 $C_{18}H_{21}O_3N$，分子量为 299.37。纯品为无色结晶性，味苦，能溶于水，但难溶于乙醇。可待因在粗制鸦片中含量为 0.7%～2.5%，具有镇咳、镇痛和镇静作用，其镇咳作用为吗啡的 1/4，镇痛作用仅为吗啡的 1/12～1/7，抑制呼吸、镇静和欣快作用及成瘾性均弱于吗啡，持续时间则与吗啡相似。可待因是典型的中枢性镇咳药，是当今医疗上使用最广泛的天然麻醉剂。用于减轻轻微疼痛的可待因一般为片剂，还可与其他药物如阿司匹林或对乙酰氨基酚（扑热息痛）等制成药剂使用，止咳糖浆中含磷酸可待因。目前，含可待因成分的止咳药物联邦止咳露、新泰洛其、可非等存在着严重的滥用现象（图 4-7）。

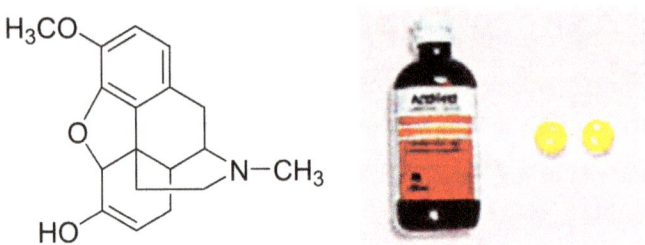

图 4-7　可待因的结构式（左）与可待因药片（右）

（五）蒂巴因（thebaine）

蒂巴因为无色片状结晶，分子式为 $C_{19}H_{21}O_3N$，分子量为 311.37。蒂巴因易溶于乙醇、苯、氯仿等。蒂巴因在鸦片中的含量为 0.2%～1%，通常不用于临床治疗，常作为原料转化为一系列化合物，如可待因、氢可酮、氢吗啡酮、氧可酮、二氢羟吗啡酮、纳布啡、纳洛酮、纳曲酮、丁丙诺啡和埃托啡等（图 4-8）。

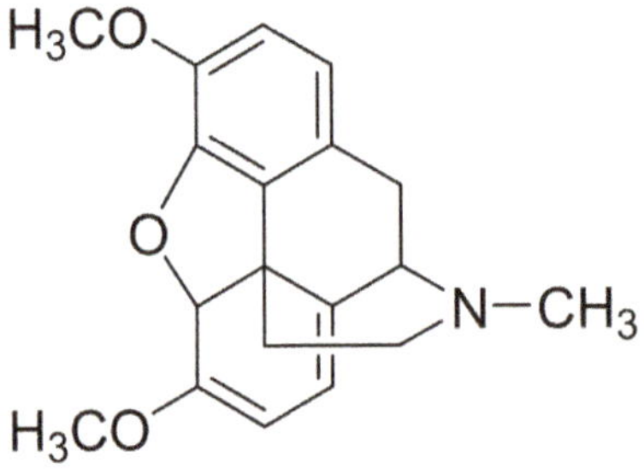

图 4-8　蒂巴因结构式

（六）海洛因（heroin）

海洛因，俗称白面、白粉，是以吗啡生物碱作为合成起点得到的半合成的鸦片类毒品，其纯品为白色柱状结晶或结晶性粉末。其中海洛因又称二乙酰吗啡（diacetylmorphine），分子式为 $C_{21}H_{23}NO_5$，分子量为369。海洛因盐酸盐为 $C_{21}H_{24}ClNO_5$，分子量为405.5（该数值不包括结晶水）。根据联合国规定的海洛因毒品的概念，一般海洛因仅指概念上的毒品种类，而不代表具体的化学成分，海洛因毒品的化学成分一般分2大种类：一种为药物原体，称之为海洛因碱（heroin base）。另一种为海洛因盐，包括海洛因盐酸盐（heroin hydrochloride）、海洛因酒石酸盐（heroin tartrate）和海洛因柠檬酸盐（heroin citrate）。市场上非法流通的海洛因样本大部分是海洛因盐酸盐，还有少量的海洛因碱，另外2种盐类形式极不常见，盐型检验对于海洛因的定性和法律定位是非常重要的（图4-9）。

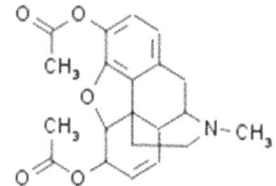
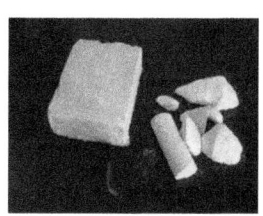

图 4-9 海洛因结构式（左）与海洛因块（中）、海洛因粉末（右）

海洛因是由吗啡与醋酐经化学作用而生成的二乙酰吗啡。在毒品交易中，常常将海洛因按其成分区别及不同杂质分为1号、2号、3号、4号海洛因。

4号海洛因。白色或米色细粉末，二乙酰吗啡盐酸盐浓度达90%以上。由于在生产过程中进行提纯，通常只含少量杂质。

3号海洛因。在东南亚流行，供吸食用，常称"香港石""棕色糖""白龙珠"等，一般呈颗粒状，也有粉末状的，颜色从浅棕色到深灰色，其二乙酰吗啡盐酸盐含量一般为25%～45%，主要稀释剂为咖啡因，含量30%～60%，也有的掺巴比妥、士的宁、喹啉、非那西汀、阿司匹林等药物。

2号海洛因。为海洛因碱，成分为二乙酰吗啡碱（盐基），呈淡灰褐色，压成砖块状,又叫次海洛因,仅限于毒品交易。毒品商将这种海洛因与盐酸作用制成海洛因盐酸盐,然后再掺入稀释剂出售给吸毒者。

1号海洛因。即粗制吗啡,含盐酸吗啡70%~90%。

走私贩卖的海洛因因制造方法和纯度不同,可呈乳白色、浅黄色、浅红色、浅棕色及浅黑色的块状或粉末,大多具有鸦片的特有气味。走私贩卖者一般将海洛因粉末压成长方块状,用塑料薄膜热封,外面通常用黄色不透明的胶带纸缠绕,有250 g、350 g等不同规格包装。零散毒品交易中的海洛因,一般用方形或长方形白纸包装,每包0.1 g到1 g不等(图4-10)。由于海洛因成瘾最快,毒性最烈,曾被称为"世界毒品之王",一般持续吸食海洛因的人只能活7~8年。

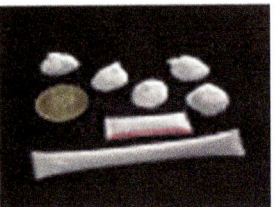

图4-10 非法交易的海洛因

海洛因主要作用于中枢神经系统、内分泌系统和胃肠平滑肌组织,具有镇痛、镇静、镇咳、平喘、缩瞳、催吐、抑制呼吸、精神欣快、影响内分泌等作用,其镇痛作用是吗啡的4~8倍。海洛因可经消化道、黏膜和肺等途径吸入,其进入血液后,由二乙酰吗啡转变成单乙酰吗啡发挥作用,之后再代谢为吗啡。海洛因代谢物在人体中的分布较特殊,在毛发中以6-单乙酰吗啡为主,而血液、尿液中主要以吗啡为主,一般是以6-单乙酰吗啡作为检测滥用海洛因的有力证据。

海洛因被吸食后会使机体产生高强度欣快效应,疼痛消失,继而迅速出现头昏、乏力、眼花、心慌、呼吸困难、肢体湿冷、发绀、昏迷、瞳孔缩小、对光反射消失等症状。海洛因较吗啡易于透过血脑屏障进入中枢,若用量过度,会引起呼吸衰竭,进而导致死亡。海洛因的毒性比吗啡更强,其致死量为 0.12～0.15 g。1910 年起世界各国取消了海洛因在临床上的应用。

海洛因可通过鼻吸、抽吸、皮下注射和静脉注射等方式进入体内，吸食者易出现的并发症有艾滋病、肝炎、梅毒、肺炎及肺水肿等。其成瘾及戒断症状表现为滥用者会出现瞳孔缩小、畏光、肌体消瘦、说话含混不清、皮肤发痒、免疫功能降低等症状。戒断时，表现为初时流涎、流涕、流泪、出汗、焦虑、频繁哈欠、失眠等，继而厌食、瞳孔扩大、恶心、呕吐、腹绞痛等，戒断症状的出现是海洛因成瘾的诊断标志之一。

（七）美沙酮（methadone）

美沙酮，又称美散痛、非那酮、阿米酮等，化学名称为 6-二甲氨基-4,4-二苯基-3-庚酮，化学式为 $C_{21}H_{27}NO$，分子量为 309.45。1937 年，由德国科学家合成的麻醉药品。美沙酮为 μ 阿片受体激动剂，药效与吗啡类似，具有镇痛作用，并可产生呼吸抑制、缩瞳、镇静等作用，主要用于创伤、术后、癌症引起的重度疼痛的治疗。美沙酮对白血病细胞等有杀伤力，是一种白血病治疗药物，尤其是对化疗和放射线治疗已经无效的癌症患者。与吗啡比较，美沙酮具有作用时间较长、不易产生耐受性、药物依赖性低的特点。其盐酸盐为无色或白色的结晶形粉末，无臭、味苦，溶解于水。常见形态为胶囊、片剂等，口服使用（图 4-11）。

20 世纪 60 年代初期发现此药具有治疗海洛因依赖脱毒和替代维持治疗的药效作用。"美沙酮替代法"适用于各种阿片类药物的戒毒治疗，尤其适用于海洛因依赖，也可用于吗啡、阿片、哌替啶（杜冷丁）、二氢埃托啡等的依赖。1973 年开始，香港政府设立美沙酮诊所，向吸毒者象征式收费提供美沙酮饮服，以减轻他们对毒品的依赖。目前我国台湾地区也向吸毒者提供廉价的美沙酮。2003 年 11 月，我国开始在部分地区的吸毒人群中开展美沙酮维持治疗试点工作。服用美沙酮口服液可以有效地控制海洛因、阿片毒瘾达 24～36 h。在维持治疗中，服用适当剂量的美沙酮口服液，不会使服用者过度镇静和产生快感，同时，美沙酮的副作用很小。目前，我国将美沙酮主要用于海洛因、吗啡、阿片、哌替啶、二氢埃托啡等阿片类依赖的脱毒治疗及替代维持治疗。

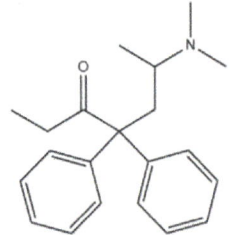

图 4-11　美沙酮结构式（左）与盐酸美沙酮（右）

美沙酮口服吸收良好，服药后 30 min 起效，4 h 血药浓度达高峰，作用持续时间 24 ~ 36 h，血浆蛋白结合率为 85% ~ 90%，半衰期为 15 ~ 60 h，平均 30 h。美沙酮在肝脏代谢，代谢方式主要是 N- 去甲基及环化作用，形成吡咯烷和吡咯啉，或者是被醇脱氢酶还原生成美沙醇，美沙醇的镇痛活性弱于美沙酮，它经 N- 脱甲基后得到活性镇痛剂去甲美沙醇。代谢物由肾脏及胆汁排泄，反复给药有组织蓄积作用。10% 左右美沙酮以原体美沙酮排出，90% 的美沙酮以代谢物形式排出。长期服用美沙酮可出现多汗、淋巴细胞增多、血浆白蛋白增多等症状，导致身体依赖，突然停药或应用阿片受体拮抗剂可诱发戒断症状的出现。过量使用美沙酮可引起中毒，主要症状有头痛、眩晕、恶心、出汗、嗜睡等。治疗血浓度为 0.48 ~ 0.85 mg/L，中毒量为 30 ~ 50 mg，致死量为 60 ~ 120 mg，致死血浓度为 74 mg/L。

（八）杜冷丁（dolantin）

杜冷丁，即盐酸哌替啶，又名唛啶、地美露、利多尔、吡利啶，化学名称为 1- 甲基 -4- 苯基 -4- 甲酸乙酯哌啶，分子式为 $C_{15}H_{21}O_2N$，分子量为 247.4，为人工合成的阿片受体激动剂，属于苯基哌啶衍生物，是一种临床应用的合成镇痛药，用于创伤、烧伤、烫伤、术后疼痛等，与氯丙嗪、异丙嗪等合用进行人工冬眠。1939 年，由赫希斯特研发的，专门用于伤口止痛。1940 年初，化学家赫希斯特成功地把这种药的效力提升了 20 倍。

杜冷丁系吗啡的人工代用品，它对人体的作用机理与吗啡相似，但镇痛、麻醉作用较小，仅相当于吗啡的1/10～1/8，作用时间维持2～4 h左右。杜冷丁通常通过肌肉注射的方式滥用，连续使用可成瘾，不良反应与吗啡相似。1987年11月28日，我国将其列入《麻醉药品管理目录》，进行严格管理。

杜冷丁纯品为油状液体，具有挥发性，缓慢形成结晶，熔点30℃，沸点155℃。杜冷丁难溶于水，可与酸反应生成盐，盐酸盐为白色结晶性粉末，味微苦，无臭，在空气中稳定，极易溶于水，溶于丙酮，难溶于乙醚。一般制成针剂和片剂的形式（图4-12）。

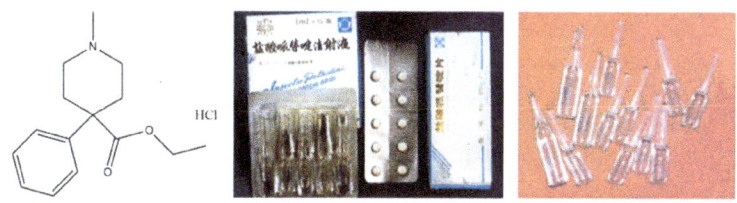

图4-12　杜冷丁结构式（左）与片剂（中）、针剂（右）

（九）曲马多（tramadol，INN）

曲马多，又称氟比汀、马伯龙、奇曼丁、曲马多、反胺苯环醇等，化学名称为（±）-E-2-［（二甲氨基）甲基］-1-（3-甲氧基苯基）环已醇，分子式为$C_{16}H_{25}O_2N$，分子量为263.3。曲马多为合成的可待因类似物，与阿片受体有很弱的亲和力，是由德国Grünenthal GmbH的药品公司于1977年研制开发的一种鸦片类镇痛药，通过抑制神经元突触对去甲肾上腺素的再摄取，并增加神经元外5-羟色胺浓度，影响痛觉传递而产生镇痛作用。其作用强度为吗啡1/10～1/8。无抑制呼吸作用，依赖性小，镇痛作用显著。有镇咳作用,强度为可待因的50%。不影响组胺释放，无致平滑肌痉挛作用。口服、注射吸收均好，镇痛功效相同。口服后10～20 min起效，作用维持时间4～8 h。在肝内代谢，24 h内80%以原形和代谢物从尿中排泄（图4-13）。

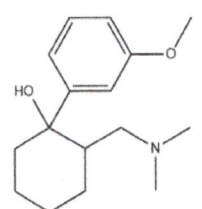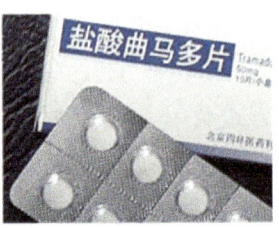

图 4-13 曲马多结构式（左）与片剂（中）、针剂（右）

曲马多原药属于一个消旋混合体。盐酸曲马多为白色结晶或结晶性粉末，无臭，味苦，有吸湿性，易溶于水和乙醇，难溶于乙醚。

曲马多主要作用于去甲肾上腺素和血清张力素系统，减轻痛感及抑郁症和焦虑症的痛苦。临床上常用于治疗癌症、骨折及术后等各种急慢性疼痛。许多青少年服用曲马多上瘾，还有人用该药代替海洛因等毒品吸食。2008 年 1 月 1 日，我国将其列为第 2 类管制的精神药品。

曲马多镇痛作用弱于吗啡，大量服用可导致中枢神经兴奋、幻觉、谵妄、晕厥。长期应用会引发典型和非典型的戒瘾症状。成瘾后的临床表现为：记忆力下降、反应迟钝，食欲下降、体重减轻，便秘、尿潴留，性功能下降等。癫痫发作是曲马多成瘾后的一个非常重要的并发症，因此，对于无癫痫病家族史的青少年出现癫痫发作，家长首先要排除孩子是否滥用曲马多。曲马多成瘾后还会导致心理异常和人格改变，如撒谎、骗钱、脾气暴躁、不愿意与人沟通、自卑、自闭、自虐、自杀等，严重破坏家庭关系和社会功能。中毒量为 30～50 mg，致死量为 60～120 mg。

（十）丁丙诺啡（buprenorphine）

丁丙诺啡，又名"布诺啡""叔丁啡"，化学名称为 21-环丙基-7α[（S）-1-羟基-1，2，2-三甲基丙基]-6，14-桥亚乙基-6，7，8，14-四氢东罂粟碱，分子式为 $C_{29}H_{41}O_4N$，分子量为 467.6，是 20 世纪 60 年代德国 Reckitt & Colmon 公司研制合成的一种强效镇痛药物。丁丙诺啡对急慢性、中强度疼痛有良好的疗效，用于治疗癌症疼痛及各类手术后引起的疼痛，其镇痛作用强度为吗啡的 25～50 倍，为哌替啶的 500 倍。肌肉注射 0.4 mg 丁丙诺啡的镇痛作用相当于 10 mg 的吗啡，作用时间较长，长期使用可产生耐药性。1984 年首次在日本、澳大利亚市场上市，对海洛因、可卡因、二氢埃托啡等依赖性戒断效果较好，可以有效地替代海洛因等毒品，迅速缓解鸦片类药物依赖者的戒断症状，适用于各种鸦片类依赖者的脱毒治疗，脱毒效果与美沙酮相当。20 世纪 80 年代，丁丙诺啡在欧美得到广泛应用。我国于 1990 年经卫生部批准用于临床。因其滥用倾向，我国已将其列为第 1 类管制的精神药品（图 4-14）。

图 4-14　丁丙诺啡结构式（左）与丁丙诺啡药品（中、右）

丁丙诺啡纯品和盐酸盐均为白色结晶性粉末，易溶于水、乙醇、乙醚、丙酮、苯、二氯甲烷、三氯甲烷等有机溶剂。

丁丙诺啡是蒂巴因的衍生物，对阿片受体具有激动-拮抗双重作用，故称为阿片受体激动-拮抗剂。盐酸丁丙诺啡为混合型阿片受体激动-拮抗剂。对 3 种阿片受体亚型 μ、δ 和 K 结合部位都有亲和力。它能明显缓解吗啡戒断症状，其镇静作用和对呼吸抑制作用比美沙酮弱，其受体解离速度较慢，故作用时间比吗啡长。

中毒症状主要表现为口干、恶心、呕吐、头痛、头昏、视物模糊、针状瞳孔、嗜睡、小便困难、便秘、食欲减退、体重下降、血压下降等。严重者表现出抽搐、幻觉、癫痫、呼吸及心率减慢乃至昏迷等状态。

早期戒断症状主要表现为哈欠、流泪、鸡皮疙瘩，偶有头晕、恶心、呕吐，后期有短暂的忽冷忽热感。有依赖者用盐酸丁丙诺啡自行戒毒死亡的案例，死者口唇青紫发绀，双前臂及掌背部有多个静脉注射针疤，周围皮肤青紫出血，静脉变硬变粗，双肺高位淤血水肿。镜检出脑水肿，大脑皮质、海马及丘脑等处神经元广泛变性、点状坏死。双肺呈小叶性肺炎改变，肝、肾实质细胞广泛变性和灶状坏死等。

丁丙诺啡吸收迅速，30~60 min 出现镇痛作用，持续 6~8 h，血浆蛋白结合率为96%，经肝脏代谢，代谢产物主要有3-葡糖醛酸结合物、N-去羟基丁丙诺啡及其结合物。其半衰期约为 8 h，N-去烃基代谢物的消除更加缓慢。代谢物为以原形主要随粪便排出，少量代谢物缓慢经尿液排出。

（十一）二氢埃托啡（dihydroetorphine，DHE）

二氢埃托啡，化学名为 7α-[1-(R)-羟基-1-甲基丁基]6,14-内乙桥四氢东罂粟碱，分子式为 $C_{25}H_{33}O_4N$，分子量为411。是 70 年代末利用蒂巴因人工合成的强效镇痛药，其效力是吗啡的 1000~10000 倍，广泛用于晚期癌症和创伤手术后疼痛的止痛治疗，1991 年批准上市，列入麻醉药品管制（图 4-15）。二氢埃托啡使用剂量小，一次 20~40 μg。镇痛作用短暂，仅 2 h 左右，有时 1 d 需服 10 多次。小剂量间断用药不易产生耐受性，大剂量持续用药易出现耐受性和依赖性。此外还可使温血动物产生麻醉、木僵作用，用于捕捉和驯化动物。

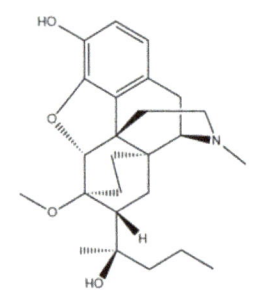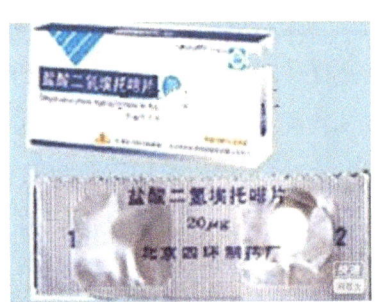

图 4-15 二氢埃托啡结构式（左）与片剂（右）

二氢埃托啡溶于水，易溶于乙醇、乙醚、氯仿，熔点为 214~216 ℃。盐酸二氢埃托啡为白色结晶粉末，溶于水和乙醇。

二氢埃托啡的精神依赖性潜力比盐酸吗啡、海洛因大得多，使人精神颓废，情绪低落。连续静脉滴注产生生理依赖性，造成视力下降、咽痛和记忆障碍。超大剂量含服后，引起牙龈糜烂、坏死、牙釉质破坏、牙齿松动脱落及剧烈牙痛等。

二氢埃托啡具有典型的鸦片类毒品戒断反应，只是出现最大强度的时间较海洛因晚，自卑感强于海洛因依赖者。注射部位有脓肿、感染等。戒断症状有咳嗽、腹泻、腹痛、鸡皮疙瘩、冷热交替、出汗、流泪、流涕、脉搏加快、哈欠、全身骨关节和肌肉疼痛，易出现攻击行为，有时面部肌肉抽搐，并有睡眠障碍。在其他毒品依赖的基础上滥用更易成瘾。

二氢埃托啡依赖或与其他鸦片类毒品混合依赖，均可用美沙酮替代治疗。对中毒者可进行人工呼吸、加压给氧，同时静脉注射吗啡受体拮抗剂盐酸纳洛酮或氢溴酸烯丙吗啡进行解救。

二氢埃托啡可肌肉注射、含服，药物剂型有供舌下含服的 20 μg、40 μg 和注射剂（粉）10 μg、20 μg 等。依赖者一般日用量为 800 μg，最高日用量为 2~32 mg，舌下含服后快速吸收，血中浓度在 30 min 内达到最大。二氢埃托啡在体内肾中浓度最高，其他组织浓度依次递减为肺、肠、肝、胆、心、血和脑。二氢埃托啡在体内 3 h 后基本代谢完全，由尿液排出。

（十二）芬太尼（fentanyl）

芬太尼，俗称枸橼酸芬太尼、多瑞吉，化学名称为 N-［1-（2-苯乙基）-4-哌啶基］-N-苯基丙酰胺，常用其枸橼酸盐，分子式为 $C_{22}H_{28}N_2O$，分子量为 336.5。枸橼酸芬太尼纯品为白色结晶性粉末，无臭，易溶于水，略溶于乙醇。芬太尼为阿片受体激动剂，属强效麻醉性镇痛药，镇痛作用产生快，但持续时间较短，用于麻醉前、中、后的镇静与镇痛，也用于各种原因引起的疼痛。芬太尼类药物一般用于缓解严重而又顽固的疼痛，当常规的镇痛治疗效果不好时，可以通过芬太尼缓解痛苦，如难以缓解的癌症疼痛（图 4-16）。

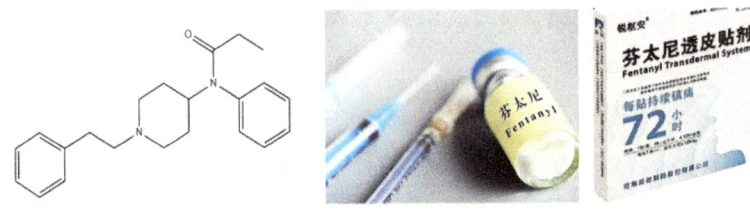

图 4-16　芬太尼结构式（左）与药品（中、右）

当芬太尼过量时，首先会让人嗜睡、困惑和恶心，此后是上瘾、低血压，最后是因为呼吸抑制而死亡。芬太尼麻醉效力比海洛因强 50 倍，比吗啡强 100 倍，几粒白糖粒大小的药量足以致命。而芬太尼的"升级版"卡芬太尼药性更猛，约为吗啡的 10000 倍，成人的致死量约为 2 mg。2017 年，芬太尼透皮贴剂作为癌症止痛药物，进入了世卫组织基本药物标准清单。在过去数年，这种处方药被毒贩当成了毒品的原料，被制成粉末或药片在美国和加拿大流行。而来自非法市场、作为毒品出现的芬太尼，它们进入使用者身体的剂量则是完全失控的。在毒品市场上，芬太尼经常是掺杂在海洛因或者其他毒品里出售，或者以海洛因的名义售卖。购买者并不知道其中到底含有多少芬太尼，甚至根本就不知道有芬太尼存在。吸毒者如果单纯地按照海洛因估计剂量，会因为其中暗藏的芬太尼而送命。2019 年 4 月 1 日，公安部、国家卫生健康委、国家药监局联合发布公告，宣布从 2019 年 5 月 1 日起将芬太尼类物质列入《非药用类麻醉药品和精神药品管制品种增补目录》。

芬太尼为 μ 阿片受体激动剂，作用与吗啡相似，脂溶性强，易于通过血脑屏障，易于从脑重新分布到体内其他组织（比如肌肉和脂肪组织）。起效快，静脉注射 100 μg 后 1 min 起效，4 min 达峰，维持时间为 17 min ~ 2 h，肌肉注射 100 μg 作用维持 1 ~ 2 h。消除半衰期较长，其半衰期为 3 ~ 4 h。芬太尼主要在肝内生物转化，通过脱去甲基、羟基化和酰胺基水解，形成多种无药理活性的代谢物，随尿液和胆汁排出。不到 8% 以原形从肾脏排出。

三、检材前处理与检验

鸦片类涉毒检材包括现场缴获的涉毒检材和人体生物检材;检验方法包括现场快速检验和实验室分析2部分。

(一)现场快速检验

现场快速检验方法常用的有外观观察法、化学显色法、免疫筛选法和仪器快速筛选法。

1. 外观观察法

外观观察法是依据鸦片类毒品不同的外观形态和其他物理特性(如气味、结晶形态等),对毒品种类进行初步认定的一种方法。如毒品原植物罂粟花、果等独有的外观特征;鸦片的特殊气味和颜色;吗啡与海洛因的特殊形态等。

2. 化学显色法

(1)马改氏试验[改良马奎斯氏(Marquis)试验]。

马改氏试剂:0.5 mL甲醛滴加于3 mL浓硫酸中。

取少量吗啡、单乙酰吗啡、海洛因、乙酰可待因等可疑鸦片类毒品于白瓷点滴板凹孔中;加2~3滴试剂。吗啡、单乙酰吗啡、海洛因、乙酰可待因等鸦片类毒品呈现紫红色(颜色应在1 min内出现)。

(2)硒硫酸试验。

试剂Ⅰ:0.25 g亚硒酸溶于25 mL冰醋酸中;试剂Ⅱ:浓硫酸。

取少量检材于白瓷点滴板孔中;加1~2滴试剂Ⅰ;再加1~3滴试剂Ⅱ。吗啡、海洛因、可待因为暗蓝色,蒂巴因为橙黄色,罂粟碱为土灰色。

(3)钼硫酸试验。

试剂:0.1 g钼硫酸溶于10 mL浓硫酸中。

取少量检材于白瓷点滴板孔中,沿壁面加1~2滴试剂。吗啡呈紫红—紫罗兰—蓝绿—绿色,海洛因呈紫红—紫罗兰—蓝色。

3.免疫筛选法

一般采用商品化的胶体金免疫试剂盒，对尿液、唾液进行检验。有些缴获毒品，可用水溶解后，也可用胶体金免疫试剂盒进行初步筛查。

关于鸦片类毒品胶体金免疫法检验的技术标准主要有：①《唾液毒品检测装置通用技术条件》（GA/T 1456—2017）；②《法庭科学 吗啡/甲基安非他明唾液检测试剂盒（胶体金免疫层析法）通用技术要求》（GA/T 1667—2019）；③《法庭科学 吗啡尿液检测试剂盒（胶体金免疫层析法）通用技术要求》（GA/T 1666—2019）。

4.仪器快速筛选法

常用的仪器快速筛选法有拉曼光谱、红外光谱、气-质联用等。

（二）现场缴获涉毒检材

对于现场缴获鸦片类涉毒检材，根据涉毒种类不同，检材处理与实验室检验可参考下列标准检验方法：

1.《法庭科学 疑似毒品中鸦片检验 液相色谱和液相色谱-质谱法》（GA/T 1648—2019）

2.《法庭科学 疑似毒品中海洛因、可卡因和氯胺酮检验 红外光谱法》（GA/T 1785—2021）

3.《疑似毒品中鸦片5种成分检验 气相色谱和气相色谱-质谱法》（GB/T 39879—2021）

4.《疑似毒品中吗啡检验 气相色谱和气相色谱-质谱法》（GB/T 39883—2021）

5.《疑似毒品中海洛因的气相色谱、气相色谱-质谱检验方法》（GB/T 29635—2013）

6.《疑似毒品中美沙酮检验 气相色谱和气相色谱-质谱法》（GB/T 39880—2021）

7.《法庭科学 疑似毒品中美沙酮检验 液相色谱和液相色谱-质谱法》（GA/T 1646—2019）

8.《法庭科学 疑似毒品中8种芬太尼类物质检验 气相色谱和气相色谱－质谱法》（GA/T 1922—2021）

9.《法庭科学 疑似毒品中8种芬太尼类物质检验 液相色谱和液相色谱－质谱法》（GA/T 1923—2021）

10.《法庭科学 疑似毒品中丁丙诺啡检验 气相色谱和气相色谱－质谱法》（GA/T 2028—2023）

11.《法庭科学 疑似毒品中丁丙诺啡检验 液相色谱和液相色谱－质谱法》（GA/T 2029—2023）

12.《法庭科学 疑似毒品中曲马多检验 气相色谱和气相色谱－质谱法》（GA/T 2038—2023）

13.《法庭科学 疑似毒品中曲马多检验 液相色谱和液相色谱－质谱法》（GA/T 2039—2023）

14.《法庭科学 疑似毒品中杜冷丁检验 气相色谱和气相色谱－质谱法》（GA/T 2030—2023）

15.《法庭科学 疑似毒品中杜冷丁检验 液相色谱和液相色谱－质谱法》（GA/T 2031—2023）

16.《法庭科学 海洛因样品间关联性判别 液相色谱－质谱法》（GA/T 2052—2023）

（三）涉毒生物检材

涉毒生物检材，在具体毒品种类未知的情况下，参考下列通用性标准方法进行检材处理和检验：

1.《法庭科学 涉嫌吸毒人员尿液采集操作规范》（GA/T 1586—2019）

2.《血液和尿液中108种毒（药）物的气相色谱－质谱检验方法》（SF/Z JD0107014—2015）

3.《血液中188种毒（药）物的气相色谱－高分辨质谱检验方法》（SF/T 0064—2020）

4.《血液、尿液中238种毒（药）物的检测液相色谱－串联质谱法》（SF/

ZJD0107005—2016）

5.《毛发中 15 种毒品及代谢物的液相色谱-串联质谱检验方法》（SF/ZJD0107025—2018）

6.《血液中 45 种有毒生物碱的液相色谱-串联质谱检验方法》（SF/T 0115—2021）

7.《法庭科学 生物检材中吗啡等 29 种毒品及代谢物筛选 液相色谱-质谱法》（GA/T 1903—2021）

8.《法庭科学 230 种药（毒）物液相色谱-串联质谱筛查方法》（GA/T 1530—2018）

9.《法庭科学 生物检材中 382 种药（毒）物筛选 液相色谱-高分辨质谱法》（GA/T 2063—2023）

10.《法庭科学 体液斑痕中尼古丁等 95 种药（毒）物筛选 液相色谱-质谱法》（GA/T 2065—2023）

11.《毛发中 55 种滥用药物及代谢物检验 液相色谱-质谱法》（GB/T 43240—2023）

如果只对针对某一类毒品进行检测，则可根据毒品目标物的种类、实验室仪器设备条件和方法验证的情况，参考下列标准方法进行检材处理和检验：

1.《生物检材中吗啡、O_6-单乙酰吗啡和可待因的检验方法》（SF/T 0114—2021）

2.《法庭科学 吸毒人员尿液中吗啡和单乙酰吗啡气相色谱和气相色谱-质谱检验方法》（GA/T 1318—2016）

3.《法庭科学 毛发、血液中吗啡和单乙酰吗啡检验 气相色谱-质谱法》（GA/T 1635—2019）

4.《法庭科学 唾液中吗啡和 O_6-单乙酰吗啡检验 液相色谱-质谱法》（GA/T 1640—2019）

5.《法庭科学 生物检材中海洛因代谢物检验 液相色谱-质谱法》（GA/T 1607—2019）

6.《法庭科学 生物体液中哌替啶及其代谢物气相色谱和气相色谱-质谱检验方法》（GA/T 1321—2016）

7.《血液、尿液中苯丙胺类兴奋剂、哌替啶和氯胺酮的检验方法》（SF/T 0116—2021）

8.《生物检材中芬太尼等31种芬太尼类新精神活性物质及其代谢物的液相色谱-串联质谱检验方法》（SF/T 0066—2020）

9.《法庭科学 生物检材中芬太尼检验 液相色谱-质谱法》（GA/T 1601—2019）

10.《法庭科学 生物检材中丁丙诺啡检验 液相色谱-质谱法》（GA/T 1605—2019）

11.《法庭科学 生物检材中美沙酮检验 液相色谱-质谱法》（GA/T 1618—2019）

12.《法庭科学 阿片类和卡西酮类物质成瘾性评估 自身给药法》（GA/T 2055—2023）

13.《法庭科学 芬太尼类物质急性毒性评估 上下增减剂量法》（GA/T 2057—2023）

如果需要判断一个人是否毒驾，则需要考虑"公安部GB征求意见：《车辆驾驶人员体内毒品含量阈值与检验》（20203584-Q-312）"。

第二节　苯丙胺类兴奋剂

1887年，德国化学家首先从麻黄植物中分离出一种对交感神经系统具有兴奋作用的活性物质，并为之起名麻黄素。同年德国药学家埃德林诺（Edeleano）用化学合成的方法首次得到苯丙胺，但是他没有进一步研究苯丙胺的药理特性。1927年，德国另一药理学家艾力斯（Alles）为解决麻黄素原料缺乏的问题，再次人工合成了苯丙胺，并对其药理特性进行了深入的研究。19世纪末20世纪初，日本科学家首先合成了苯丙胺和甲基苯丙胺，而后又合成了一系列苯丙胺类的支链取代和环取代衍生物。20世纪30~50年代，苯丙胺类药物仅用于临床，治疗抑郁症、肥胖症和疲劳综合征。第二次世界大战后，日本、欧洲、美国先后暴发了苯丙胺类滥用大流行。直至20世纪70年代，联合国颁布《1971年精神药物公约》，对苯丙胺类兴奋剂施行管制措施，流行趋势才有所缓和。苯丙胺兴奋剂于1992年侵入中国的香港、福建和广东，约1996年开始由金三角地区有规模地向中国内地扩散和渗透。目前苯丙胺类兴奋剂滥用在全球非常普遍。

苯丙胺类兴奋剂（amphetamine type stimulanfs，简称ATS）是以苯丙胺为母体衍生出来的一类化合物，包括苯丙胺、甲基苯丙胺（冰毒）、MDMA及其他一些精神兴奋剂。通过衍生化反应，在其苯环上和（或）在其N位上被其他官能团所取代，很容易形成新的毒品品种。由于原料易得，合成方法简单，因而品种越来越多。

一、分类

苯丙胺类兴奋剂均具有中枢神经系统兴奋作用，不同药物的作用各有侧重，根据苯丙胺类兴奋剂的化学结构不同和药理、毒理学特性，可将其分为以下4类。

（一）兴奋型苯丙胺类

这类化合物以中枢神经系统兴奋作用为主，其结构特征是苯丙胺母体化合物类，如苯丙胺、甲基苯丙胺、哌甲酯等。

（二）致幻型苯丙胺类

这类化合物具有导致用药者产生幻觉的作用，其结构特征为苯环甲氧基取代苯丙胺衍生物，如二甲氧基苯丙胺、溴基二甲氧苯丙胺和麦司卡林等。

（三）抑制食欲型苯丙胺类

这类化合物具有抑制食欲作用，其结构特征为支链取代或苯环非甲氧基取代苯丙胺衍生物,如苯丁胺、二乙基苯丙酮、芬氟拉明(氟苯丙胺)等。

(四)混合型苯丙胺类

这类化合物兼具兴奋和致幻作用,其结构特征为苯环亚甲二氧基取代苯丙胺衍生物,如 MDMA、MDA、MDEA、MBDB 等。

二、常见品种的性质与中毒症状

(一)苯丙胺

苯丙胺(amphetamine,AMP)又称安非他明、非那明、2-氨基-1-苯基丙烷、α-甲基苯乙胺,分子式为 $C_9H_{13}N$,分子量为 135.2。苯丙胺纯品为无色至淡黄色油状物,微溶于水,溶于乙醇、氯仿等有机溶剂。其盐酸盐或硫酸盐为微带苦味之白色结晶体粉末,溶于水。

苯丙胺分为左旋(L型)、右旋(D型)和消旋光学异构体,沸点在 201.5 ~ 203.5℃之间。光学结构不同,其药性效果有很大差异,如右旋苯丙胺比消旋苯丙胺药效高数十倍。

苯丙胺是以 1-苯基-2-丙酮、麻黄素、伪麻黄素为主要原料合成的一种兴奋剂。苯丙胺硫酸盐生产时常带进杂质或掺有各种色料,使其色泽呈粉色、黄色和褐色。常以片剂、粉末、胶囊、糖浆形式出售(图 4-17)。

图 4-17 苯丙胺结构式与成品

口服苯丙胺易吸收，30 min 后分布全身，半衰期为 10 ~ 12 h。苯丙胺类的兴奋剂在生物体内的代谢方式主要是苯环的 β- 羟基化、侧链的氢氧化，N- 脱烷基化以及水解脱氨基化。经注射或吸食后，易被肠道吸收。pH 值对该类毒品以及代谢物的分布和排泄有很大的影响。酸性尿使原体药物的排泄量增加。在碱性尿条件下，因肾重吸收药物在体内的半衰期延长，同时碱性尿导致了药物保留而形成更多的代谢物。尿液中苯丙胺原体排出量变化很大，从碱性尿的 2.9% 到酸性尿的 54%。正常情况下，苯丙胺的原体排出量为 30%。0% ~ 40% 的苯丙胺通常在 48 h 内以原体从尿中排泄。大剂量使用时，停药 7 d 在尿中仍可检出苯丙胺。苯丙胺在体内经羟化酶代谢为对位羟基苯丙胺，再经 DA-β- 氧化酶转化为对位羟基去甲麻黄素。尿中除有苯丙胺原体排出外，还有 3% 结合态的对羟基苯丙胺。

（二）甲基苯丙胺

甲基苯丙胺又称冰毒、去氧麻黄碱、甲基安非他明，分子式为 $C_{10}H_{15}N$，分子量为 149。市面上常见的固体冰毒是甲基苯丙胺盐酸盐，其纯品为白色透明结晶体，可溶于水和乙醇。盐酸甲基苯丙胺通常以结晶性粉末、颗粒、块状或片剂、无色液体形式出售（图 4-18）。

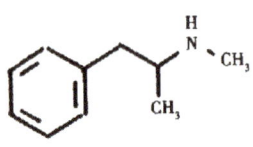

图 4-18　甲基苯丙胺结构式（左）与成品（中、右）

甲基苯丙胺的原料是天然麻黄碱，直接从麻黄草中提取，然后经过化学方法去氧后即为去氧麻黄碱。也可用化学方法合成 1- 苯基 -2- 丙酮（P-2-P）后，再加工出甲基苯丙胺，化学加工合成的纯度可达 90% ~ 99%。

在贩卖的冰毒中常掺有葡萄糖、乳糖、蔗糖、咖啡因、普鲁卡因、安替比林、甘露醇、硫酸镁、谷氨酸钠、苯海拉明和东莨菪碱等杂质。

冰毒可通过烫吸、口服、鼻吸和静脉注射等方式摄入。冰毒在体内经肝脏代谢，主要代谢物有苯丙胺和对羟基苯丙胺。少量服用冰毒会表现出精神振奋、清醒、机敏、话多、兴致勃勃、思维活跃、情绪高涨，而且长时间工作或学习无疲劳感、无饥饿感。长期滥用可造成慢性中毒、体重下降、消瘦、溃疡、脓肿、指甲脆化和夜间磨牙。静脉注射方式滥用者可引起各种感染合并症，包括肝炎、细菌性内膜炎、败血症和艾滋病等。严重者出现精神错乱、性欲亢进、焦虑、烦躁、幻觉状态。思维方面从最开始的多疑、敏感发展为偏执观念或妄想，并伴有相应的情绪变化。在妄想支配下滥用者可能会出现自杀或杀人等暴力行为。过量使用冰毒可导致急性中毒甚至死亡。

冰毒的戒断症状可分 3 期：前驱期、典型戒断期、戒断后期。前驱期（停药 24 h 以内）：烦躁不安、易怒、脾气不好，焦虑、紧张、敏感，行为没有规律、思维不集中，常常导致反复用药。在前驱期还会出现一些躯体症状：出汗、口干、恶心、心慌、手脚颤抖、头痛。典型戒断期（停药 24～72 h）：疲乏、精力不足，无法体会喜悦、感到身体不适或不开心、重度抑郁。本期在长时间睡眠后停止，不宜采用治疗或其他干预措施。戒断后期（停药 72～96 h 以后）：主要特点是醒来后有强烈的饥饿感，持续烦躁不安、激越、抑郁、焦虑、失眠。此期间患者的渴求明显，常导致复吸。

甲基苯丙胺的最大特点是半衰期长，其半衰期是 10～30 h，时间长短与尿中 pH 值有关，一般在酸性尿中以原形物排出量较多，16 h 内服用量的 55%～70% 以原形排出，而在碱性尿中只能以 0.6%～2.0% 原形排出。甲基苯丙胺在尿中除以原体排出外，还有部分发生 N 位去甲基化作用，转变为苯丙胺。同时，少量苯丙胺和甲基苯丙胺在体内会发生对羟基化作用，转变为对羟基苯丙胺和对羟基甲基苯丙胺。所以，在服用甲基苯丙胺后，在尿中可检出甲基苯丙胺、苯丙胺、对羟基甲基苯丙胺、对羟基苯丙胺。

（三）甲基苯丙胺片剂（麻古、麻果）

甲基苯丙胺片剂，又称麻古、麻果等，主要成分为甲基苯丙胺、咖啡因、乙基香兰素等。其中甲基苯丙胺的含量为10%~20%，咖啡因的含量为70%左右，而乙基香兰素是一种香料，使麻古具有浓烈的香味（图4-19）。服用麻果后会使人体中枢神经系统、血液系统极度兴奋，能大量耗尽人的体力和降低免疫功能。长期服用会导致情绪低落及疲倦、精神失常，损害心脏、肾和肝，严重者甚至死亡。麻古的主要毒性成分是甲基苯丙胺，其毒性、滥用症状和体内过程等与冰毒基本相同。

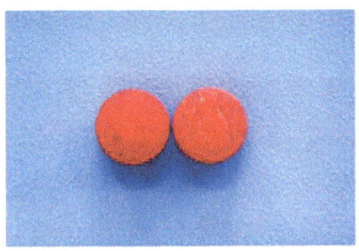

图4-19 麻古片剂

（四）摇头丸（MDMA、MDA等）

摇头丸是指含有致幻型苯丙胺类兴奋剂成分的片剂和丸剂，形状、颜色多种多样，片剂上有各种图案和文字（图4-20）。此类毒品具有强烈的中枢兴奋作用。以口服、鼻吸、静脉注射为主，服用后，极度兴奋或产生错觉，摇头不止，故俗称为"摇头丸"。一般含有若干种苯丙胺类衍生物，常见的有苯丙胺的环取代衍生物3,4-亚甲二氧基甲基苯丙胺（3,4-methylenedioxymethamphetamine，MDMA）、3,4-亚甲基二氧基苯丙胺（3,4-methylenedioxyamphetamine，MDA）、3,4-亚甲双氧基乙基苯丙胺（3,4-methylenedioxyethylamphetamine，MDEA）、2,5-二甲氧基苯丙胺（2,5-dimethoxyamphetamine，DMA）等。

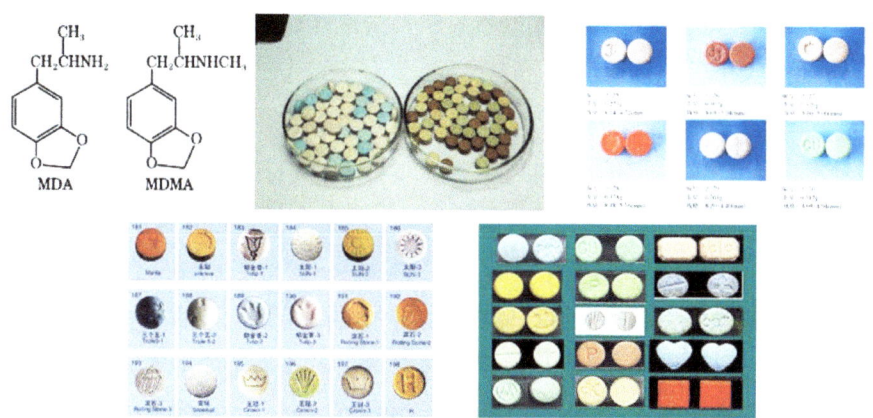

图 4-20 摇头丸结构式与成品

MDMA 的纯品游离体状态为无色油状液体,沸点为 100～110 ℃,一般难溶于水而溶于有机溶剂,如乙醇、乙醚和氯仿等。其盐酸盐纯品为白色粉末,溶于水和醇类溶剂,难溶于乙醚。吸食 MDMA 后,在体内主要代谢途径为支链的 N- 去烷基、脱氨和氧化,以及 O- 去烷基形成一系列羟基化合物,羟基化合物与葡糖醛酸和硫酸可结合为共轭物的形式存在于尿中。MDMA 能造成永久性的脑细胞损伤和非永久性损伤肝细胞,严重中毒者可发生脱水和突发心脏病。MDMA 具有苯丙胺和 LSD 的综合效能,同时具有兴奋作用和致幻作用,大剂量服用 MDMA 常有听觉和视觉改变。表现在身体器官方面的症状,包括血压升高,心率、脉搏加快,严重时出现肌肉紧张、不能自控的咬牙、口干、手部颤抖、恶心,有的出现疲劳、出汗、视物模糊、焦虑和精神失调。即使是中等剂量 MDMA 也会产生严重的体温升高、心血管功能障碍、黄疸及抽搐。长期滥用 MDMA 出现的副作用还表现在心理障碍,如心理混乱、抑郁、失眠、焦虑及神经错乱,接近半数的滥用者有恐慌和妄想症。摇头丸依赖的主要戒断症状为:疲倦、失眠、心烦、颈部酸痛、进食量增加、食欲减退、渴求、胸闷和头晕。口服 MDMA 在几分钟后开始出现作用,1～1.5 h 达高峰,5h 左右作用消失。服用 MDMA 因能产生高热而引起一系列行为改变。高热可导致疾病突然发作,甚至是致命的。MDMA 中毒现象多发生在一些通宵舞会上。MDMA 能使精力分散、动作不协调,因此强调集中注意力的工作无法很好完成,特别是对司机,服用 MDMA 后开车十分危险。

MDA 于 1910 年首次合成,1939 年进行动物实验研究,以镇咳、精神安定、减肥节食药而申请专利。MDA 主要具有中枢神经系统兴奋作用,大剂量使用可有致幻作用,用于娱乐(消遣)药物主要是它有较强的"共鸣"作用。

口服 MDMA 后,65% 以原体从尿液中排出,有将近 7% 以去甲基生成亚甲基安非他明(MDA)的形式从尿液中排出。体内主要代谢途径为支链的 N- 去烷基、脱氨和氧化,以及亚甲二氧环破裂。O- 去烷基形成一系列羟基化合物,羟基化合物与葡糖醛酸和硫酸以共轭物的形式存在于尿中。一次服用 MDMA 后,尿中原体 MDMA 和代谢物 MDA 的排出高峰为 4 h,24 h 内原体排出量为剂量的 33%。一般情况下,口服 MDMA 后约 3 d 内能从尿液中检测出来。

三、检材前处理与检验

(一)现场快速检验

现场快速检验方法常用的有外观观察法、化学显色法、免疫筛选法和仪器快速筛选法。

1. 外观观察法

外观观察法是依据苯丙胺、甲基苯丙胺等毒品不同的物理特性(如气味、物态及外观形态等)对毒品的种类进行初步认定的一种方法。如苯丙胺通常为白色、粉色、黄色和褐色粉末,常以片剂、粉末、胶囊、糖浆等形式出售。冰毒为无色透明结晶体,形似冰糖,通常以结晶性粉末、颗粒、块状或片剂形式贩卖。麻古闻起来有浓烈的香味,片剂上通常标注有"WY""W""NY""N"等字母,也有不标注字母的,颜色以红色为主,也有大红、粉红、紫红、绿、淡绿、橙、棕等多种颜色。

2. 化学显色法

（1）马改氏试验。

在浓硫酸作用下，苯及其衍生物与甲醛反应，生成具有颜色的醌式化合物。苯丙胺、甲基苯丙胺与马改氏试剂反应，呈现橙色并转为褐色；麻黄素与马改氏试剂反应，呈现黄绿色并转为棕色。

马改氏试剂：0.5 mL 甲醛滴加于 3 mL 浓硫酸中。

检验时：取少量可疑检材于白瓷点滴板凹孔中，滴加 2～3 滴马改氏试剂，混匀，观察颜色变化。

（2）西门试验（Simons test）。

仲胺与亚硝酰铁氰化钠及乙醛在碱性水溶液中生成蓝色的可溶化合物。仲胺类苯丙胺类兴奋剂甲基苯丙胺与西门试剂反应，呈现深蓝色；伯胺类苯丙胺类兴奋剂苯丙胺与西门试剂不呈现颜色反应。该试验可用来区别伯胺和仲胺，但需注意的是，有些添加的杂质也可产生假阳性。

西门试剂：10% 乙醛和 1% 亚硝酰铁氰化钠水溶液等比例混合溶液。

检验时：取少量可疑检材于白瓷点滴板凹孔中，加 1 滴西门试剂，混匀，观察颜色变化。

3. 免疫筛选法

一般采用商品化的胶体金免疫试剂盒，对尿液、唾液进行检验。有些缴获毒品，可用水溶解后，也可用胶体金免疫试剂盒进行初步筛查。

关于苯丙胺类毒品胶体金免疫法检验的技术标准主要有：①《唾液毒品检测装置通用技术条件》（GA/T 1456—2017）；②《法庭科学 吗啡/甲基安非他明唾液检测试剂盒（胶体金免疫层析法）通用技术要求》（GA/T 1667—2019）；③《法庭科学 甲基安非他明尿液检测试剂盒（胶体金免疫层析法）通用技术要求》（GA/T 1692—2020）。

4. 仪器快速筛选法

常用的仪器快速筛选法有拉曼光谱、红外光谱、气-质联用等。

（二）现场缴获涉毒检材

对于现场缴获涉毒检材，根据涉毒品种不同，检材处理与实验室检验方法可参考下列标准检验方法：

1.《疑似毒品中甲基苯丙胺检验》（GB/T 29636—2023）

2.《疑似毒品中苯丙胺等5种苯丙胺类毒品检验 毛细管电泳、傅立叶变换红外光谱法》（GA/T 1518—2018）

3.《法庭科学 疑似毒品中苯丙胺和替苯丙胺检验 气相色谱和气相色谱-质谱法》（GA/T 1641—2019）

4.《疑似毒品中二亚甲基双氧安非他明检验 气相色谱和气相色谱-质谱法》（GB/T 39882—2021）

5.《法庭科学 疑似毒品中二亚甲基双氧安非他明检验 液相色谱和液相色谱-质谱法》（GA/T 1643—2019）

6.《法庭科学 疑似毒品中左旋甲基苯丙胺和右旋甲基苯丙胺检验 液相色谱和液相色谱-质谱法》（GA/T 1933—2021）

7.《法庭科学 疑似易制毒化学品中去甲麻黄碱等6种麻黄碱类物质检验 气相色谱-质谱、液相色谱和液相色谱-质谱法》（GA/T 1934—2021）

8.《法庭科学 疑似毒品中2-氟苯丙胺等168种新精神活性物质检验 气相色谱-质谱、红外光谱和液相色谱法》（GA/T 2020—2023）

9.《法庭科学 甲基苯丙胺样品间关联性判别 液相色谱-质谱法》（GA/T 2053—2023）

（三）涉毒生物检材

涉毒生物检材，在具体毒品种类未知的情况下，参考通用性标准方法进行检材处理和检验（同鸦片类，略）。

如果只对针对某一种苯丙胺毒品进行检测，则可根据毒品目标物和检材的种类、实验室仪器设备条件和方法验证情况等，参考下列标准方法进行检材处理和检验：

1.《法庭科学 涉嫌吸毒人员尿液采集操作规范》（GA/T 1586—2019）

2.《血液、尿液中苯丙胺类兴奋剂、哌替啶和氯胺酮的检验方法》（SF/T 0116—2021）

3.《法庭科学 吸毒人员尿液中苯丙胺等4种苯丙胺类毒品气相色谱和气相色谱-质谱检验方法》（GA/T 1319—2016）

4.《法庭科学 毛发、血液中苯丙胺等4种苯丙胺类毒品检验 气相色谱和气相色谱-质谱法》（GA/T 1634—2019）

5.《尿液、毛发中S（+）-甲基苯丙胺等的液相色谱-串联质谱检验方法》（SF/Z JD0107024—2018）

6.《法庭科学 生物检材中甲基苯丙胺等10种毒品检验 液相色谱-质谱法》（GA/T 1906—2021）

7.《法庭科学 唾液中苯丙胺等4种苯丙胺类毒品和氯胺酮检验 液相色谱-质谱法》（GA/T 1639—2019）

8.《毛发中55种滥用药物及代谢物检验 液相色谱-质谱法》（GB/T 43240—2023）

第三节　大麻类毒品

大麻是一种一年生草本植物，广泛地生长在温带和热带地区，一般株高1~3 m，但在理想的生态环境下，可长到6 m。它的主茎表皮粗糙呈绿色，竖直、中空，叶片呈掌状，脉络清晰，每片叶子由3~13个小叶片组成，叶边缘有锯齿，根部叶片大，顶部叶片小。它分为雌株和雄株，雌雄异株（即有单独的雌株和雄株），雄株茎秆细长、早熟，主茎及枝干顶部的花朵上有大量黄绿色花粉，授粉后会慢慢枯死。雌株茎秆粗壮、晚熟，寿命长，含毒性成分多，全株有毒。在雌株开花时，顶端分泌的树脂含毒性成分最高，花叶次之，根茎最少。雌株顶部开花结果，果实呈卵形，即为大麻籽。

大麻因价格低廉、吸食方便，毒性相对较小，成为当今世界上使用最广泛的毒品之一。目前，世界上几乎每个国家都有大麻种植，但不同产地的大麻，由于其气候、土壤、品种、种植方法等不同，其毒性成分含量差异较大。不是所有的大麻都能制作毒品，只有比较矮小，枝杈很多的被称为"印度大麻"的才能用于制作毒品。从法律的角度来看，大麻被分为2类：其一为经济型大麻或纤维型大麻，这种大麻纤维含量约为25%，果实含油量约为35%。其二为毒品型大麻，它含有具有法律意义的毒性成分。

大麻中的大麻酚类物质除具有精神活性作用外，还具有多种生理活性而被用于临床治疗：如辅助某些晚期绝症（癌症和艾滋病）的治疗，用来增进食欲、减轻疼痛、减轻化疗患者的恶心症状；也可用来缓解癫病和偏头痛等神经症状，通过控制眼压和保护视神经治疗青光眼。

由于大麻毒性相对较小，且有一定的医疗用途和经济价值，2014年1月1日，美国科罗拉多州实现大麻交易合法化。2020年12月2日，联合国麻醉药品委员会（CND）在维也纳召开第63届会议，会议正式通过了世界卫生组织（WHO）所提出的大麻建议5.1，从1961年《麻醉药品单一公约》附表四中删除大麻和大麻脂。此项历史性投票，代表了联合国作为世界最高水平机构正式向全球明确大麻的医疗价值，全球各国大麻合法化进程持续加快，大麻合法化代表性国家墨西哥、加拿大、美国纷纷出台新政，亚洲特别是东南亚地区，大麻合法化进程也处于空前加速的状态，泰国、新加坡、印度等地对医用大麻开设绿灯。但大麻合法化存在巨大隐患，对我国禁毒形势构成严重威胁。尤其是食品类大麻，如大麻已经被包装成了巧克力、各种糖果、饼干，对不明真相的人们，特别是对未成年人具有很大的迷惑性。

一、大麻毒品品种与吸食方式

（一）大麻植物

通常用于吸食的大麻植物是指"印度大麻"，它包括大麻植物的叶和花。

将大麻枝条拧成小辫状；或将大麻的叶、花、茎晒干，磨碎呈深绿色粉末，然后将大麻粉压成块状。其中，THC 含量为 0.5%～5%。大麻草一般是卷在纸里点燃抽吸，可单独抽吸，也可与烟草混合抽吸（图 4-21）。

图 4-21　大麻植物（左）与大麻烟丝（右）

（二）大麻树脂

大麻树脂，也称哈嘻嘻（hashish），是雌性大麻开花时顶端花蕊中能产生一种富含液汁且富含大麻素的树脂状分泌物，呈毛绒状，采集并干燥的树脂经过加热或压紧制成黄棕色、褐红色到黑色等颜色各异的大麻脂，可像大麻植物一样吸食。也有将树脂与蜡混合制成板状物。其中，THC 含量为 2%～10%。大麻树脂可与烟草混合制成卷烟，或用特制的小烟斗单独吸食，也有将其与中草药混合，制成药丸或药粒后吞服。新制的大麻树脂常有柔和的气味，放置时间一长，便会失去气味，颜色变暗并易碎。

走私的大麻树脂因产地不同，外观形态有很大差异，如南非产大麻树脂多为黄褐色条状物，地中海产大麻树脂为红褐色颗粒状，印度产大麻树脂有块状、条状多种形态，表层为黑色，内层为墨绿色，有一种霉味，容易压碎。

（三）大麻油

大麻油，又称大麻浓缩物、液体大麻。将大麻植物、大麻树脂用甲醇、乙醇、丙酮、石油醚等有机溶剂反复提取其中有效成分，将其植物残渣除去，挥干溶剂，得到的黑色黏稠物，即为大麻油（图 4-22）。其中，THC 含量为 10%～30%。大麻油一般与烟草、食物混合后吸食。

大麻油必须用密封容器盛装，应在避光、阴凉处保存，若接触光、空气就会硬化，从而失去效力。其颜色常见有琥珀色、深绿色、棕色、黑色。

图 4-22　大麻树脂（左）与大麻油（右）

二、大麻毒性成分与中毒症状

（一）大麻主要毒性成分

大麻含有 500 多种化学物质，其中酚类成分对中枢神经有明显作用，已确认的大麻酚类成分有 100 多种，最主要的毒性成分是四氢大麻酚（Δ^9-tetrahydrocannabinol，简称 THC），被认为是服用后产生致幻作用的主要成分。此外，还有大麻酚（cannabinol，简称 CBN）和大麻二酚（cannabidol，简称 CBD）2 种生物碱。从生理学角度讲，它们对人体无成瘾性且具备药用价值，但 CBD 可被视为 THC 的前体，CBN 为 THC 的分解物。THC 经过较长时间的存放、高温或紫外线作用，可降解为 CBN，因此，大麻中 CBN 与 THC 的含量比常作为大麻存放时间的参考指标。目前，CBD 在电子烟中广泛使用，电子烟中大麻二酚（CBD）可能会转化为四氢大麻酚（THC）。因此，CBN 和 CBD 在我国也属于管制物品。

1. 四氢大麻酚（THC）

四氢大麻酚呈油状液体，分子式为 $C_{21}H_{30}O_2$，分子量为 314.5。遇酸极易异构化成 Δ^8-THC，几乎不溶于水，易溶于氯仿和石油醚、乙酸乙酯、苯、甲醇等有机溶剂，溶于乙醇和乙烷。

2. 大麻酚（CBN）

大麻酚为白色叶状结晶，分子式为 $C_{21}H_{26}O_2$，分子量为 310.4。几乎不溶于水，溶于氯仿、甲醇、乙醇和碱性溶液中。

3. 大麻二酚（CBD）

大麻二酚为苍黄色树脂或结晶，呈油状晶体，几乎不溶于水和 10% 氢氧化钠溶液中，溶于氯仿和石油醚、乙醚、乙酸乙酯、苯、甲醇、乙醇等有机溶剂（图 4-23）。

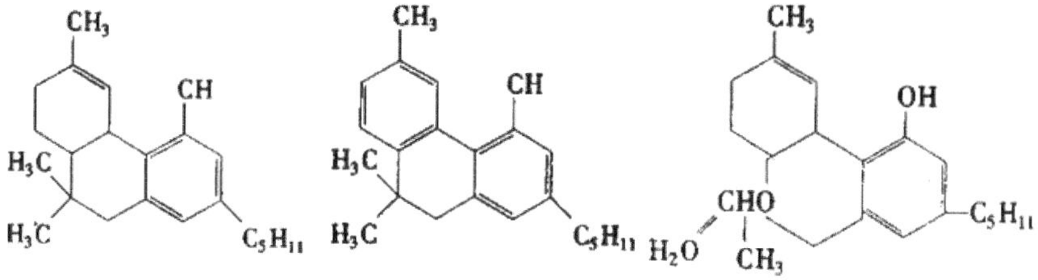

图 4-23　四氢大麻酚（左）、大麻酚（中）与大麻二酚（右）的结构式

（二）大麻的毒性

吸食大麻一般有抽吸、饮用、吞服 3 种形式。如用抽大麻烟这种方式吸入，则出现毒性症状快，约数分钟，症状持续约 15 min；吞服可延至 30 min，持续 2～3 h。

大麻的毒副作用表现在 2 方面：一是精神活动方面，一次性大量使用时，会表现出意识不清、定向力受损，有不安、躁动、惊恐，同时伴发错觉、幻觉及思维障碍，有的可产生冲动伤人行为；二是身体方面，短期使用效果包括镇静、充血、心跳加快、肺部刺激咳嗽、食欲增加以及血压降低等。吸食大麻的人会出现严重的健康问题，如支气管炎、肺气肿和支气管哮喘，大麻对肝、肾和肾上腺的分泌功能也有不同程度的损害作用。大麻还对人体的免疫系统有影响，干扰 T 淋巴细胞的功能，使人体抵抗疾病的能力下降。长期大剂量使用大麻可引起脑退行性变化的脑疾病、严重的行为损伤、免疫系统抑制和神经疾病等。长期吸食大麻者还可产生一种"无动机性综合征",表现为冷漠、呆滞、无兴趣、懒散、易怒、睡眠障碍等。同时多伴有人格的变化,对个人仪表、卫生、饮食、学习、工作均失去兴趣,常出现危害社会的犯罪和攻击行为。

长期服用大剂量的大麻,一旦停吸后会导致身体戒断症状,包括头痛、颤抖、出汗、胃痛和恶心。戒断症状还包括一些行为症状,如:坐立不安,易怒,睡眠障碍,食欲下降等。大麻的依赖性以心理依赖为主,躯体依赖多见于长期、大量使用者身上,短期或间断使用大麻,一般不易产生耐受性。

(三)大麻的体内代谢过程

大麻通过口服、吸烟方式进入体内,剂量为 5~10 mg,服药后出现精神欣快、幻觉和一时性恍惚等。一支大麻烟的 THC 约 22% 通过烟雾吸入,在吸烟过程中,部分无活性成分如四氢大麻酚酸和大麻二醇则被转化为 THC 进入体内,血中浓度在抽烟后 7~8 min 达高峰,9~10 min 渐渐减退。若是口服,血中 THC 浓度在 45 min 后达到高峰,然后作用维持 4~6 h,临床症状则在口服后 30~60 min 即有快感,在 2~3 h 达到高潮。THC 属于高脂溶性药物,因此进入体内后在体内组织分布相当广泛,几乎 100% 的 THC 与蛋白结合,慢性长期使用者药物的半衰期为 20~30 h,没使用过的人半衰期可达 25~57 h。大麻进入体内后,THC 和其他精神活性物质在体内被氧化代谢。肝脏是大麻活性成分的主要代谢器官。

吸食大麻后,几分钟后体内血浆中四氢大麻酚的含量可达 100 mg/mL,随后 4 h,THC 含量几乎降为零,主要代谢物为四氢大麻酚酸(11-羧基-Δ^9-THC,THC-COOH)和其他一些极性酸,尿样实验表明,吸食大麻者的尿液绝对呈酸性。代谢物的结合态约是游离态的 3 倍,主要代谢物的结合态是葡糖醛酸结合的单合和双合葡糖醛酸结合物。由尿中排出,如自尿中检出 THC-COOH,就可考虑有吸食大麻的现象。

三、检材前处理与检验

大麻检验分为现场快速检验和实验室检验 2 种。根据检材不同,实验室检验又分为现场缴获毒品和涉毒生物检材 2 类。

（一）现场快速检验

1. 外观识别法

大麻、大麻树脂、大麻油及四氢大麻酚等生物碱都有特定的外观形态和气味，可据此进行初步识别。

2. 快速检测装置法

使用毒检管、毒检箱、毒试纸、喷雾瓶、快速检测仪器等装置进行检测。

3. 化学筛选法

（1）快蓝 B 试验。

方法一：在滤纸上进行试验。

试剂 I（快蓝 B 试剂）：快蓝 B 与无水硫酸钠按 1 : 100 混匀；试剂 II：石油醚；试剂 III：10% 碳酸氢钠水溶液。

取一张滤纸，叠成漏斗状；取少量可疑检材（大麻植物粉末、大麻树脂或大麻油）于滤纸中心，加 2～3 滴试剂 II，使检材能浸透到滤纸底部，挥干底部溶剂；再加 2～3 滴试剂 I 在滤纸底部中心；然后加 2～3 滴试剂 III 在快蓝 B 试剂上，用小刮铲使混匀，并浸到滤纸底部，此时观察滤纸中心颜色。大麻植物显淡红色；大麻树脂及大麻油显红色。

方法二：在试管里进行试验。

试剂 I：快蓝 B 试剂；试剂 II：氯仿；试剂 III：0.1N 氢氧化钠水溶液。

取少量可疑检材（大麻植物粉末、大麻树脂或大麻油）于小试管内；加少量试剂 I 和 1 mL 试剂 II，振摇 1 min；加 1 mL 试剂 III，振摇 2 min，静置分层，观察结果。大麻在下层氯仿中呈现紫红色，与上层的颜色无关。

（2）香草醛 - 乙醛试验。

试剂 I（香草醛试剂）：0.4 g 香草醛（香荚兰素）加到 20 mL 95% 乙醇中，溶解后加入 0.5 mL 乙醛；试剂 II：浓硫酸；试剂 III：氯仿。

取少量可疑检材于试管中；加 2 mL 试剂 I，振摇；再加 2 mL 试剂 II，摇匀并放置 2～3 min；然后加 2 mL 试剂 III，缓慢摇动试管，静置分层，观察结果。大麻在下层氯仿中呈现紫色,上层为蓝色。

本反应灵敏度很高,如果取检材量较多,特别是大麻油和树脂,氯仿层变成紫黑色,很难观察,故而检材量要求尽量少取些。

4.免疫筛选法

采用商品化的免疫胶体金试剂盒,可检测尿液、唾液及大麻溶液,初步判断检材中是否含有大麻类毒品。

(二)现场缴获涉毒检材

对于现场缴获涉毒检材,检材处理与实验室检验方法可参考下列标准检验方法:

1.《疑似毒品中大麻3种成分检验 气相色谱和气相色谱-质谱法》(GB/T 39884—2021)

2.《法庭科学 疑似毒品中大麻检验 液相色谱和液相色谱-质谱法》(GA/T 1642—2019)

(三)涉毒生物检材检验

检材处理与实验室检验方法可参照下列标准方法:

1.《法庭科学 吸毒人员尿液中四氢大麻酚和四氢大麻酸气相色谱-质谱检验方法》(GA/T 1330—2016)

2.《尿液中$\triangle^9$-四氢大麻酸的测定 液相色谱-串联质谱法》(GB/T 37272—2018)

3.《毛发中$\triangle^9$-四氢大麻酚、大麻二酚和大麻酚等的液相色谱-串联质谱检验方法》(SF/Z JD0107022—2018)

4.《法庭科学 毛发、血液中四氢大麻酚和四氢大麻酸检验 气相色谱-质谱法》(GA/T 1636—2019)

第四节 古柯类毒品

古柯（coca）是生长在南美洲安第斯山脉的一种常绿灌木。其性喜潮湿、温暖，根深叶茂，株高 2～4 m，幼株成熟期为 1 年半左右；叶形状类似茶叶，呈长椭圆形，具有苦味，每年可采摘 3～6 次，可连续采摘 30～40 年；花形状较小，呈黄白色，每朵有 5 个花瓣；果实为红色，核内含有种子。古柯名字由来是因为它在加热时会发出碎裂的声音（crock 的音译）。

长期以来，南美洲安第斯山脉的当地人一般都有咀嚼古柯叶的习惯，或把古柯叶当作茶来饮用，具有消除疲劳、增加体力等作用，被奉为圣草。1859 年，奥地利维也纳化学家阿贝尔·尼那马纳首次从古柯叶中提炼出了古柯碱，即可卡因。随后，威廉·洛森在此基础上确定了可卡因的分子式。1860 年，德国哥廷根大学的研究生尼曼（Albert Niemann）在论文中详述可卡因的提炼过程。1862 年，德国默克制药公司开始生产少量的可卡因，主要供研究使用。1863 年，科西嘉岛的一位药剂师马里亚尼（Angelo Mariani）获得在波尔多酒之中加古柯叶萃取物的配方专利，可卡因被称为一种"出类拔萃的医疗性饮料"，使其迅速在上层社会中流行。1884 年，美籍奥地利著名眼科医生卡尔·科勒首次用可卡因作局部麻醉药用。可卡因的医疗用途带动了需求，全世界的古柯叶供应量大增，它出现在成药、含酒精饮料和不含酒精饮料之中。任何一家药局都买得到高纯度、白色粉末状的古柯碱。1914 年，美国政府率先将古柯碱列为禁药。

一、古柯类毒品品种与吸食方式

（一）古柯叶

古柯叶（coca leaf），又称可卡叶，主要用来咀嚼和沏茶。不同种类古柯叶的外观差异虽然较大，但是几乎都呈灰绿色，且正面的颜色比背面的要深，在叶背面有 2 条平行于中脉的线。

古柯叶中可卡因含量为 0.5%～1%，成熟比较好的叶子含量可达 1.8%。

（二）古柯膏

古柯膏又称粗制可卡因，是古柯叶制造可卡因的中间产品。外观浅白色、乳白色或米色粉末，也有潮湿的块状物，有特殊气味。

古柯膏是可卡因的中间产品，其中可卡因含量为 40%～50%，一般用于交易，也有人通过口服、燃吸的方式进行吸食。

（三）可卡因

可卡因又称苯甲酰甲基芽子碱、甲基苯甲酰爱冈宁、古柯碱，是一种从古柯树叶中提取出来的生物碱。可卡因纯品为无色或白色晶体或粉末，分子式为 $C_{17}H_{21}NO_4$，分子量为 303，不溶于水，味苦而麻，有辣痛和麻痹感。常见的可卡因盐类主要有盐酸可卡因和硫酸可卡因。盐酸可卡因为无色晶体或白色结晶性粉末，极易溶于水，味苦，置舌尖上能引起麻木感（图4-24）。

可卡因一般为鼻吸、燃吸、口服或注射，纯度一般为 80%～90%。掺假的纯度约为 30%，常见添加物有：葡萄糖、甘露醇、利多卡因及普鲁卡因等。

图 4-24　古柯植物（左）、古柯膏（中）与可卡因

二、古柯类毒品的毒性与中毒症状

可卡因代谢主要在肝组织及血浆中实现，可卡因的主要代谢物为苯甲酰爱冈宁、爱冈宁甲酯和爱冈宁。过量吸食可卡因会引起震颤、眩晕、肌

肉痉挛、激动不安、被迫害感、头痛、出冷汗、面色苍白、脉搏微弱且急促、恶心、呕吐、昏迷等不良反应。长期吸食可卡因，会引起紧张、兴奋、极度激动不安、敏感度加强、情绪波动、无法入睡、性无能、反射作用加强、食欲减退、精神紊乱、筋疲力尽。大剂量服用可卡因则会抑制心肌而引起心力衰竭，并严重抑制脑部的呼吸中枢，导致精神错乱、呼吸浅急及不规律、抽搐、惊厥和失去知觉，进而引致死亡。

可卡因是一种强效的中枢神经兴奋剂，也是一种局部麻醉药，其滥用症状通常表现为产生欣快感、情绪高涨、思维活跃、自我感觉良好、自信心增强，能较长时间从事紧张的体力和脑力劳动，甚至能胜任繁重的、平时不能承担的工作。可卡因有很强的心理依赖性，长期吸食可导致精神障碍，也称可卡因精神病，会出现幻听、幻触和幻嗅，最典型的是皮下虫行蚁走感，奇痒难忍。长时间大剂量使用后突然停药，可出现抑郁、焦虑、易激惹、疲乏、失眠、厌食。长期吸食者会有一些特有的体征，如鼻中隔穿孔、角膜炎和因过度磨牙而造成的牙齿损伤等。

可卡因不管经何种途径进入体内，都能够很快地被吸收。经鼻黏膜吸收，在 15~60 min 即可达到血中浓度的高峰，吸收后 15~20 min，即达到快感的高潮。口服吸收 50~90 min 达到血中高峰，快感的发生也在 45~90 min 之时。抽烟只有 1/3 会达到肺泡被吸收，血中浓度在 1 h 内达到高峰，而在 6~11 min 时使用者即会觉得快感高潮。静脉注射与抽烟相类似。可卡因在体内组织的分布很广，高浓度的可卡因首先分布在肾脏和尿液中，其次分布在血液以及脑、肝等组织中。可卡因代谢主要通过肝组织及血浆中实现，血浆及肝组织中的乙酰胆碱酶是可卡因的主要代谢酶素，由于可卡因只有 10% 不经代谢而排泄于尿中，又因乙酰胆碱酶浓度的个人差异，可卡因在体内半衰期各异，在 54~74 min 不等。

三、检材前处理与检验

(一)现场快速检验

1. 外观识别法

根据古柯叶、可卡因等外观形态、气味等初步观察,判断大致种类。

2. 快速检测装置法

使用毒检管、毒检箱、毒试纸及喷雾瓶等装置进行检测。

3. 化学筛选法

(1)马改氏试验(改良马奎斯氏试验)。试剂:改良马奎斯氏(Marquis)试剂。

取少量可卡因类毒品于白瓷点滴板凹孔中;加 2~3 滴试剂。可卡因呈现紫红色。

(2)硫氰酸钴反应。试剂Ⅰ:6 mol/L 盐酸;试剂Ⅱ:5% 硫氰酸钴水溶液,0.5 g 硫氰酸钴溶于 20 mL 水中。

取少量可疑物于试管中,加 2~3 滴试剂Ⅰ,振摇 10 min,再加 1 滴试剂Ⅱ。出现鲜蓝色沉淀或颗粒为可卡因、可卡因碱、苯甲酰爱冈宁阳性,甲基爱冈宁不显色。

注意:甲喹酮(安眠酮)、海洛因、苯环己哌啶有相似的蓝色反应。

(3)铬酸试验。在浓古柯碱溶液中,滴入 5% 的铬酸或重铬酸钾溶液,当每滴滴入时即生成沉淀,振摇后即行溶解,如在此透明的混浊液中加入浓盐酸 1 mL,则析出结晶性橙红色沉淀。

4. 免疫筛选法。

采用商品化的胶体金试剂盒,可检测尿液、唾液及古柯类毒品溶液,可初步判断检材中是否含有可卡因类毒品。

(二)现场缴获涉毒检材

对于现场缴获涉毒检材,检材处理与实验室检验方法可参考下列标准检验方法：

1.《疑似毒品中可卡因检验 气相色谱和气相色谱 – 质谱法》（GB/T 39876—2021）

2.《法庭科学 疑似毒品中可卡因检验 液相色谱和液相色谱 – 质谱法》（GA/T 1645—2019）

（三）涉毒生物检材检验

检材处理与实验室检验方法可参照下列标准方法：

1.《毛发中可卡因及其代谢物苯甲酰爱康宁的液相色谱 – 串联质谱检验方法》（SF/Z JD0107016—2015）

2.《法庭科学 可卡因尿液检测试剂盒（胶体金免疫层析法）通用技术要求》（GA/T 1668—2019）

3.《法庭科学 生物检材中利多卡因、罗哌卡因和布比卡因检验 气相色谱 – 质谱和液相色谱 – 质谱法》（GA/T 1613—2019）

4.《毛发中 55 种滥用药物及代谢物检验 液相色谱 – 质谱法》（GB/T 43240—2023）

第五节 致幻剂

致幻剂，又称迷幻药、拟精神药物等，是指能够影响中枢神经系统，引起意识、知觉和视觉异常，对时间和空间产生错觉、幻觉的天然或人工合成的精神药品。最早被滥用的致幻剂多为天然物质，如毒绳伞、颠茄、仙人球等，但是对其有效成分的分离、鉴定与药理学研究相当有限。1896 年，德国化学家亚瑟·霍弗特（Arthur Hoffter）从"佩奥特仙人掌"中分离出了其主要的致幻成分麦司卡林，1919 年恩斯特·施佩特（Ernst Spath）首次人工合成致幻剂。1943 年，艾伯特·霍夫曼（Albert Hofmann）由麦角类蘑菇中提取出的麦角碱经化学改造而合成麦角酸二乙胺，亲自服用并记录下了麦角酸二乙胺的主观体验。此后又有数以百计的致幻剂被不同的实验室合成。特别是亚历山大·舒尔金（Alexander Shulgin）对人工合成致幻剂进行了深入的研究，并于1991年和1997年先后出版《PIHKAL》和《TIHKAL》2本书，书中详细介绍了179种苯乙胺类和55种色胺类致幻剂的化学合成方法和部分人体试验结果，其中多数都是他首先合成的。

实际上，大多数滥用物质都有一定的致幻作用，如大麻、可卡因、苯丙胺类毒品等。本节重点介绍麦角酸二乙胺（LSD）、赛洛西宾（psilocybin）、麦司卡林（mescaline）、苯环己哌啶（PCP）和氯胺酮（ketamine）等几种。

一、麦角酸二乙胺（LSD）

（一）理化性质

麦角酸二乙胺，化学名称为N，N-二乙基-d-麦角酰胺；化学分子式：$C_{20}H_{25}N_3O$；分子量：323.4。纯品LSD是无色、无臭、味微苦的结晶体，密度1.21g/cm³，熔点80～85℃（分解），可溶于甲醇，微溶于水。LSD长时间遇热、碱或紫外线照射不稳定。水溶液约在1周内保持稳定，在室温或者日光下暴露于空气时，溶液在24 h内变质。LSD-酒石酸盐在甲醇中结晶为柱形，可溶于水、甲醇，熔点198～200℃（溶剂化）（图4-25）。

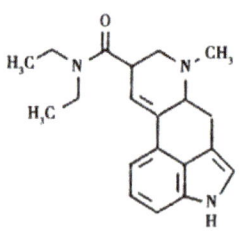
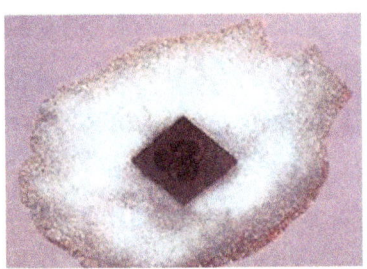

图4-25　LSD结构式（左）与LSD晶体（右）

（二）毒性与中毒症状

LSD 是一种强效致幻剂，西方国家滥用比较广泛。滥用品种有粉剂、片剂、胶囊、液体等。常见贩卖方式是将溶液涂在贴花纸或邮票的背面交易。

20 世纪 60 年代，LSD 刚出现在非法交易市场时，有很多种形态。如将 1 滴 LSD 溶液加入方糖、吸墨纸或者其他吸附性物质中；或者将 LSD 混入胶体基质中，并待其固化后切成小方块，被称为"窗格（window panes）"。当时市场上最常见的还是不同大小、形状和颜色的小药丸、片剂或者胶囊，颜色有米色、白色或彩色。片剂的含量相差很大，从 20 μg 至 500 μg 不等，但最流行的被称为"微点（microdot）"的一种直径为 1.6 mm 的圆形片剂，其中含量较一致，约为 100 μg（图 4-26）。

20 世纪 80 年代，纸质剂型在非法市场上变得更加常见，此时的纸质剂型与原先的纸质剂型不同。原先的纸质剂型是先将 LSD 滴到纸上制成，而新的纸质剂型是将预先印好的纸张浸入 LSD 溶液制得，这样含量较一致，每片呈正方形，大小约 5 mm^2，含量 30 ~ 50 μg。迄今发现的浸过 LSD 的药纸有各种各样的设计，包括抽象艺术和动画图片、邮票和文身花纹，这些新的设计，特别受青年吸毒者的欢迎。

图 4-26　非法销售的 LSD "邮票"（左）、片剂与"窗格"

LSD 是精神病辅助治疗药，亦为致幻药。LSD 主要是通过提高脑内 5-羟色胺（5-HL）水平或抑制 5-HL 释放而起作用，LSD 和 5-HL 竞争同一受体，使正常的感觉传入过程受到干扰，引起错误的感觉反应，最终形成了感知歪曲现象。

在药理学上，LSD 并不是高毒性的。然而，LSD 被认为是危害性极大的致幻剂,其服用剂量以 μg 为单位,而其他的精神药品都以 mg 为单位。LSD 致幻作用强烈,10 μg 就可以产生欣快感,30 μg 可出现明显症状,50～100 μg 时就可出现幻觉。即使是老练的 LSD 使用者服用常用剂量,也能产生恐惧、妄想以及匪夷所思的反应,有时还会发生非理性和侵害他人的行为。另外,LSD 还有一个相当有名的副作用称为"闪回(flashback)",就是待药效消失一段时间后,使用者在体内不存在 LSD 的情况下又体验到了 LSD 所引起的某些感觉效应,这些效应多数是视幻觉,持续时间可为数分钟至数小时,并可能在最后一次使用 LSD 后数月甚至数年中出现,而且闪回的发生频率与 LSD 使用的频率并无关系。其机理被认为是由于对神经产生永久性损害后对 5-羟色胺能系统的特定刺激导致的。

口服 LSD 后大约 0.5 h 出现中毒效应,服药 1～4 h 后中毒效应最强烈,8～16 h 后作用逐渐消除。大剂量会产生呕吐、头晕、递增性的肠内麻痹、运动失调、臂腿麻痹,直至呼吸停止而死亡。服用 LSD 最易产生视觉障碍。此外,抑郁、对声音敏感、体象变形、人格解体、思想和时间感觉障碍、焦虑、恐慌,这些反应在服用 LSD 数月之内反复复发和闪回。滥用者会产生强烈的心理依赖,长期服用该药,极易患精神病。

(三)体内过程

LSD 的种类繁多,滥用大多采用口服方式。LSD 可在体内维持药效 6～12 h。LSD 在体内代谢相当快,在尿液中仅有 1%～3% 以原体形式排出。尿液中通常可以检测出去甲基 LSD(N-desmethyl LSD)和 2-氧-3-羟基-LSD(2-Oxo-3-hydroxy-LSD)。另外,还在尿液中检出 13-羟基-LSD(13-Hydroxy-LSD)和 14-羟基-LSD(14-Hydroxy-LSD)的葡糖醛酸苷结合物(glucuronide)。液质联用技术分析的结果显示,2-氧-3-羟基-LSD 和 13-羟基-LSD 的葡糖醛酸苷可以在尿液中存在较长时间,比 LSD 原药存在时间要长。

（四）检材前处理与检验

由于 LSD 的极高的致幻能力，为防止分析者意外摄入或吸入 LSD，当分析含有 LSD 物质时，从样品接收处理，到分析检测以及后期材料的储存，整个阶段都必须防止意外发生。

1. 现场快速检验

（1）荧光反应。

将原样品置于长波长紫外光下观察。另外，取 1 滴甲醇萃取液滴于滤纸上并干燥，在长波长紫外光下观察该点。以上 2 种情况都出现蓝色荧光则说明可能含有 LSD。此方法的检测限小于 1 μg。该反应不是专一反应，一些合法的麦角碱类药物也可能得到类似的结果。

（2）显色反应。

埃利希（Ehrlich）试剂：将 1 g 对二甲氨基苯甲醛溶解于 10 mL 甲醇中，然后加入 10 mL 浓磷酸（比重约 1.75）。

方法：将少量样品或 2 滴样品的甲醇萃取液置于点滴板的凹槽中，再加入 2 滴埃利希试剂，呈现蓝紫色说明可能含有 LSD。此方法的检测限约 1 μg。该反应也不是专一反应，一些合法的麦角碱类药物也可能得到类似的结果。

（3）免疫筛查试验。

免疫法检测 LSD 主要针对尿液。目前的多数该类方法阈值在 500 pg/mL 左右，其中部分可以达到 100 pg/mL。免疫法的主要缺点是容易出现假阳性，其他药物如舍曲林、甲氧氯普胺等都可以干扰免疫反应。

2. 实验室检验

检材处理与实验室检验方法可参照下列标准方法：

（1）《法庭科学 疑似毒品中 211 种麻醉药品和精神药品检验 气相色谱-质谱法》（GA/T 1920—2021）

（2）《法庭科学 疑似毒品中 202 种麻醉药品和精神药品检验 液相色谱-质谱法》（GA/T 1921—2021）

（3）《血液和尿液中108种毒（药）物的气相色谱–质谱检验方法》（SF/Z JD0107014—2015）

（4）《血液中188种毒（药）物的气相色谱–高分辨质谱检验方法》（SF/T 0064—2020）

（5）《血液、尿液中238种毒（药）物的检测 液相色谱–串联质谱法》（SF/Z JD0107005—2016）

（6）《法庭科学230种药（毒）物 液相色谱–串联质谱筛查方法》（GA/T 1530—2018）

（7）《法庭科学 生物检材中382种药（毒）物筛选 液相色谱–高分辨质谱法》（GA/T 2063—2023）

（8）《法庭科学 体液斑痕中尼古丁等95种药（毒）物筛选 液相色谱–质谱法》（GA/T 2065—2023）

二、赛洛西宾（psilocybin）与塞洛新（psilocin）

赛洛西宾（psilocybin，简称PY），是一种具有神经致幻作用的吲哚类药物。赛洛西宾是迷幻蘑菇中的主要活性成分，其在蘑菇中的含量范围在0.2%～2%之间。由LSD的发现者艾伯特·霍夫曼于1958年首先分离出来，并由他首先合成。塞洛新（psilocin，简称PI）是赛洛西宾脱磷酸后的致幻性代谢物，一般是由于酶分解或者不合适的干燥和存储造成的，其在蘑菇中的含量极低。迷幻蘑菇在美洲土著的宗教仪式中使用了数千年，20世纪70年代起很多西方国家青年开始食用此类蘑菇用于消遣。长期或过量服用该类物质会引起神经中毒，目前在多数国家赛洛西宾（和塞洛新）都被列入管控，在我国属规定管制的第1类精神药品。

（一）理化性质

赛洛西宾，化学名称为二甲-4-羟色胺磷酸，又名裸盖菇素、光盖菇素、裸头草碱；化学分子式为$C_{12}H_{17}N_2O_4P$；分子量为284.3。纯品为结晶状，可从甲醇里结晶得到，熔点为185～195℃（分解），不溶于水、乙醇和氯仿，以 1 : 20 比例溶于沸水，以 1 : 120 比例溶于沸腾的甲醇中。

塞洛新，化学名称为二甲-4-羟色胺，化学分子式为 $C_{12}H_{16}N_2O$，分子量为 204.3。纯品为结晶状，可从甲醇里结晶得到，熔点为 173～176℃，不溶于水、乙醇和氯仿，以 1 : 120 比例溶于沸水或沸腾的甲醇中。在溶液中极不稳定，特别是暴露在光和空气中（图 4-27）。

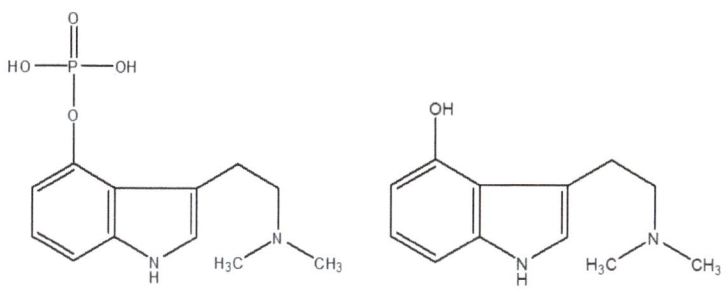

图 4-27　赛洛西宾（左）和赛洛新（右）化学结构式

"迷幻蘑菇"（图 4-28）一般以天然或者人工培育的新鲜原形物或经干燥制成粉末片剂和胶囊流通，偶尔也会碰到人工合成的赛洛西宾。一般采取直接食用、掺于食品或混合在茶、酒精饮料中服用。

图 4-28　迷幻蘑菇

（二）毒性与中毒症状

赛洛西宾和含赛洛西宾的迷幻蘑菇，其致幻性和生理症状主要由其代谢物赛洛新引起。它通过血液循环进入神经系统，激活 5-羟色胺受体，引起神经兴奋、致幻，对时间和空间产生错觉，直至出现自我歪曲，妄想和思维分裂等症状，严重的出现心动过速，瞳孔放大，排尿困难，但一般不会危及生命。

口服 12～25 mg 赛洛西宾（相当于 0.6～12.5 g 干蘑菇），就能产生精神作用，如虚拟的幻觉、思想障碍、情绪变化等。口服 40～50 mg，会使人产生不受控制的幻觉（如幻视、幻听以及感觉错乱）、严重的生理症状，如呕吐，心动过速、心悸、胸痛或晕厥等心血管症状。还可能带来一些长期的有害结果，如停用数月，还有疲乏、焦虑、幻觉、情绪波动及抑郁症、妄想症和继发的精神病。由于滥用赛洛西宾对疼痛的敏感性降低及产生幻觉，导致服用者自我伤害甚至死亡的案例时有发生，如他们可能从很高的地方跳下或试图在水上行走。

赛洛西宾的中毒症状可以分成 3 个阶段。第一阶段，口服后 20～30 min，开始出现植物性神经紊乱，持续 10～15 min。第二阶段，神经病症状高峰阶段。此期间感觉比较强烈，出现人格解体，现实感丧失，时空感改变，身体失重等。感觉变化主要包括视觉干扰，如明亮而温暖的色彩，特别是红色和绿色，躯体感觉如头脑眩晕，精神沮丧并伴有焦虑、不安，此外还有时间反应迟钝、注意力分散、自发而毫无顺序地回忆起比较遥远的经历。第三阶段，精神症状逐渐消失，而植物性神经干扰仍然会持续一段时间。此期间会伴随有无精打采，极度的筋疲力尽和精神上的颓废状态。此外，在感觉高峰期还会出现偏头痛、反射亢进、抽搐、耳鸣和感觉异常。类交感神经作用效应包括心动过速，高血压、瞳孔放大，还可引起恶心、腹痛，产生幻觉重现，严重者出现妄想综合征。

（三）体内过程

进入人体后，赛洛西宾（PY）的磷酸基团会在体循环前被肠黏膜中的碱性磷酸酶和非特异性的酯酶快速而全面地去除。这表明，赛洛西宾只是前体药物，药理上真正起活性作用的是去磷酸化后的赛洛新（PI）。随后，可能是在单氨氧化酶的作用下，赛洛新在经过去甲基化、去氨基化后，氧化成为 4-羟基-吲哚-乙酸（4HIA），它可以直接经肾排泄。其他代谢物还有 4-羟基-吲哚-乙醛（4HIAA）和 4-羟基-色胺（4HT）。赛洛新部分以葡萄糖苷酸结合物形式排泄。

注射和口服后赛洛西宾的代谢会有所不同。研究显示，静脉注射赛洛西宾（1 mg）后，血液中的赛洛新浓度迅速达到最高点，并在 2 h 内基本排泄完全，此时未检测到 4-羟基-吲哚-乙酸。而口服赛洛西宾（16.8 mg，体重 75 kg）后，赛洛新和 4-羟基-吲哚-乙酸在血、尿中均约在 2 h 达到最高浓度，随后逐渐下降，基本在 24 h 内排泄。

（四）检材前处理与检验

1. 现场快速检测

目前还没有商业化的免疫筛查试验方法，因此，现场快速检验一般利用化学显色反应。

（1）埃利希（Ehrlich）试剂：将 1 g 对二甲氨基苯甲醛溶解于 10 mL 甲醇中，然后加入 10 mL 浓磷酸（比重约 1.75）。

方法：将少量样品置于点滴板的凹槽中，再加入 2 滴埃利希试剂，呈现紫色至灰紫色说明可能含有赛洛西宾或赛洛新。此方法的检测限约为 1 μg。

（2）埃利希（Ehrlich）试剂——针对蘑菇样品：由于蘑菇样品的植物材质会影响颜色，通常利用改良后的方法：将 2 滴蘑菇样品的甲醇萃取液（取少量样品加 1 mL 甲醇振荡 5 min 后取上清液）置于点滴板的凹槽中，把板放在加热板上将萃取液挥发干，再加入 2 滴埃利希试剂溶解残渣，几分钟后呈现紫色至灰紫色说明蘑菇中可能含有赛洛西宾。

（3）马改氏（Marquis）试剂：A 试剂：10 mL 乙酸中加入 8～10 滴 40% 甲醛溶液；B 试剂：浓硫酸。

方法：将少量可疑样品放入比色板中，加入 1 滴 A 试剂，再加入 2 滴 B 试剂，如果显示橘黄色表明可能含有赛洛西宾，显示棕绿色表明可能含有赛洛新。本法检测限大约为 10 μg。

由于植物材质或其他天然样品也可能与浓硫酸反应显现黄色，从而掩盖与马改氏试剂反应得到的颜色,因此该法不适用于蘑菇样品。

2. 实验室检验

检材处理与实验室检验方法可参照下列标准方法:

(1)《法庭科学 疑似毒品中 211 种麻醉药品和精神药品检验 气相色谱 – 质谱法》(GA/T 1920—2021)

(2)《法庭科学 疑似毒品中 202 种麻醉药品和精神药品检验 液相色谱 – 质谱法》(GA/T 1921—2021)

(3)《血液和尿液中 108 种毒(药)物的气相色谱 – 质谱检验方法》(SF/Z JD0107014—2015)

(4)《血液中 188 种毒(药)物的气相色谱 – 高分辨质谱检验方法》(SF/T 0064—2020)

(5)《血液、尿液中 238 种毒(药)物的检测 液相色谱 – 串联质谱法》(SF/Z JD0107005—2016)

(6)《法庭科学 230 种药(毒)物 液相色谱 – 串联质谱筛查方法》(GA/T 1530—2018)

(7)《法庭科学 生物检材中 382 种药(毒)物筛选 液相色谱 – 高分辨质谱法》(GA/T 2063—2023)

(8)《法庭科学 体液斑痕中尼古丁等 95 种药(毒)物筛选 液相色谱 – 质谱法》(GA/T 2065—2023)

此外,还可采用红外光谱法进行检验(KBr 法)。主要峰的波数(cm^{-1})如下:

赛洛西宾:1620,1585,1505,1360,1065;

赛洛新:1620,1585,1261,1236,1061,1042。

三、麦司卡林(mescaline)

麦司卡林,是从一种名为佩奥特仙人掌的种子、花粉中提取出来的致幻剂型毒品,佩奥特仙人掌主要生长在美国和墨西哥交界处,属于苯乙胺的衍生物。早在史前时代,当地居民就在宗教活动中使用它来达到迷幻效果。他们将 1/4 或 1/2 的种子放在火上烘焙，吸入产生的烟气；直接咀嚼种子或是将其浸泡在水中制成饮料，但过多剂量会有生命危险。1896 年，德国化学家亚瑟·霍弗特（Arthur Hoffter）首次从佩奥特仙人掌中分离出麦司卡林。1919 年，麦司卡林首次被人工合成出来。目前，非法地下毒品加工厂可以轻易通过 3，4，5- 三乙氧基苯甲醛合成。在我国，麦司卡林属规定管制的第 1 类精神药品。

（一）理化性质

麦司卡林，化学名称为 3，4，5- 三甲氧苯乙胺，又名三甲氧苯乙胺、北美仙人球毒碱等。化学分子式：$C_{11}H_{17}O_3N$；分子量：211.3。纯品为结晶状，熔点为 35～36℃，溶于水、甲醇、乙醇和氯仿，几乎不溶于乙醚。盐酸盐为针状结晶，熔点为 181℃，溶于水、醇和氯仿；硫酸盐含 2 个结晶水，熔点为 183～186℃，溶于热水、甲醇，微溶于冷水和乙醇（图 4-29、图 4-30）。

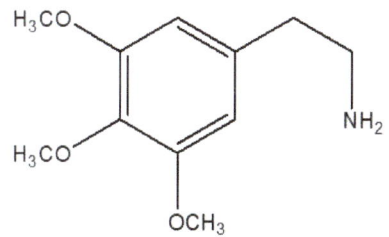

图 4-29　麦司卡林化学结构式（左）与含麦司卡林的仙人掌（右）

图 4-30　麦司卡林盐酸盐（左）和硫酸盐（右）

（二）毒性与中毒症状

欧美等毒品市场上在售麦司卡林多以盐酸盐或硫酸盐形式存在，往往以与香烟混合后抽吸或是静脉注射的方式使用。使用 200～500 mg 的纯净麦司卡林就会使人出现心跳加快、体温和血压升高的迹象，同时还可能伴随着皮肤发痒和干燥。一般来说，在服用麦司卡林 2～3 h 后会达到药效的高潮，12 h 后药效消失。

同许多致幻剂一样，麦司卡林不具备成瘾性，一般剂量后它会使人出现幻觉，这些幻觉通常是一些愉快和光明的景物，例如几何图案或动物形象。有时也会让人感到焦躁不安，表现为一些精神分裂症状。严重中毒时脑电图出现紊乱，情绪抑郁。人体反应主要是瞳孔放大、心动过速或血压升高，肢体反射亢进并出现静止性震颤、恶心、呕吐。同其他一些致幻剂（如 LSD）相比，服用麦司卡林后仍能保持较多的自我意识。它主要的危害是造成使用者精神错乱，导致其产生暴力性行为，服用者若发展为迁移性精神病，还会出现暴力性攻击及自杀、自残等行为。

（三）体内过程

麦司卡林主要通过肠道进行吸收，集中在肾脏、肝脏和脾脏，容易被吸收进入血液。麦司卡林的体内半衰期一般为 6 h，口服后 2 h 血液中麦司卡林达到最高浓度。一般服用一次可以作用 12 h。2 h 后血液中麦司卡林含量水平逐渐下降，24 h 可以排泄 87%，48 h 排泄 92%。人体内 60%～90% 的量会以原形从尿液中排出，其他以非活性代谢物排泄。目前麦司卡林已知的代谢产物主要是去甲麦司卡林。

（四）检材前处理与检验

1. 现场快速检验

目前暂无商业化的免疫筛查试验方法，现场快速检验一般利用化学显色反应。

马改氏（Marquis）试剂：将少量可疑样品放入比色板中，加入马改氏试剂。如果显示橘色至橘红色表明可能含有麦司卡林。本法检测限大约为 10 μg。

很多其他物质如苯乙胺、苯丙胺等也可以产生本颜色反应。另外由于植物样品含有的生物碱可能对鉴定结果产生较大干扰，在植物样品测定时不推荐使用显色反应。

2. 实验室检验

检材处理与实验室检验方法可参照下列标准方法：

（1）《法庭科学 疑似毒品中 211 种麻醉药品和精神药品检验 气相色谱 – 质谱法》（GA/T 1920—2021）

（2）《法庭科学 疑似毒品中 202 种麻醉药品和精神药品检验 液相色谱 – 质谱法》（GA/T 1921—2021）

（3）《血液和尿液中 108 种毒（药）物的气相色谱 – 质谱检验方法》（SF/Z JD0107014—2015）

（4）《血液中 188 种毒（药）物的气相色谱 – 高分辨质谱检验方法》（SF/T 0064—2020）

（5）《血液、尿液中 238 种毒（药）物的检测 液相色谱 – 串联质谱法》（SF/Z JD0107005—2016）

（6）《法庭科学 230 种药（毒）物液相色谱 – 串联质谱筛查方法》（GA/T 1530—2018）

（7）《法庭科学 生物检材中 382 种药（毒）物筛选 液相色谱 – 高分辨质谱法》（GA/T 2063—2023）

（8）《法庭科学 体液斑痕中尼古丁等 95 种药（毒）物筛选 液相色谱 – 质谱法》（GA/T 2065—2023）

此外，还可采用红外光谱法（KBr 法）检验。麦司卡林的硫酸盐、盐酸盐的红外光谱主峰可能存在的波数（cm^{-1}）如下：1591，1513，1245，1130，995，835，670。

四、苯环己哌啶（PCP）

苯环己哌啶，英文名 phencyclidine，简称 PCP，是一种具有麻醉作用的致幻类药物。1956 年由美国化学家戴维斯在底特律的一个实验室首次合成，最初作为动物麻醉剂。PCP 合成方法简单，在非法的秘密实验室内也能制造。由于它具有廉价、易得、欣快感强的特点，70 年代在欧美、亚洲年轻的吸毒者中甚为流行，被称为"天使粉"。在我国，属规定管制的第 1 类精神药品。

（一）理化性质

苯环己哌啶，化学名称为 1-（1-苯基环基己基）六氢吡啶，又名苯环利定、普斯普剂；化学分子式：$C_{17}H_{25}N$；分子量：243.2。

PCP 在室温下呈黄色油状液体，较稳定，适当加热不分解。通常以盐酸盐形式存在，为白色结晶性粉末，无臭，易溶于水、乙醇和氯仿（图 4-31）。

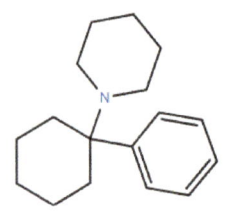

图 4-31　PCP 结构式（左）和晶体（右）

PCP 俗称天使丸、天使尘、小猪、DOA、火箭燃料等，市售 PCP 一般以片剂、胶囊、粉末和液体等多种形式出现，例如纸张、植物混合物、香烟等（图 4-32）。多数人将 PCP 撒在可吸食的物品（例如香菜、薄荷叶、烟草、大麻等）上燃烧后抽吸，还有采取鼻吸、注射或者口服等方式滥用的，甚至还有的采取滴入眼中、直肠或阴道的方式或者直接通过皮肤吸收。

 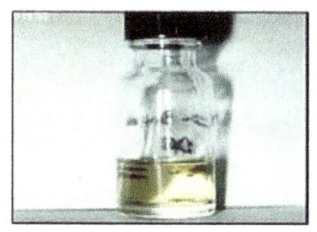 

图 4-32 各种形态的 PCP

（二）毒性与中毒症状

PCP 被人体吸收时，能产生和精神分裂症一样的精神病症状，会产生严重和长期的行为问题，如智力迟钝、知觉错误、偏执狂、精神病、敌对心理和暴力行为等。副作用还包括幻觉、兴奋、晕厥、紧张症僵直、方向感混乱、身体不协调、眼球震颤、多涎、呕吐、抽搐、麻痹、血压升高、心动过速、横纹肌溶解导致肾衰竭、酸中毒，有时还会发生恶性高热。药效一般可以维持 2~6 h。精神方面的症状可能持续数周。

资料表明，服用 PCP 而引起的自杀、杀人等行为较之其他致幻剂要多得多。服用 PCP 后因思维混乱、感觉迟钝、判断力和自控力下降引起的死亡人数要远比这种毒品本身的化学毒性所造成的死亡人数多，而且很多死亡原因在常人看来是完全可以避免的。如服用者因思维混乱、自控力太差而溺死在浅水滩中；因感觉迟钝、痛感消失又无力辨别方向而在完全可以逃生的火灾事件中被活活烧死等。因此，PCP 又被人们称为"无形杀手"。

（三）体内过程

PCP 经各种途径进入人体内均易被吸收，在肝内羟基化或氧化，主要代谢物为非活性的 4-苯基-4-哌啶环己醇（PPC）、1-（1-苯基环己烷基）-4-羟基哌啶（PCHP）和 5-（1-苯基环己基氨基）戊酸（PCAA），前 2 种代谢物与葡糖醛酸苷结合后从尿样中排出。

静脉注射 PCP 后，72 h 内 30%~50% 的药物从尿中排出体外，其中 4%~19% 为原形，25%~30% 为代谢物的葡糖醛酸苷结合物，另有 2%

从粪便排泄。尿中PCP原形的浓度范围大部分在0.04～3.4 μg/mL之间。如果尿液酸化至pH值为5.5或更低,那么PCP代谢会急剧加快(约100倍)。血浆中PCP的半衰期从1 h至18 h不等,主要取决于PCP的摄入量。

在摄入1～6 mg PCP盐酸盐(娱乐性剂量)后,血中浓度一般在7～250 ng/mL之间,平均浓度为75 ng/mL;如果摄入10～20 mg(中毒剂量),血中浓度能达到1 μg/mL;在摄入120 mg(致死剂量)后,血中浓度一般在0.3～23 μg/mL之间。血浆中蛋白结合部分在65%～80%之间。尿中PCP在滥用后7～8 d后仍可检出,长期滥用的甚至在末次滥用后2～4周内仍可检出。

(四)检材前处理与检验

1. 现场快速检测

(1)硫氰酸钴试验。

A试剂:16%盐酸水溶液;B试剂:2.5 g硫氰酸钴溶于100 mL水中。

方法:将少量缴获物品放入试管中,加入1滴A试剂,振荡10 s,再加入1滴B试剂,振荡10 s。如果呈现蓝色表明可能含有PCP。

注意:如果存在可卡因、甲喹酮(安眠酮)等可能会出现类似颜色。

(2)马改氏试验。

将少量缴获物品放入比色板中,加入3～5滴马改氏试剂。如果显示粉红色表明可能含有PCP。

注意:如果存在其他药物可能会形成干扰。

(3)免疫筛查法。

有很多商业化的免疫法可用于PCP的筛查,其中PCP胶体金法检测试剂盒较为常见,其检出限一般可达25 ng/mL。

2. 实验室检验

检材处理与实验室检验方法可参照下列标准方法:

(1)《法庭科学 疑似毒品中211种麻醉药品和精神药品检验 气相色

谱-质谱法》（GA/T 1920—2021）

（2）《法庭科学 疑似毒品中202种麻醉药品和精神药品检验 液相色谱-质谱法》（GA/T 1921—2021）

（3）《血液和尿液中108种毒（药）物的气相色谱-质谱检验方法》（SF/Z JD0107014—2015）

（4）《血液中188种毒（药）物的气相色谱-高分辨质谱检验方法》（SF/T 0064—2020）

（5）《血液、尿液中238种毒（药）物的检测 液相色谱-串联质谱法》（SF/Z JD0107005—2016）

（6）《法庭科学 230种药（毒）物液相色谱-串联质谱筛查方法》（GA/T 1530—2018）

（7）《法庭科学 生物检材中382种药（毒）物筛选 液相色谱-高分辨质谱法》（GA/T 2063—2023）

（8）《法庭科学 体液斑痕中尼古丁等95种药（毒）物筛选 液相色谱-质谱法》（GA/T 2065—2023）

（9）《法庭科学 疑似毒品中苯环利定检验 气相色谱和气相色谱-质谱法》（GA/T 2026—2023）

（10）《法庭科学 疑似毒品中苯环利定检验 液相色谱和液相色谱-质谱法》（GA/T 2027—2023）

五、氯胺酮（ketamine）

氯胺酮，英文名ketamine，是苯环己哌啶（PCP）的衍生物，1962年被人工合成。1965年首先在人体上应用，美国在越战时期曾作为麻醉药在野战创伤外科中广泛使用。1971年，美国的旧金山和洛杉矶首先报告氯胺酮滥用病例；1999年，氯胺酮开始在泰国、日本和我国香港地区蔓延；2001年，流入中国内地。目前主要在我国以及东南亚的酒吧、舞厅、迪厅、KTV和夜总会等娱乐场所滥用，以群体性聚集吸食为主，在我国被列为第1类精神药品管控。

（一）理化性质

氯胺酮全名为 2- 邻氯苯基 -2- 甲氨基环己酮，俗称"K 粉""K 仔"或"茄"或"High 粉"，滥用行为俗称"拉 K"或"打 K"。氯胺酮分子式为 $C_{13}H_{16}ClNO$，分子量为 237.5。

氯胺酮纯品，又称氯胺酮碱，为白色粉末，不溶于水，易溶于有机溶剂。通常以其外消旋盐酸盐形式存在，为白色结晶粉末，无臭，熔点为 262～263℃，易溶于水、甲醇、乙醇，微溶于氯仿，几乎不溶于乙醚。水溶液呈酸性，10% 水溶液 pH 值为 3.5～4.1（图 4-33）。

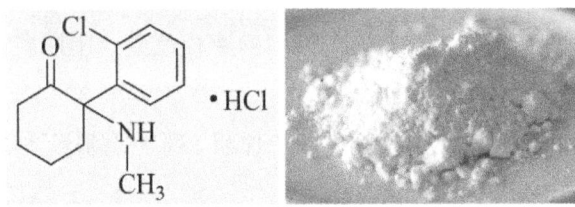

图 4-33　氯胺酮的结构式（左）与晶体（右）

（二）毒性与中毒症状

氯胺酮滥用剂量常为每次 0.1～1 g，滥用频率一般每周 2～3 次，严重成瘾者每日吸食，甚至一日数次。氯胺酮的使用剂量愈大，毒副作用愈显著。此外，氯胺酮滥用者常有多药物滥用情形，如有滥用过甲基苯丙胺、亚甲二氧基甲基苯丙胺、海洛因等经历。

氯胺酮急性中毒症状包括行为症状、精神症状和躯体症状。行为症状表现为兴奋、话多、自我评价过高，理解判断力障碍，可导致冲动，如自伤与伤害他人等行为。精神症状如焦虑、紧张、惊恐、烦躁不安、濒死感等。躯体症状表现为心悸、气急、大汗淋漓、血压增加等心血管系统症状；眼球震颤、肌肉僵硬强直、构音困难、共济运动失调、对疼痛刺激反应降低等中枢神经系统症状，严重者可出现高热、抽搐发作、颅内出血、呼吸循环抑制，甚至死亡；还可能出现意识清晰度降低、定向障碍、行为紊乱、错觉、幻觉、妄想等意识障碍症状，严重者可出现昏迷。

此外，滥用氯胺酮后性冲动较强烈，易引发不当性行为，增加性传播疾病的机会。目前，氯胺酮主要吸食者是一些青少年亚文化群体，严重侵害青少年身心健康，并且容易导致暴力犯罪、聚众淫乱、艾滋病感染传播等一系列问题。

（三）体内过程

氯胺酮可鼻吸，也有将氯胺酮溶入饮料等液体或制成片剂以口服方式滥用，还有少数通过香烟、静脉注射、肌注等方式滥用。在体内，氯胺酮经肝微粒体酶转化为去甲氯胺酮、脱氢去甲氯胺酮。去甲氯胺酮进一步转化成羟基代谢物，最后与葡糖醛酸结合成为无药理活性的水溶性代谢物。

氯胺酮主要在肝内代谢，通过肝脏药物代谢酶系统 P-450 酶的作用进行生物转化。首先经 N- 脱甲基作用形成去甲氯胺酮（代谢物Ⅰ），然后环己酮环羟基化，转变成羟去甲氯胺酮，再结合成较易溶于水的葡糖醛酸衍生物。去甲氯胺酮的羟化代谢物，遇热脱水形成一种环己酮氧化物，即脱氢去甲氯胺酮（代谢物Ⅱ）。此外，氯胺酮亦可在未脱甲基前进行环羟基化作用，但不是主要代谢途径。代谢物Ⅰ具有药理活性，其麻醉效力约为氯胺酮的 1/5 ~ 1/3；代谢物Ⅱ的麻醉效力为氯胺酮的 1%。此两代谢物在脑中没有足够的浓度，不能产生睡眠作用，但可使苏醒期延长。氯胺酮代谢的半衰期为 3 ~ 4 h，70% ~ 90% 在肝内代谢，5% 随粪便排除，5% 以原形或去甲氯胺酮随尿排出。给药 72 h 内，从尿液排出体外的药物中，约有 2.3% 的原形、1.6% 的去甲氯胺酮、16.2% 的脱氢去甲氯胺酮和 80% 的羟基化代谢物的葡糖醛酸苷结合物。

（四）检材前处理与检验

1. 现场快速检验

（1）显色反应——硫氰酸钴试验。

A 试剂：0.1 mol/L 的 NaOH 溶液。

B 试剂：1.74 g 硫氰酸铵和 1.5 g 氯化钴溶于 100 mL 二次水，配成

20 mg/mL 的硫氰酸钴溶液。

方法：将少量缴获物品放入试管中，用 1 滴水溶解，再依次加入 1 滴 A 试剂和 1 滴 B 试剂。如果出现特征性的薰衣草紫色沉淀说明可能含有氯胺酮。

（2）免疫分析法。

目前使用较多的是氯胺酮胶体金单克隆抗体免疫层析检测盒，适用于水、饮料和尿液等溶液中氯胺酮的现场快速检测，缴获的氯胺酮固体也可取少量用水溶解后进行检测，其检出限一般为 1000 ng/mL。

2.实验室检验

根据检材种类和实验室仪器、方法验证等情况，参考下列标准方法进行检材前处理和检验：

（1）《疑似毒品中氯胺酮的气相色谱、气相色谱 – 质谱检验方法》（GB/T 29637—2013）

（2）《法庭科学 疑似易制毒化学品中羟亚胺检验 液相色谱 – 质谱、气相色谱 – 质谱和液相色谱法》（GA/T 1789—2021）

（3）《法庭科学 生物检材中氯胺酮检验 气相色谱和气相色谱 – 质谱法》（GA/T 1614—2019）

（4）《法庭科学 吸毒人员尿液中氯胺酮气相色谱和气相色谱 – 质谱检验方法》（GA/T 1329—2016）

（5）《法庭科学 毛发、血液中氯胺酮气相色谱和气相色谱 – 质谱检验方法》（GA/T 1316—2016）

（6）《血液、尿液中苯丙胺类兴奋剂、哌替啶和氯胺酮的检验方法》（SF/T 0116—2021）

（7）《法庭科学 疑似毒品中海洛因、可卡因和氯胺酮检验 红外光谱法》（GA/T 1785—2021）

（8）《法庭科学 氯胺酮样品间关联性判别 液相色谱 – 质谱法》（GA/T 2054—2023）

（9）《毛发中 55 种滥用药物及代谢物检验 液相色谱 – 质谱法》（GB/T 43240—2023）

第六节 抑制剂

抑制剂是指能对中枢神经系统产生抑制作用的药物,其作用因剂量不同而异。小剂量使用时,对中枢神经系统仅有轻微的抑制作用,可消除患者的紧张和焦虑不安;中等剂量催眠;大剂量则产生麻醉和抗惊厥作用,临床上被广泛地作为镇静安眠药和抗焦虑药。作为一种具有成瘾性的精神药品,抑制剂能使人产生松弛、解脱、安宁的舒适感,长期、大量使用或误服中枢神经抑制剂易产生耐药性和依赖性。大多数抑制剂属于严加控制的精神药品。近年来,有些吸毒者把抑制剂与其他毒品合用,严重危害身体健康,也给社会造成不良后果。滥用者常用的抑制剂有巴比妥类、苯并二氮杂䓬类和 γ-羟基丁酸、格鲁米特、甲喹酮(安眠酮)和甲丙氨酯等其他类。

一、巴比妥类(barbiturates)

巴比妥类抑制剂是一类广泛使用的安眠镇静药物,已有50多种用于临床,目前国内生产使用的主要有巴比妥、苯巴比妥、戊巴比妥、异戊巴比妥、司可巴比妥和硫喷妥及其钠盐等。作为中枢神经抑制药,除硫喷妥主要作为麻醉药外,其他均作为催眠、镇静药物,苯巴比妥还具有抗癫痫作用。由于这些药物使用面广,比较容易获得,因而用其自杀和他杀以及服用过量造成药物中毒事件时有发生。近年来,巴比妥类药物常常被添加在阿片类或摇头丸等毒品中使用。

(一)理化性质

巴比妥类药物为巴比妥酸(又名丙二酰脲)的衍生物及其钠盐,临床将此类药物分为4类:①长效类,如苯巴比妥、巴比妥;②中效类,如异戊巴比妥;③短效类,如司可巴比妥、海索巴比妥;④超短效类,如硫喷妥钠等(表4-1)。

表 4-1 常见巴比妥类药物

药物名称	结构式	化学名称	分子式 分子量
巴比妥（佛罗那） Barbital（Veronal）		5,5-二乙基巴比妥酸 5,5-Diethylbarbitaric acid	$C_8H_{12}N_2O_3$ 184.2
苯巴比妥（鲁米那） Phenobarbital（Luminal）		5-乙基-5-苯基巴比妥酸 5-ethyl-5-Phenylbarbituric acid	$C_{12}H_{12}N_2O_3$ 232.23
异戊巴比妥（阿米妥） Amobarbital(Amytal)		5-乙基-5-（3-甲基丁基）-2,4,6-（1H,3H,5H）吡啶三酮 5-ethyl-5-（3-methylbutyl）2,4,6-（1H,3H,5H）-Pyrimidinetrione	$C_{11}H_{18}N_2O_3$ 226.27
司可巴比妥（速可眠） Secobarbital(Secotal)		5-（1-甲基丁基）-5-（2-丙烯基）-2,4,6-（1H,3H,5H）吡啶三酮 5-（1-Methylbutyl）-5-（2-propenyl）-2,4,6-（1H,3H,5H）-Pyrimidinetrione	$C_{12}H_{18}N_2O_3$ 238.28

巴比妥类药物，多为白色结晶或结晶性粉末，无臭、味苦。硫喷妥钠呈浅黄色，略有蒜样臭味。

巴比妥类药物具有一定的熔点，加热能升华，易溶于乙醇、乙醚、氯仿等有机溶剂，难溶于水和石油醚。巴比妥类药物分子的环状酰脲结构上具有1,3-二甲基酰亚胺基团，能互变异构成烯醇式结构，在水溶液中可发生二次电离。因此它们的水溶液显弱酸性，可与碱金属形成水溶性的盐类，常见的为钠盐。巴比妥类药物及其钠盐的六元环状结构比较稳定，遇酸、氧化剂、还原剂时，一般情况下环不会破裂，但与碱共沸时则水解开环，并产生氨气。

（二）毒性及中毒症状

巴比妥类药物的毒性主要表现在对中枢神经系统的抑制，随着剂量由小到大，可出现镇静、催眠、麻醉作用。轻度中毒者会出现头晕、嗜睡、反应迟钝、言语不清、动作不协调等症状；中度中毒者会出现不能言语、眼球震颤；重度中毒者会出现昏睡或兴奋、躁狂、幻觉，逐渐昏迷、全身松弛、各种反射消失，呼吸衰竭而死亡。

长期服入过量或一次服入大量巴比妥类药物，易造成急性中毒死亡。致死期一般多在服药后 10 h 左右，快的在服药 5 h 甚至 1～2 h 即死亡。但也有昏睡 3～5 d 甚至更长时间后才死亡的。

巴比妥类药物的中毒量和致死量，因药物种类和人体情况不同而有很大差异。一般超过治疗量的 15 倍，即可视为致死量。

（三）体内过程

巴比妥类药物可经消化道、肌肉、血液而被吸收，经血液循环后，迅速分布于组织和体液里。

巴比妥比较稳定，需经数日才能排泄完，有 60%～80% 以原体从尿中排出，尿内 24 h 可排出 50%，从粪便中只排泄极少部分，其余则储存于肝、脑、胃等脏器中。

苯巴比妥大部分在肝内被氧化，约有 30% 以原体从尿中排出。

戊巴比妥、异戊巴比妥和司可巴比妥主要在肝内被破坏，仅小部分以原体从尿中排出。

硫喷妥钠在静脉给药后，由于脑组织血液供应丰富，类脂质含量高，因此很快在脑内达到有效浓度而发挥作用。硫喷妥钠在脑内浓度与在血浆中浓度相近，但在脂肪内的浓度比在血浆中的浓度高数倍。

硫喷妥钠在体内分解很快，注射后从肾脏排泄，尿中仅含 0.3% 原形物，大部分已分解为戊巴比妥。

（四）检材前处理与检验

1. 现场快速检验

（1）化学显色反应。

常用的方法有钴盐 - 碱反应（Marshall 法）、硫酸铜 - 吡啶反应、银盐反应、汞盐沉淀反应、碘 - 碘化钾磷酸反应等。巴比妥类药物化学显色反应特异性不强，且大多需要在实验室操作，在现场快速检验中应用较少。

（2）免疫分析法。

目前使用较多的是巴比妥胶体金单克隆抗体免疫层析检测盒，适用于水、饮料和尿液等溶液，缴获的固体也可取少量用水溶解后进行检测。

2. 实验室检验

检材处理与实验室检验方法可参照下列标准方法：

（1）《法庭科学 疑似毒品中 211 种麻醉药品和精神药品检验 气相色谱 - 质谱法》（GA/T 1920—2021）

（2）《法庭科学 疑似毒品中 202 种麻醉药品和精神药品检验 液相色谱 - 质谱法》（GA/T 1921—2021）

（3）《法庭科学 230 种药（毒）物液相色谱 - 串联质谱筛查方法》（GA/T 1530—2018）

（4）《法庭科学 生物检材中 382 种药（毒）物筛选 液相色谱 - 高分辨质谱法》（GA/T 2063—2023）

（5）《法庭科学 体液斑痕中尼古丁等 95 种药（毒）物筛选 液相色谱 - 质谱法》（GA/T 2065—2023）

（6）《法庭科学 生物检材中巴比妥等 46 种安眠镇静类药物筛选 第 1 部分：气相色谱 - 质谱法》（GA/T 1902.1—2021）

（7）《法庭科学 生物检材中巴比妥等 46 种安眠镇静类药物筛选 第 2 部分：液相色谱 - 质谱法》（GA/T 1902.2—2021）

（8）《法庭科学 生物检材中巴比妥等 9 种巴比妥类药物检验 液相色谱 - 质谱法》（GA/T 2068—2023）。

二、苯并二氮杂䓬类（benzodiazepine）

苯并二氮杂䓬类药物也称西泮类药物或安定类药物，是20世纪50年代后发展起来的一类抗焦虑药。短短几十年的时间内，共有3000多种苯并二氮杂䓬类化合物及其衍生物被发明，并进行了药理作用的研究。临床应用品种多，常用的有利眠宁、地西泮（安定）、硝西泮（硝基安定）、奥沙西泮（去甲羟基安定，舒宁）、艾司唑仑（舒乐安定）、三唑仑（三唑安定，海乐神）、阿普唑仑、盐酸氟西泮、氯硝西泮等。医疗上主要用于治疗神经症，能解除焦虑不安，还有抗癫痫作用，但这类药物易产生依赖性，甚至使用治疗1个月后就难以撤药，因此其中大部分被滥用。该类药物还常用于自杀，有的药物（如艾司唑仑和三唑仑等）还用于麻醉抢劫。

（一）理化性质

苯并二氮杂䓬类药物是含氮等杂原子、六元和七元环双环骈合而成的有机化合物，是目前临床应用最广泛的抗焦虑、抗惊厥药。其分子结构通式如下：

结构通式可以分成3种型：

甲型　　　　　　乙型　　　　　　丙型

甲型主要有安定、奥沙西泮（去甲羟基安定，舒宁）、硝基安定；乙型主要有氯氮䓬（利眠宁）；丙型主要有地西泮（安定）、三唑仑、阿普唑仑等。该类药物多为淡黄色或白色粉末状结晶，无臭，味苦，易溶于氯仿、丙酮，不溶于水，遇强酸强碱易分解。苯并二氮杂䓬类药物可以和酸反应生成盐。氯氮䓬（利眠宁）盐酸盐为白色结晶性粉末，极易溶于水和醇，在氯仿中略溶，在苯和乙醇中基本不溶。

几种常见的苯并二氮杂䓬类药物的理化性质见表4-2。

表4-2 几种常见的苯并二氮杂䓬类药物的理化性质

药物名称	结构式	理化性质
地西泮（安定）Diazepam 化学名称为7-氯，1，3，二氢-1，甲基，5，苯基，2H，1，4，苯并二氮䓬，2，酮		地西泮分子式为$C_{16}H_{13}ON_2Cl$，分子量为284.74。纯品为白色或类白色结晶性粉末，无臭，味微苦，熔点为130~134℃，不溶于水，可溶于乙醇。地西泮遇酸或碱易受热水解开环。可以1，2位和4，5位开环。
硝西泮（硝基安定）Nitrazepam 化学名称为7-硝基，1，3，二氢，5，苯基，2H，1，4，苯并二氮杂䓬，2，酮		硝西泮分子式为$C_{15}H_{11}O_3N_3$，分子量为281.27，是一种淡黄色结晶性粉末。熔点为226~229℃（分解）。溶于乙醇、丙酮、氯仿、乙酸乙酯、二氯甲烷，不溶于水、乙醚、苯和己烷。无臭，无味。
奥沙西泮（去甲羟基安定，舒宁）Oxazepam 化学名为7-氯，1，3，二氢，3，羟基，5，苯基，2H，1，4，苯并二氮杂䓬，2，酮		奥沙西泮分子式为$C_{15}H_{11}O_2N_2Cl$，分子量为286.76。本品为白色或类白色结晶性粉末，几乎无臭。溶于乙醇、氯仿、丙酮，几乎不溶于水。
氯氮䓬（利眠宁）Chlordiazepoxide, 化学名称为N-甲基-5-苯基-7-氯-3H-1,4-苯并二氮䓬-2-胺-4-氧化物		氯氮䓬分子式为$C_{16}H_{14}ClN_3O$，分子量为299.76。本品为白色或类白色结晶性粉末，无臭，味苦。可溶于乙醚、氯仿，或二氯甲烷中，微溶于水。

表 4-2（续）

药物名称	结构式	理化性质
三唑仑（三唑安定，海乐神） Triazolam 化学名称为 1-甲基-8-氯-6-（2-氯苯基）-4H-[1,2,4]-三氮唑[4,3-a][1,4]苯并二氮杂草		三唑仑分子式为 $C_{17}H_{12}Cl_2N_4$，分子量为 343.21。本品为白色或类白色结晶性粉末，无臭。在冰醋酸或氯仿中易溶，在水中几乎不溶。
艾司唑仑（舒乐安定） Estazolam 化学名为 6-苯基-8-氯-4H-[1,2,4]三氮唑-[4,3α][1,4]苯并二氮杂		艾司唑仑分子式为 $C_{16}H_{11}ClN_4$，分子量为 294.74。本品为白色或类白色结晶性粉末，无臭，味微苦，易溶于氯仿和醋酸酐，可溶于甲醇，在水中几乎不溶。

（二）毒性与中毒症状

苯并二氮杂草类药物毒性较低，但有成瘾性，大剂量服用可致中毒。其毒性主要表现为对中枢神经的抑制以及对循环系统和呼吸系统的抑制。

苯并二氮杂草类药物中毒，根据服药剂量及个体差异可不同程度出现嗜睡、头昏、乏力等症状，也可出现共济失调，手震颤，皮疹，恶心呕吐，尿闭、便秘，粒细胞减少症，个别人发生兴奋，多言，语言含糊不清。严重者昏迷，晕厥、休克，呼吸抑制。近年来发展的高效低毒如三唑仑、艾司唑仑等苯并二氮杂草类药物常用作麻醉抢劫案。尸检所见与巴比妥类药物相似。

（三）体内过程

苯并二氮杂草类药物口服吸收良好，口服后 2～4 h 血中药物原体浓度可达峰值，该类药物具有很强的亲脂性，可分布到体内大部分组织中。苯并二氮杂草类药物的血浆半衰期各不相同，一般情况下，半衰期短的药物适用于催眠，半衰期长的药物适用于抗焦虑。

该类药物的代谢主要在肝脏中进行，主要代谢方式有去 N- 甲基、1，2 位开环、C-3 位上羟基化、苯环酚羟基化、氮氧化合物还原等。其中，去 N- 甲基和 C-3 位羟基化得到的活性代谢物，已发展成临床常用的镇静催眠药。羟基代谢物与葡糖醛酸结合而被排出体外（表 4-3）。

表 4-3　几种常见的苯并二氮杂䓬类药物的代谢情况

药物名称	血浆清除半衰期 /h	代谢产物
地西泮	30 ~ 45	去甲西泮、羟基西泮、去甲羟西泮
硝西泮	20 ~ 50	7- 氨基硝西泮
三唑仑	2 ~ 4	2- 羟基三唑仑
艾司唑仑	10 ~ 24	4- 羟基艾司唑仑
氯氮䓬（利眠宁）	0.7 ~ 2	去甲利眠宁，氧西泮，去甲西泮
阿普唑仑	12 ~ 15	α- 羟基阿普唑仑

（四）检材前处理与检验

根据检材种类和药物品种不同，检材前处理和检验选择性参考下列标准方法：

1.《疑似毒品中地西泮检验　气相色谱和气相色谱 - 质谱法》（GB/T 39877—2021）

2.《法庭科学　毛发中地西泮等 18 种苯二氮䓬类药物检验　液相色谱 - 质谱法》（GA/T 1917—2021）

3.《法庭科学　生物检材中地西泮及其代谢物检验　液相色谱和液相色谱 - 质谱法》（GA/T 1602—2019）

4.《法庭科学　生物检材中地西泮等 23 种药物检验　快速溶剂萃取气相色谱 - 质谱法》（GA/T 1604—2019）

5.《法庭科学　血液中地西泮等 10 种苯骈二氮杂䓬类药物气相色谱 - 质谱检验方法》（GA/T 1322—2016）

6.《法庭科学 尿液中地西泮等 4 种苯骈二氮杂䓬类药物及其代谢物检验 气相色谱 – 质谱法》（GA/T 1638—2019）

7.《法庭科学 疑似毒品中 2′– 氯地西泮和 4′– 氯地西泮检验 气相色谱和气相色谱 – 质谱法》（GA/T 2021—2023）

8.《法庭科学 生物检材中 2′– 氯地西泮等 5 种氯代地西泮类物质检验 液相色谱 – 质谱法》（GA/T 2069—2023）

9.《法庭科学 疑似毒品中溴西泮等 5 种苯骈二氮杂䓬类毒品检验 液相色谱和液相色谱 – 质谱法》（GA/T 1647—2019）

10.《法庭科学 疑似毒品中尼美西泮检验 气相色谱和气相色谱 – 质谱法》（GA/T 2036—2023）

11.《法庭科学 疑似毒品中尼美西泮检验 液相色谱和液相色谱 – 质谱法》（GA/T 2037—2023）

12.《疑似毒品中溴西泮检验 气相色谱和气相色谱 – 质谱法》（GB/T 39874—2021）

13.《疑似毒品中氯氮卓检验 气相色谱和气相色谱 – 质谱法》（GB/T 39875—2021）

14.《疑似毒品中艾司唑仑检验 气相色谱和气相色谱 – 质谱法》（GB/T 39878—2021）

15.《疑似毒品中三唑仑检验 气相色谱和气相色谱 – 质谱法》（GB/T 39885—2021）

16.《法庭科学 生物检材中氯氮平检验 气相色谱和气相色谱 – 质谱法》（GA/T 1615—2019）

17.《毛发中 55 种滥用药物及代谢物检验 液相色谱 – 质谱法》（GB/T 43240—2023）

三、其他抑制剂类药物

常被滥用的其他抑制剂类药物主要有甲喹酮（安眠酮）、甲丙氨酯、格鲁米特、γ – 羟基丁酸等。

（一）安眠酮（甲喹酮）

安眠酮又称甲喹酮、海米那、眠可欣，化学名称为 2- 甲基 -3- 邻甲苯基 -4- 喹唑酮，简称甲苯喹唑酮，分子式为 $C_{16}H_{14}ON_2$，分子量为 250.3。安眠酮为白色结晶性粉末，无臭，味微苦。微溶于水，易溶于乙醇、乙醚、丙酮等有机溶剂。有吸湿性。

安眠酮具有镇静和催眠作用，适用于精神性失眠，作用较快，久用可成瘾，而且有些病人在服一般治疗量后，能引起精神症状。该药在国内外拥有大量的滥用人群，20 世纪 80 年代我国临床上已停止使用。非法生产的安眠酮类产品通常有药片、胶囊和粉末。在我国西北地区，一些吸毒人员经常吸食一种叫做"忽悠悠"的毒品。这种"忽悠悠"药片的主要成分是安眠酮或氯安眠酮与麻黄素。因吸食这种药片后会产生打瞌睡和醉酒一样的状态，故叫做"忽悠悠"。

安眠酮服用 15 ~ 40 min 后起作用，一次口服 300 mg，2 h 血中浓度达高峰。血浆中半衰期为 2.6 h，8 h 内消失 80% ~ 90%。安眠酮被吸收后分布于脂肪组织，然后逐渐释放出来，可历时数日。释放后很快在肝内与葡糖醛酸结合，随尿和粪便排出各一半，6 ~ 7 d 排完。中毒时，安眠酮也可以原形药从尿中排出。

安眠酮主要在肝中代谢，主要代谢产物为单羟基衍生物。除此之外，也存在着极少量的二羟基、羟基甲氧基和硝基代谢物，其中最主要的代谢物是羟甲苯基安眠酮。

（二）眠尔通（miltown）

眠尔通，又称安宁、安乐神、甲丙氨酯，化学名称为 2- 甲基 -2- 丙基丙二醇双氨基甲酸酯，简称氨甲丙二酯（meprobarmate），分子式为 $C_9H_{18}N_2O_4$，分子量为 218.3。眠尔通纯品为白色结晶性粉末，味微苦，几乎无臭，熔点为 104 ~ 107℃，溶于乙醚（1∶70）、氯仿（1∶4）、丙酮（1∶3.4）、乙酸乙酯（1∶7）、乙醇（1∶7）等有机溶剂中，难溶于水。眠尔通性质稳定，在稀酸、稀碱、消化液及肠液中均不被分解破坏，在强酸、强碱中可被分解，尤其在强碱液中加热，分解更快。

眠尔通合成于1954年，投入市场以来，主要用于治疗神经症的紧张、焦虑状态，轻度失眠及破伤风所致肌肉紧张状态。眠尔通具有很强的成瘾性。中毒主要表现为嗜睡、语言不清、共济失调、昏睡、谵语等症状。久用会产生耐受性和依赖性，戒断症状与巴比妥类药物相似。严重中毒时，可出现血压下降、呼吸抑制、肌肉无力、昏迷，可致死亡。

眠尔通口服易吸收，1~3h血药浓度达高峰，大部分在肝脏代谢，主要是侧链上的正丙基被氧化，生成羟基眠尔通和羧基眠尔通以及其他少量的多种代谢产物，10%以原形从尿中排出。

（三）导眠能（glutethimide）

导眠能为苯巴比妥类的哌啶衍生物，主要用于治疗神经性失眠、夜间易醒及焦虑、烦躁等，是一种广泛应用的催眠药。药理效应非常类似于巴比妥类药物，所以常代替巴比妥类药物或与巴比妥类药物合用。服后20 min发生作用，可维持4~6 h，用于神经性失眠、镇静及麻醉前给药，长期应用也可成瘾。

导眠能又名道力顿（doridon）、苯乙哌啶酮（phenyl piperidinedione）、多眠丹、新安宁、格鲁米特。化学名称为3-乙基-3-苯基-2,6-哌啶二酮。分子式为$C_{13}H_{15}O_2N$，分子量为217.3。导眠能纯品为白色结晶性粉末，熔点为84~85℃，无臭或有微臭，味微苦。易溶于氯仿（1∶1）、乙醇（1∶5），溶于乙醚（1∶12），几乎不溶于水。

导眠能作用类似于中效的巴比妥类药物，临床用于短期治疗失眠，口服后30 min入睡，维持6 h左右。由于本药不良反应较多，过量对循环系统的抑制甚于巴比妥类，急性中毒者表现为昏迷、血压下降等，严重者呼吸抑制、循环衰竭而死亡。长期应用会产生依赖性，停药后会出现焦虑、失眠、震颤、癫痫发作等戒断症状，临床上现已很少应用。

导眠能属脂溶性药物，口服后从胃肠道吸收，15~40 min出现症状。

吸收后在脂肪和肝脏内浓度较高,几乎全部在体内代谢。导眠能部分代谢物从胆汁中排出,但在小肠又逐渐被重新吸收入血液,最后经肾脏排出。原形药从尿中排出很少,从尿中所排出的主要是去乙基衍生物或去乙基衍生物与葡糖醛酸的结合物。

(四) γ-羟基丁酸(gamma-hydroxybutyrate,GHB)

γ-羟基丁酸是一种效力强、快速作用于中枢神经系统的抑制剂,是我国规定管制的第1类精神药品。20 世纪60 年代,临床上就把 GHB 用作麻醉剂和催眠剂。现 GHB 仍被用作附加麻醉剂和催眠剂,还可用于治疗酒精依赖和鸦片戒断综合征以及嗜睡病人的治疗。

GHB 从20 世纪80 年代开始在美国成为一种普遍滥用的毒品,并蔓延至欧洲,1990 年被美国 FDA 列为非法药物。一些毒贩为减少服用者的不适感,常常会将 GHB 与摇头丸、苯丙胺、酒、海洛因混在一起。20 世纪90 年代开始,GHB 在东南亚国家以及中国港台地区的滥用呈快速增长趋势。由于 GHB 会使人快速昏睡及暂时丧失记忆力,GHB 及相关物质 γ-丁内酯(gammabutyrolactone,GBL)和1,4-丁二醇(1,4-butanediol,1,4-BD)常被用作迷奸药(drug-facilitated sexual assault,DFSA),它与 MDMA、氯胺酮一起并称为三大"约会强暴药",与此有关的性犯罪时有发生,由此带来严重的社会问题。

γ-羟基丁酸(GHB)分子式为 $C_4H_8O_3$,GHB 通常用其钠盐,分子质量为126.1。纯盐为白色粉末,易溶于水。在香港,GHB 又叫做"fing 霸""迷奸水""G 霸",在大陆俗称"液态快乐丸""G 毒""神仙水"或"液体迷魂药",是一种无色、无味、无臭的中枢神经系统抑制剂,外观有白色粉末、药片和胶囊等剂型,可溶于水或饮料中,临床主要用作麻醉剂(图4-34)。

 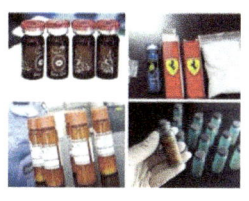 

图 4-34　GHB 类毒品

GHB 是中枢神经系统正常中间代谢产物，毒性较低。低剂量的 GHB（约 0.5～1.5 g）进入人体会影响人脑正常的传导物质的运输，能引起松弛、平静、性冲动、中等欣快感、情绪热烈、令人舒适的睡意。高剂量 GHB 可以引起松弛、欣快、混乱、嗜睡、恶心、呕吐、易激动、眼球震颤、外周视觉丧失、幻觉、短时健忘症。如果摄入过量，则会心搏徐缓，有可能发生痉挛性肌肉收缩、神志不清、谵妄、抽搐、昏迷、肝衰竭、呼吸抑制、呼吸暂停、低血压和吸入性肺炎；中毒者还可能因呕吐使呼吸道梗阻而窒息死亡。滥用群体经常将 GHB、GBL 和 1，4-BD 掺入酒精中饮用。GBL 和 1，4-BD 口服后可在人体内迅速水解成为 GHB，因此其滥用效果与 GHB 几乎相同。

从 GBL 和 1，4-BD 的化学结构可看出，它们摄入后能迅速代谢成 GHB。这一过程在摄入后 10 min 内完全转化，一旦转化，体内仅考虑 GHB 的存在，它们的分布与消除也只考虑 GHB。因此大多数迷奸药案件的生物样本中，难以检出未转化的 GBL 和 1，4-BD。

在体内，GHB 经氧化酶氧化为琥珀酸，继而通过琥珀酸半醛脱氢酶的作用进入三羧酸循环进行代谢，随后被代谢成二氧化碳和水。消除动力学研究表明，GHB 的吸收和消除都非常迅速，入口服 25 mg/kg 的 GHB，峰血浆时间 t_{max} 为 20～45 min，血浆半衰期报道为 1 h 甚至更短。有报道在服用 1～5 g 的 GHB 后，血液浓度在 8 h 或更少时间、尿液浓度在 12 h 内下降至近内源性浓度水平。因此，摄入 GHB 后，必须尽快收集生物样本进行毒物学实验，以避免混淆内源性 GHB 和外源性 GHB。GHB 的小鼠经口 LD_{50} 为 4.8 g/kg。

上述抑制剂一般采用气相色谱、气相色谱-质谱联用、液相色谱、液相色谱-质谱联用等方法进行检验，相关标准分析方法见附录 2。

第五章　新精神活性物质识别

案例分析

　　半年前，王女士因为好奇尝试吸食"笑气"，此后越来越上瘾，3个月后，每日吸食"笑气"的数量已经达到50瓶以上，造成的直接后果是无法直立行走，差点瘫痪，最终被医院诊断为神经损伤。

　　笑气具备成瘾性和危害性，笑气滥用已经成为一些国家和地区比较棘手的公共健康卫生问题。我国的笑气滥用问题亦呈现出愈发严重的态势，吸食笑气致幻而产生的斗殴、纠纷类警情呈上升趋势，由于滥用笑气出现致幻、成瘾、损伤神经的个体精神问题，极易引发寻衅滋事、打架斗殴、危险驾驶等事件，严重危害公共安全。为什么各地公安机关对滥用个体多以提醒、教育为主，无法按照吸毒行为进行认定和查处？

　　随着我国打击毒品犯罪的力度日益增强，特别是针对第一、二代毒品打击的力度增强，许多不法分子转而投入新精神活性物质的非法走私、运输、贩卖和制造中，不可避免地增大了新精神活性物质的滥用。新精神活性物质借助网络、物流等途径，在全球迅速蔓延，已逐步成为目前的主流毒品。作为化工大国，我国"新精神活性物质"管理的任务尤为艰巨。

第五章 新精神活性物质识别

第一节 概 述

一、新精神活性物质的概念

新精神活性物质（new psychoactive substances，简称 NPS），被称为"第三代毒品"，又称"策划药"或"实验室毒品"，是不法分子为逃避打击而对管制毒品进行化学结构修饰得到的毒品类似物，具有与管制毒品相似或更强的兴奋、致幻、麻醉等效果。联合国毒品与犯罪办公室（UNODC）将新精神活性物质定义为："新精神活性物质是指模仿已被列管毒品效果的、尚未被《经〈修正1961年麻醉品单一公约的议定书〉修正的1961年麻醉品单一公约》和《1971年精神药物公约》列管的纯品或混合物，其滥用问题可能威胁公共健康安全。"我国国家禁毒委在《2015年中国毒品形势报告》中定义：新精神活性物质是指未被国际禁毒公约管制，但存在滥用并会对公众健康带来威胁的物质，被称为策划药和实验室毒品。

新精神活性物质研制、生产速度快，周期短；而相应监管立法过程较长，法律监管始终处于滞后状态，容易形成毒品管制的"真空区域"。近10年来，新精神活性物质借助网络、物流等途经，以医药中间体、金属除锈剂、浴盐、香料、植物肥料的名义在全球迅速蔓延，每年有数十种新结构的药物出现，已逐步成为目前的主流毒品，改变了世界毒品市场的格局。

二、新精神活性物质的分类

（一）按化学结构分类

根据化学结构不同，联合国毒品与犯罪办公室（UNODC）将新精神活性物质分为以下9大类：合成大麻素类、合成卡西酮类、苯乙胺类、哌嗪类、植物类、氯胺酮或苯环己哌啶类、色胺类、氨基茚满类和其他类。

（二）按精神作用分类

按药物对人体精神作用不同，新精神活性物质可分为阿片类、大麻类、分离剂、典型致幻剂、镇静剂/催眠药、兴奋剂和其他类共7大类。

三、新精神活性物质的特点

（1）与管制毒品相比，具有相似或者更强的兴奋、致幻、麻醉等效果。就是说，新精神活性物质的毒性可能与海洛因、冰毒等管制毒品相似或更强。

（2）多数未列入毒品管制目录。新精神活性物质的"新"并非意味着新的发明，而是指"仿效已管制毒品的功效但不受管制的（新的）精神活性物质"。也就是说，"新精神活性物质"所谓的"新"，并不是这一类物质在作为毒品的功效上有所创新，而只是为了规避管制。犯罪嫌疑人为了逃避法律责任，专门生产、策划毒品目录之外的物质，这类物质毒性强，但是因为不在毒品目录里，涉及这些物质的犯罪不能按照毒品犯罪办理。

（3）多以合法外衣掩盖毒害实质，骗取和吸引人们吸食使用。新精神活性物质常常伪装成零食、饮料、电子烟等，迷惑性很强。目前全球新精神活性物质滥用人数不明，新精神活性物质滥用现状和趋势难以全面评估。

（4）危害巨大。由于新精神活性物质具有强烈的兴奋和致幻作用，吸食后会引起偏执、焦虑、恐慌、被害妄想等反应，尤其是滥用者不清楚其含量和用量而带来健康危害问题，由此诱发的恶性暴力犯罪案件屡有发生，社会危害巨大。

四、我国对新精神活性物质的管制情况

近年来，我国不断加强对新精神活性物质的管制。目前我国列管了188种新精神活性物质，并且对芬太尼类、合成大麻素类物质实现了整类列管。关于我国新精神活性物质的管制情况，可以用一个加法算式来梳理，即"1+13+116+4+4+32+18+整类"，其中，"1"是指氯胺酮，2001年

管制；"13"是指 2010 年以来，我国及时将国际社会反映突出的 4-甲基甲卡西酮等 13 种新精神活性物质列入《麻醉药品品种目录》或《精神药品品种目录》；"116"是指 2015 年 10 月 1 日起实施的《非药用类麻醉药品和精神药品列管办法》一次性列管了 116 种新精神活性物质；第一个"4"是指 2017 年 3 月 1 日起，卡芬太尼等 4 种芬太尼类物质列管；第二个"4"是指 2017 年 7 月 1 日起，U-47700 等 4 种新精神活性物质列管；"32"是指 2018 年 9 月 1 日起，4-氯乙卡西酮等 32 种物质列管；"18"是指 2021 年 7 月 1 日起，氟胺酮等 18 种物质列管；"整类"是指 2019 年 5 月 1 日起，对芬太尼类物质整类列管，以及 2021 年 7 月 1 日起，对合成大麻素类物质整类列管[1]。

第二节　新精神活性物质识别

当前新精神活性物质的滥用主要发生在欧美国家，国内滥用案例近年来逐步增多，但国内关于新精神活性物质鉴定标准不齐全、大多实验室缺乏检测新精神活性物质的能力，即使发现有滥用也无法及时认定，影响了新精神活性物质违法犯罪活动的打击力度和效率。此外，新精神活性物质的检测和鉴定对公众健康干预策略的制定和精准数据的收集至关重要，是制定政策决策的重要基础。因此，提高新精神活性物质检测和识别能力，对打击毒品违法犯罪活动具有非常现实和迫切的意义。在第四章阿片类毒品部分，介绍了美沙酮、曲马多、芬太尼类物质；致幻剂部分介绍了氯胺酮、麦司卡林、PCP、LSD 等，本章将介绍其他常见的几类新精神活性物质。

---

[1] 王锐园. 禁毒教育手册[M]. 北京：中国法制出版社，2023：29.

一、合成大麻素类（synthetic cannabinoids）

（一）概述

合成大麻素类新精神活性物质是指人工合成的内源性大麻素 CB1 和 CB2 受体激动剂，无法采用统一的化学结构通式进行描述，其是一系列具有类似天然大麻素作用的人工合成物质，吸食合成大麻素能产生比天然大麻更为强烈的快感，这导致合成大麻素迅速蔓延，已成为新精神活性物质中涵盖物质种类最多、滥用也最为严重的家族，世界上已经发现了 300 种左右的合成大麻素，中国已经发现了 100 余种。

合成大麻素类物质多以香料、花瓣、烟草和电子烟油等形态出现，代表制品包括"小树枝""香料""香草烟"等（图 5-1）。这类毒品一般

图 5-1 合成大麻素类制品

是被喷涂在植物碎末表面，制成植物熏香用于吸食，而且往往是多种合成大麻素混合使用，这使得它们的成瘾性和危害性更难以判断，相关的研究也很有限。对于这类毒品的毒性认识，一般认为它们的成瘾性和戒断症状

类似天然大麻，长期吸食会导致心血管系统疾病以及精神错乱，同时也存在致癌的风险。吸食合成大麻素对人体具有较强的致幻、镇定和抑制作用，从而产生强烈的快感，但伴随着精神错乱、头昏眼花、嗜睡、躁动、烦躁、恶心以及呕吐等副作用，其对公众的健康和安全构成重大威胁。2021年7月1日起，我国对合成大麻素类物质进行整类列管。

合成大麻素结构与四氢大麻酚不同。欧洲药物和药物成瘾监测中心将合成大麻素结构主要分为萘甲酰基吲哚类、萘甲基吲哚类、萘甲酰基吡咯类、萘甲基茚、苯乙酰基吲哚类（及苯甲酰基吲哚）、环己基酚和经典合成大麻素，JWH系合成大麻素主要是萘甲酰基吲哚以及萘甲酰基吡咯类。目前，合成大麻素的种类繁多，且有很多不属于上述分类，但其母核多含有吲哚环。

（二）体内过程

因为合成大麻素的结构复杂且可发生代谢的位点较多，所以生成的代谢产物种类也较多。不同的合成大麻素其代谢途径不完全相同，但基本代谢顺序一致，合成大麻素的代谢大致可分为氧化和葡糖醛酸化过程。代谢物的形成顺序是化合物先通过细胞色素P450（CYPs）的一类特殊酶进行氧化，然后在UDP-葡糖醛酸糖基转移酶（UGTs）作用下与葡糖醛酸的糖部分缀合后经尿液排出，该过程是药物在体内消除的主要过程，则在尿液中可检测到SCs的代谢产物。

（三）检材前处理与检验

通常涉及的生物检材主要包括血液、尿液和毛发。合成大麻素的原药除了在血液和尿液中外，在唾液中也有存在。为检测原药和代谢产物，血液和尿液常常一起检测以相互补充。合成大麻素及其代谢物在体内含量极低，而高效的样品前处理方法对于此类化合物的分析研究显得尤为重要[①]。

---

① 刘梦曦，向平，于治国，等.合成大麻素类新精神活性物质研究进展[J].中国司法鉴定，2021，117（4）：30-40.

关于合成大麻素的现场快速检验方法主要有免疫分析法、拉曼光谱法等；实验室分析方法有液相色谱－质谱联用法（LC-MS/MS）、液相高分辨高精密度质谱（LC-HRMS）、气相色谱－质谱联用法（GC-MS）、毛细管电泳（CE）等。合成大麻素检材前处理与检验可参考下列标准方法：

1.《毛发中 5F-MDMB-PICA 等 7 种合成大麻素类新精神活性物质的液相色谱－串联质谱检验方法》（SF/Z 0094—2021）

2.《法庭科学 疑似毒品中 JWH-018 等 5 种合成大麻素检验 气相色谱－质谱法》（GA/T 1924—2021）

3.《法庭科学 疑似毒品中 AB-CHMINACA、AB-FUBINACA 和 AB-PINACA 检验 气相色谱和气相色谱－质谱法》（GA/T 1928—2021）

4.《法庭科学 疑似毒品中 AB-CHMINACA、AB-FUBINACA 和 AB-PINACA 检验 液相色谱和液相色谱－质谱法》（GA/T 1929—2021）

5.《法庭科学 疑似毒品中 5F-AMB 和 5F-APINACA 检验 气相色谱和气相色谱－质谱法》（GA/T 2022—2023）

6.《法庭科学 疑似毒品中 5F-AMB 和 5F-APINACA 检验 液相色谱和液相色谱－质谱法》（GA/T 2023—2023）

7.《法庭科学 230 种药（毒）物液相色谱－串联质谱筛查方法》（GA/T 1530—2018）

8.《法庭科学 生物检材中 382 种药（毒）物筛选 液相色谱－高分辨质谱法》（GA/T 2063—2023）

9.《法庭科学 体液斑痕中尼古丁等 95 种药（毒）物筛选 液相色谱－质谱法》（GA/T 2065—2023）

10.《法庭科学 疑似毒品中 211 种麻醉药品和精神药品检验 气相色谱－质谱法》（GA/T 1920—2021）

11.《法庭科学 疑似毒品中 202 种麻醉药品和精神药品检验 液相色谱－质谱法》（GA/T 1921—2021）

二、合成卡西酮类（synthetic cathinones）

（一）概述

一些卡西酮类药物曾是用作抗抑郁和抗震颤麻痹的药物，但最终都由于成瘾和滥用的问题而退出使用。卡西酮类物质已达上百种，常以"浴盐""植物肥料""除草剂""研究性化学品"等名称伪装出售，多是粉末和片剂（图5-2）。

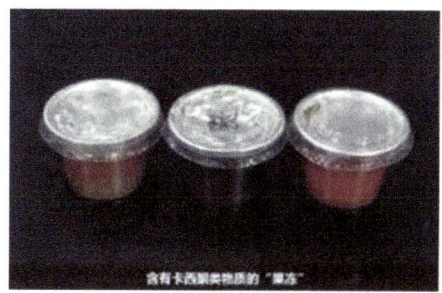

图 5-2　卡西酮类 NPS

卡西酮类毒品可口服、鼻吸、注射、混合饮用，其中以口服为主。吸食卡西酮类物质能导致类似甲基苯丙胺的兴奋作用和类似麦角酸二乙胺（LSD）的致幻作用，同时还伴有心动过速、血压升高等反应。同时，由于卡西酮类物质通过血脑屏障进入神经中枢的能力较弱，滥用者往往会加大用量并持续吸食以获得预期的兴奋感，从而导致更为严重的大脑损伤。滥用此类药物会导致精神错乱、自残及暴力攻击他人。常见的卡西酮类毒品有甲卡西酮、4-甲基甲卡西酮，属国家管制的第1类精神药品，其滥用方式通常以鼻吸为主，还有口服、静脉注射和烟吸等滥用方式。

甲卡西酮又称"浴盐""食人盐""丧尸剂""丧尸药""喵喵""象牙""光环""香草的天空"等，是苯丙胺的一种类似物，有强烈的兴奋作用。甲卡西酮于1928年首次合成。20世纪30～40年代，在苏联作为一种抗抑郁药使用，直到20世纪60年代，开始在娱乐场所滥用。20世纪90年代，美国政府建议联合国秘书长把甲卡西酮列入精神药物公约管理。2007年

5月，法国警方在毒品中发现甲卡西酮。在澳大利亚一些地区，甲卡西酮被当作"摇头丸"出售。在欧洲及美国也出现类似情况。在我国，2005年国家药品监督管理局将甲卡西酮列入第1类精神药品管理。

甲卡西酮是苯丙胺的一种 β-酮类衍生物，有强烈的兴奋作用。该物质能导致急性健康问题和毒品依赖，过量易造成不可逆的永久脑部损伤甚至死亡。2005年，我国将其列为第1类管制的精神药品。甲卡西酮与卡西酮具有相似的结构，甲卡西酮是N-甲基卡西酮，而卡西酮是N-二甲基伪麻黄碱，都是从阿拉伯茶的灌木中得到的生物碱刺激剂。

甲卡西酮结构（图5-3）与甲基苯丙胺、苯丙胺以及其他苯乙胺类物质相似。甲卡西酮分子式为 $C_{10}H_{13}NO$，化学名称为2-（甲基氨基）-1-苯基-1-丙酮，一般为粉末状态或与水的混合液体。甲卡西酮通常为白色、浅黄色粉末状，也有以片剂、胶囊出售的。甲卡西酮易溶于水，易溶于甲醇、乙醇、三氯甲烷。贩卖的甲卡西酮中通常含有麻黄碱、卡西酮、4-甲基甲卡西酮等掺假剂。

甲卡西酮作用于多巴胺和去甲肾上腺素受体，是一种强效兴奋剂，可引起幻觉、鼻出血、鼻灼伤、恶心、呕吐和血液循环问题，出现皮疹、焦虑、偏执狂、痉挛和妄想；还可导致注意力差，短期记忆不足，心率增加，心跳异常，抑郁，出汗增加，瞳孔散大，无法正常张开嘴巴和磨牙。初次吸食甲卡西酮一直处于精神兴奋状态。吸食后有强烈的兴奋感，性欲增强，饥饿感减弱且睡眠减少。甲卡西酮静脉注射后 1～2 min 就会起效，而鼻吸后要 5～15 min 起效，作用时间可达 4～6 h。注射甲卡西酮后，高潮持续 15～20 min，伴随欣快、感觉轻盈、快活、精力旺盛、心情改善等。身体的反应是心率加速、动脉压力增加、瞳孔扩大、眼球震颤等。持续滥用甲卡西酮有精神病的症状，一般为妄想症，也有听觉和视觉幻想。甲卡西酮能够高度心理成瘾，能导致急性健康问题和毒品依赖，过量易造成不可逆的永久脑部损伤甚至死亡。

4-甲基甲卡西酮（4-methylmethcathinone，4-MMC）是近年来国际毒品市场上滥用的一类策划药，合成于1929年。2003年被广泛地认知。

2008年有关执法部门开始关注该药物。2010年在欧洲（特别是英国）流行。2008年首次在以色列被列入管制。2009年瑞典对其实行管制。2010年欧洲的许多地区对其实行管制。澳大利亚、新西兰、美国和加拿大将其视为其他管制药物的类似物进行管制。2010年我国将其列为第1类管理的精神药品。

4-甲基甲卡西酮（图5-3），化学名称为4-甲基-2-甲氨基-1-苯基-1-丙酮，分子式为$C_{11}H_{15}NO$，分子量为177.3。4-甲基甲卡西酮通常为白色粉末状，有时掺杂有黑色、黄色或褐色。也有以片剂、胶囊出售的。4-甲卡西酮易溶于水，易溶于甲醇、乙醇、三氯甲烷。

图5-3 甲卡西酮（左）与4-甲基甲卡西酮（右）结构式

（二）体内过程

4-甲基甲卡西酮能引起兴奋和欣快感，可提高对音乐的欣赏力，情绪高涨，敌对情绪降低，可改善心理功能，具有温和的性刺激。这些效果与可卡因、冰毒和摇头丸相似。效果延续的时间取决于服用的方式。口服15～45min时可以体验到效果，鼻吸时则在几分钟内感觉到效果，并在0.5h后达到高峰。口服和鼻吸的效果可以持续2～3h，但静脉注射只能持续0.5h。4-甲基甲卡西酮达到一定剂量时，可产生幻觉、恶心、呕吐、血液循环障碍、皮疹、焦虑、妄想、注意力不集中、短期记忆力受损、心率增加、心跳反常、焦虑、抑郁、盗汗、瞳孔散大、不能正常张嘴以及磨牙等。鼻吸时，可导致流鼻血和鼻烧伤。

4-甲基甲卡西酮在生物体内有3种代谢途径：去甲基生成一级胺，拨基被还原或甲苯基被氧化。4-甲基甲卡西酮的主要代谢物为4-甲基甲卡西酮的 N- 去甲基代谢物、β 酮还原代谢物（又称二氢代谢物）、羧基代谢物、去甲基羧基代谢物。同时，4- 甲基甲卡西酮滥用者体液中可以检测出母体化合物。

（三）检材前处理及检验

检材前处理及实验室检验方法参考下列标准方法：

1.《法庭科学 疑似毒品中 2- 甲基甲卡西酮等 7 种卡西酮类毒品检验 气相色谱和气相色谱 - 质谱法》（GA/T 1925—2021）

2.《法庭科学 疑似毒品中 2- 甲基甲卡西酮等 7 种卡西酮类毒品检验 液相色谱和液相色谱 - 质谱法》（GA/T 1926—2021）

3.《法庭科学 疑似毒品中甲卡西酮、卡西酮和 4- 甲基甲卡西酮检验 液相色谱 - 质谱法》（GA/T 1644—2019）

4.《法庭科学 疑似毒品中卡西酮等 5 种卡西酮类毒品检验 气相色谱和气相色谱 - 质谱法》（GA/T 1991—2022）

5.《法庭科学 疑似毒品中 α-PBP、α-PVP 和 4-F-α-PVP 检验 气相色谱和气相色谱 - 质谱法》（GA/T 1931—2021）

6.《法庭科学 疑似毒品中 α-PBP、α-PVP 和 4-F-α-PVP 检验 液相色谱和液相色谱 - 质谱法》（GA/T 1784—2021）

7.《血液中卡西酮等 37 种卡西酮类新精神活性物质及其代谢物的液相色谱 - 串联质谱检验方法》（SF/T 0093—2021）

8.《法庭科学 阿片类和卡西酮类物质成瘾性评估 自身给药法》（GA/T 2055—2023）

9.《法庭科学 苯乙胺类和卡西酮类物质神经毒性评估 体外神经细胞毒性检测法》（GA/T 2056—2023）

10.《毛发中 55 种滥用药物及代谢物检验 液相色谱 - 质谱法》（GB/T 43240—2023）

三、合成苯乙胺类（phenethylamines）

（一）概述

苯乙胺类是最常见的新精神活性物质种类之一，是在苯乙胺的结构基础上进行修饰，并与苯乙胺作用相类似的一类物质，具有兴奋与致幻的双重作用。它们时常标注"浴盐""草药香""植物食品"及"不可食用"等字样，以吸墨纸、液体、粉末或胶囊的形式在互联网、零售店销售（图5-4）。

图 5-4　苯乙胺类 NPS

麦司卡林（mescaline）是苯乙胺类新精神活性物质的原型，又名三甲氧苯乙胺，是于19世纪末期由化学家 Arthur Heffter 首次从仙人掌中分离出来的具有致幻作用的物质。随后，研究学者于20世纪中期对麦司卡林的结构改造活动逐渐活跃起来，涌现了大量具有苯乙胺母核结构的致幻剂。

2001年我国将2C-B列入精神药物管制目录，2014年，欧盟将81种新精神活性物质列入预警系统的检测之列，其中苯乙胺类物质占16%。我国在2013版《精神药品管理目录》中将麦司卡林、2，5-二甲氧基-4-碘苯乙胺（2C-I）和2，5-二甲氧基苯乙胺（2C-H）这3种苯乙胺类物质列入I类精神管制药物。2015年又将25种苯乙胺类衍生物一次性列入《非药用类麻醉药品和精神药品管制品种增补目录》。

苯乙胺类物质已达上百种，多是粉末口服，2，5-二甲氧基苯乙胺的衍生物类一般吸附于类似邮票的纸片上含食。苯乙胺类物质的摄入剂量低时，它们主要产生类似吸食苯丙胺类药物的兴奋作用；而在高剂量摄入后，则产生类似吸食麦角酸二乙胺（LSD）和麦司卡林的强烈致幻作用。该类物质具有兴奋能力强、持续时间长的特点，一次大量使用会导致心动过速、血压上升、肝肾功能衰竭等急性中毒症状，甚至可以引发抽搐、脑卒中致死。长期滥用则会导致多巴胺能神经元发生退行性病变，使滥用者精神错乱，出现妄想和抑郁等症状。

（二）体内过程

目前，苯乙胺类新精神活性物质的体内过程研究甚少。已有研究发现苯乙胺类新精神活性物质主要通过口服方式进入体内，主要代谢酶有单胺氧化酶（monoamine oxidase，MAO）和细胞色素 P450 酶（cytochrome P450 enzyme，CYP）系。该类物质进入体内在相关酶的作用下，通过去甲基化、乙酰化、脱氨基成醛等，进一步氧化、降解相应的醇和酸等代谢物随尿液排出体外。苯乙胺类物质的尿液中的药物通常高于血药浓度，但在多数情况下，检测到的目标物是代谢物而非母体化合物。因此，研究苯乙胺类物质的体内过程对该类物质的鉴别具有显著的意义。

（三）检材前处理与检验

目前，关于苯乙胺类的现场快速检验方法有免疫分析法、手持式拉曼光谱法、敞开式电离质谱法、便携式质谱法、便携式毛细管电泳（CE）与深紫外荧光检测器（FD）联用法等。虽然现场快速分析对禁毒工作具有重要的指导意义，但便携式检测仪仍存在一定的错误检出率，而且操作人员的训练水平可能也会影响检验结果，因此，现场快速检验的结果只能作为参考，不能用于最终的认定。

实验室分析方法主要有毛细管电泳法、气相色谱-质谱法（GC-MS）、液相色谱-质谱法（LC-MS）等。此外，吸墨纸等体外检材中的苯乙胺类检材，还可采用傅立叶变换红外光谱法（FTIR）、核磁共振法（NMR）、微 X 射线荧光光谱（μXRF）等方法进行检验。

苯乙胺类新精神活性物质检材前处理与实验室检验可参考下列检验标准：

1.《法庭科学 疑似毒品中 2，5- 二甲氧基 -4- 乙基苯乙胺等 7 种毒品检验 气相色谱和气相色谱 - 质谱法》（GA/T 1791—2021）

2.《法庭科学 疑似毒品中 2，5- 二甲氧基 -4- 乙基苯乙胺等 7 种苯乙胺类毒品检验 液相色谱和液相色谱 - 质谱法》（GA/T 1927—2021）

3.《法庭科学 疑似毒品中 211 种麻醉药品和精神药品检验 气相色谱 - 质谱法》（GA/T 1920—2021）

4.《法庭科学 疑似毒品中 202 种麻醉药品和精神药品检验 液相色谱 - 质谱法》（GA/T 1921—2021）

5.《法庭科学 230 种药（毒）物液相色谱 - 串联质谱筛查方法》（GA/T 1530—2018）

6.《法庭科学 生物检材中 382 种药（毒）物筛选 液相色谱 - 高分辨质谱法》（GA/T 2063—2023）

7.《法庭科学 体液斑痕中尼古丁等 95 种药（毒）物筛选 液相色谱 - 质谱法》（GA/T 2065—2023）

8.《法庭科学 苯乙胺类和卡西酮类物质神经毒性评估 体外神经细胞毒性检测法》（GA/T 2056—2023）

四、哌嗪类（piperazines）

哌嗪类新精神活性物质一般为苯基哌嗪或苄基哌嗪的衍生物。与甲基苯丙胺、MDMA 等药物相比，该类药物的兴奋和致幻作用比较温和，且持续时间更长。

该类物质常以聚会药物出售，多是片剂和粉末，主要通过口服吸食（图 5-5）。我国在片剂毒品中有检出过哌嗪类新精神活性物质，其外形和标识与 MDMA 片剂极其类似,据称吸食后的感觉也与其接近。

图 5-5　哌嗪类 NPS

检材处理与实验室检验方法可参照下列标准方法:

1.《法庭科学 疑似毒品中 211 种麻醉药品和精神药品检验 气相色谱 – 质谱法》(GA/T 1920—2021)

2.《法庭科学 疑似毒品中 202 种麻醉药品和精神药品检验 液相色谱 – 质谱法》(GA/T 1921—2021)

3.《血液和尿液中 108 种毒(药)物的气相色谱 – 质谱检验方法》(SF/Z JD0107014—2015)

4.《血液中 188 种毒(药)物的气相色谱 – 高分辨质谱检验方法》(SF/T 0064—2020)

5.《血液、尿液中 238 种毒(药)物的检测液相色谱 – 串联质谱法》(SF/Z JD0107005—2016)

6.《法庭科学 230 种药(毒)物液相色谱 – 串联质谱筛查方法》(GA/T 1530—2018)

7.《法庭科学 生物检材中 382 种药(毒)物筛选 液相色谱 – 高分辨质谱法》(GA/T 2063—2023)

8.《法庭科学 体液斑痕中尼古丁等 95 种药(毒)物筛选 液相色谱 – 质谱法》(GA/T 2065—2023)

五、色胺类（tryptamines）

色胺类是一组单胺生物碱，基本结构是吲哚乙胺，其与内源性神经递质 5-羟色胺（5-TH）非常相似，起到了 5-HT2A 受体激动剂和 5-TH 重摄取的抑制剂作用[1]。色胺类物质是"零号胶囊"的主要成分，以胶囊、片剂、粉末、液体等多种形式出售，可口服、鼻吸、抽食、注射。色胺类物质吸食后能使人体产生强烈的幻觉[2]（图5-6）。

图 5-6 色胺类 NPS

关于色胺类的检验标准有：

1.《毛发中二甲基色胺等 16 种色胺类新精神活性物质及其代谢物的液相色谱-串联质谱检验方法》（SF/Z 0065—2020）。

2.《法庭科学 疑似毒品中 5-MeO-DiPT 和 5-MeO-MiPT 检验 气相色谱和气相色谱-质谱法》（GA/T 2024—2023）

3.《法庭科学 疑似毒品中 5-MeO-DiPT 和 5-MeO-MiPT 检验 液相色谱和液相色谱-质谱法》（GA/T 2025—2023）

---

[1] Meija J. Solution to the beryllium valence challenge [J]. Anal Bioanal Chem, 2010, 396（1）: 185-186.

[2] 中国禁毒网. 国家禁毒办权威发布毒品基础知识（三）：新精神活性物质 [OL]. 2018-07-05 [2022-11-11]. http://www.nncc626.com/2018-07-05/c_129907533_5.htm

六、植物类（plant material）

植物类新精神活性物质主要包括恰特草（*Khat*）、卡痛叶（*Kratom*）、鼠尾草（*Salvia divinorum*）等。

恰特草原产于非洲及阿拉伯半岛，主要活性成分为卡西酮，具有兴奋和轻微致幻作用。由于卡西酮的降解，恰特草一般以新鲜的植物出售，但也有卖干叶子和酒精提取物的。吸食方式一般是咀嚼恰特草的叶子和嫩芽，也有沏茶的（图5-7）。

图5-7 恰特草

恰特草的检验可参考下列标准方法：

1.《法庭科学 疑似恰特草中卡西酮、去甲伪麻黄碱和去甲麻黄碱检验 气相色谱和气相色谱-质谱法》（GA/T 2041—2023）

2.《法庭科学 疑似恰特草中卡西酮、去甲伪麻黄碱和去甲麻黄碱检验 液相色谱和液相色谱-质谱法》（GA/T 2042—2023）

卡痛叶原产于东南亚，主要活性成分为帽柱木碱和7-羟基帽柱木碱，具有类似吗啡的麻醉作用。卡痛叶的新鲜叶子一般是咀嚼，干燥叶子的粉末一般是口服或煮茶（图5-8）。

图 5-8　卡痛叶

鼠尾草原产于墨西哥，主要活性成分为二萜类物质，具有强烈致幻作用。鼠尾草一般以种子或叶子出售，但也有卖液体提取物的。鼠尾草的新鲜叶子一般是咀嚼，或是捣碎冲泡饮用，干叶子以抽烟的方式吸食[①]。

七、"笑气"（即一氧化二氮，nitrous oxide）

一氧化二氮，无色有甜味气体，又称笑气，化学式为 N_2O，能溶于水、乙醇、乙醚及浓硫酸。"笑气"是一种吸入性麻醉剂，吸食会有兴奋放松的感觉，其麻醉作用于 1799 年由英国化学家汉弗莱·戴维发现。该气体早期被用于牙科手术的麻醉，现用在外科手术和牙科起麻醉和镇痛作用。"笑气"的名称是由于吸入它会感到欣快，脸部肌肉扭曲痉挛，面似大笑表情（图 5-9）。

在日常生活中，"笑气"常被用来制作 DIY 蛋糕裱花、花式咖啡和分子美食。"笑气"少量用于食品中，对人体是无害的，但是一旦直接吸食，对身体就会产生危害，"这种危害好比是煤气中毒，是不可逆的"。因此，在网上售卖的各类笑气气弹的包装盒上，明确标明它是淡奶油发泡的食品加工助剂，"不可直接食用"。

---

① 中国禁毒网. 国家禁毒办权威发布毒品基础知识（三）：新精神活性物质[OL].（2018-07-05）2022-11-11. http://www.nncc626.com/2018-07/05/c_129907533_6.htm

图 5-9　被滥用的"笑气"

笑气与氧气以不同的比例混合后，会有不同的效果：吸入 10% 的笑气，人不会有特殊的感觉；吸入 30% 的笑气可让身体开始放松，出现无力感；吸入 35% 的笑气可让人昏昏欲睡，心率下降。大量吸入笑气后会对人体产生致幻、神志错乱、谵妄，智力、视听功能障碍，肌肉收缩能力降低等一系列副作用，症状严重时甚至会危及生命。

"笑气"最初在国外较为流行，大学生为主要的吸食群体。因为多种因素叠加的影响，国内吸食"笑气"的案件呈现较快上升势头。而且，使用者有越来越低龄化的趋势，被年轻人当作毒品的替代品滥用吸食。更可怕的是，对"笑气"上瘾导致的各类疾病，目前医学尚未有有效手段治疗。

目前，我国尚未将"笑气"（一氧化二氮）列入麻醉药品、精神药品名录，不属于毒品范畴。但"笑气"已被列入《危险化学品目录》，属于法律、行政法规规定的专营、专卖物品，贩卖"笑气"应当取得安全监督管理局办发的《危险化学品经营许可证》。从过往"笑气"案件来看，往往艰难破案抓捕后，却只能戴个"非法经营"的帽子被起诉。甚至一些贩卖"笑气"者通过"办证中介"等途径办理《危险化学品经营许可证》以规避责任[①]。受制于相关法律规范、科学研究、预防教育、打击治理等

---

① 王琦．"笑气""生意经"亟须依法整治［N］．民主与法制时报，2021-09-23（002）．

工作的滞后和不足，导致"笑气"滥用和"笑气"犯罪上升趋势明显，扰乱社会秩序、损害人民健康、危害公共安全、引发其他犯罪，给人类带来了类似毒品的祸患[①]。

一氧化二氮的检验可参考"《法庭科学 一氧化二氮检验 气相色谱-质谱法》（GB/T 43241—2023）"。

---

① 郭风车,吴鹏. 我国"笑气"犯罪的现状和治理对策探究[J]. 警学研究,2022,183（2）：54-64.

第六章 易制毒化学品识别

案例分析

2023年6月23日,美国司法部宣布以涉嫌生产销售涉芬太尼化学前体(易制毒化学品)为由,起诉多家中国企业和数名中国公民。请从易制毒化学品管理角度,分析相关中国企业和中国公民是否实施了涉及易制毒化学品的违法犯罪行为?

第一节 易制毒化学品概述

一、概念

易制毒化学品目前没有明确的定义。1988年《联合国禁止非法贩运麻醉药品和精神药物公约》将其表述为:经常用于非法制造麻醉药品和精神药物的物质(substances frequently used in the illicit manu-facture of narcotic drugs and psychotropic substances)。现在逐步将其简称为前体化学品(precursor chemicals)。

我国在20世纪80年代,将制造毒品的前体和化学品定名为"易制毒化学品"。1996年《易制毒化学品进出口暂行规定》《易制毒化学品管理条例》等行政法规沿用了该词,但最高法司法解释中将刑法350条规定的

2 项犯罪定名为"非法生产、买卖、运输制毒物品、走私制毒物品罪"。

为了更好地管控易制毒化学品，我国还制定了《向特定国家（地区）出口易制毒化学品暂行管理规定》，其制定依据是《易制毒化学品管理条例》第 29 条规定的"特定地区"和"本条例规定品种以外的化学品"。《向特定国家（地区）出口易制毒化学品管理目录》在《易制毒化学品的分类和品种目录》基础上增加了碳酸氢钠、氢氧化钠、活性炭等化学品（特定国家仅限缅甸和老挝）。

综合上述，易制毒化学品是指国家规定管制的可用于制造毒品的前体、原料和化学助剂等物质。

从易制毒化学品的定义可知，其包括前体（也称母体）、试剂、溶剂、催化剂、杂质、掺杂物、稀释剂及添加剂等化学品。其中：

前体，是指毒品加工生产过程中，改变原有属性，变成了国际管制条约中的化学物质，也称母体。换言之，即用于合成被管制物质的化学品，其分子结构融合于或成为最终毒品分子结构的主要部分，例如麻黄碱。

试剂，是一种起化学反应或参与反应，但不会成为最终产品组成部分的物质，例如碳酸钠。

溶剂，一般指有机溶剂，是液体状的，用来溶解另一种固体物质，在制毒过程中不参与化学反应，不发生化学成分的变化，不会成为毒品的成分，例如乙醇、三氯甲烷。

催化剂，在制毒过程中，能加快合成反应速度、提高制毒产量而本身在反应前后化学成分和数量都不发生变化的物质，例如制冰毒时用的氯化钯。

杂质，是提取天然毒品或合成毒品的过程中，天然存在的未加工的材料或合成的副产品，如果制造的毒品精制不好，则同时存在于毒品中，例如制海洛因时存在的可待因、罂粟碱、乙酰可待因，制可卡因时存在的肉桂酰可卡因、苯甲酰爱冈宁。

掺杂物，是制成毒品以后加入的或残留的，具有同等药物活性的物质，例如制可卡因时加入的利多卡因、普鲁卡因，制海洛因时加入的咖啡因。

稀释剂，是从外界加入毒品中无药物活性，只起加大体积、增加重量作用的物质，例如海洛因和冰毒中的葡萄糖、淀粉、非那西汀等。

添加剂，为改善物质的某些性能而加入物质中的药剂，如增效剂、抗震剂、香料等。

二、易制毒化学品的分类

（1）依照在制毒中的用途不同，可以将易制毒化学品分为化学前体（母体）、试剂、溶剂、催化剂等。

（2）依据化学物质属性的不同，可分为无机物、有机物。

（3）依据管制要求分为第1类、第2类、第3类。

我国《易制毒化学品管理条例》最早于2005年8月26日公布（中华人民共和国国务院令第445号），先后进行了3次修订[①]。根据《易制毒化学品管理条例》第2条规定，易制毒化学品分为3类。第1类是可以用于制毒的主要原料；第2类、第3类是可以用于制毒的化学配剂。易制毒化学品的具体分类和品种，由本条例附表列示。

易制毒化学品的分类和品种需要调整的，由国务院公安部门会同国务院药品监督管理部门、安全生产监督管理部门、商务主管部门、卫生主管部门和海关总署提出方案，报国务院批准。

我国于2005年公布的《易制毒化学品管理条例》，列管了24个易制毒化学品品种，又于2008～2021年间先后5次对《易制毒化学品的分类

---

① 根据2014年7月29日《国务院关于修改部分行政法规的决定》第1次修订；根据2016年2月6日《国务院关于修改部分行政法规的决定》第2次修订；根据2018年9月18日《国务院关于修改部分行政法规的决定》第3次修订。

和品种目录》进行了增补①，目前共列管了 3 类 38 个品种。

第 1 类是可以用于制毒的主要原料，包括 1- 苯基 -2- 丙酮、3，4- 亚甲基二氧苯基 -2- 丙酮、胡椒醛、黄樟素、黄樟油和异黄樟素等；第 2 类、第 3 类是可以用于制毒的化学配剂，包括苯乙酸、醋酸酐、三氯甲烷、甲苯、丙酮、甲基乙基酮、高锰酸钾等。

三、易制毒化学品在制毒中的作用

毒品制造是一个复杂的化学反应过程，需要用到一些化学药品、化学试剂等。无论是大麻、可卡因等植物天然毒品，还是冰毒、摇头丸等合成化学毒品的加工都离不开易制毒化学品，从某种意义上说，没有易制毒化学品就没有毒品。例如乙醚、醋酸酐、三氯甲烷等本身不是毒品，但把鸦片加工成海洛因就需要用到这些试剂，它们在毒品生产过程中起着不可或缺的作用，是生产合成毒品的重要辅助原料。因此，严格控制这些化学品，使其不流入毒品犯罪分子的手中，实际上也就等于控制和限制了毒品的生产。

（一）在天然毒品提炼中的作用

从毒品原植物中提炼毒品时，常用到的化学品以酸类、碱类、盐类及有机溶剂为主，这些化学品一般不会成为毒品的有效成分，但会在毒品中

---

① 2008 年，公安部、商务部、卫生部等关于将羟亚胺列入《易制毒化学品管理条例》的公告；2012 年，公安部、商务部、卫生部等关于管制邻氯苯基环戊酮的公告；2014 年，公安部、商务部、海关总署、安全监管总局、食品药品监管总局联合公告 2014 年第 1851 号——关于将 1- 苯基 -2- 溴 -1- 丙酮和 3- 氧 -2- 苯基丁腈增列为第 1 类易制毒化学品管理的公告；2017 年，公安部、商务部、卫生计生委、海关总署、国家安全监管总局、国家食品药品监管总局关于将 N- 苯乙基 -4- 哌啶酮、4- 苯胺 -N- 苯乙基哌啶、N- 甲基 -1- 苯基 -1- 氯 -2- 丙胺、溴素、1- 苯基 -1- 丙酮 5 种物质列入易制毒化学品管理的公告；2021 年，公安部、商务部、国家卫生健康委员会等关于将 3- 氧 -2- 苯基丁酸甲酯、3- 氧 -2- 苯基丁酰胺、2- 甲基 -3-[3,4-(亚甲二氧基) 苯基] 缩水甘油酸、2- 甲基 -3-[3,4-(亚甲二氧基) 苯基] 缩水甘油酸甲酯、苯乙腈和 γ - 丁内酯 6 种物质列入易制毒化学品管理的公告。

残留。如提炼吗啡，常用的化学品有氯化铵、氢氧化钙、氨水、活性炭、盐酸、硫酸、酒石酸、氮气、乙醚等，其中列入我国易制毒化学品管制的有盐酸、硫酸、乙醚。

（二）在毒品合成中的作用

易制毒化学品在非法合成毒品中，可以起基本原料、化学反应和精制等作用（表6-1）。

制造不同的毒品，用到的化学品有所不同；制造同一种毒品，也可用不同的化学品，这是毒品溯源依据之一。目前我国合成毒品主要有冰毒、"摇头丸"、安眠酮、氯胺酮等。

表6-1 常用易制毒化学品在制毒活动的应用

试剂名称	所属类别	在制毒中的作用
1-苯基-2-丙酮	第1类	制造苯丙胺和甲基苯丙胺（俗称"冰毒"）的主要原料之一
麻黄素、伪麻黄素、消旋麻黄素、去甲麻黄素、甲基麻黄素、麻黄浸膏、麻黄浸膏粉等麻黄素类物质	第1类	制造苯丙胺和甲基苯丙胺（俗称"冰毒"）的主要原料
3,4-亚甲基二氧苯基-2-丙酮、胡椒醛、黄樟素、黄樟油、异黄樟素	第1类	用于制造MDA、MDMA、MDE、N-hydroxy-MDA的主要原料
N-乙酰邻氨基苯酸、邻氨基苯甲酸	第1类	制造安眠酮和新安眠酮的主要原料
麦角酸、麦角胺、麦角新碱	第1类	用于制造麦角酰二乙胺（即LSD）
羟亚胺、邻氯苯基环戊酮	第1类	制造氯胺酮（即K粉）的主要原料
醋酸酐	第2类	制造海洛因、1-苯基-2-丙酮及N-乙酰邻氨基苯酸的过程中用作乙酰化试剂，也是生产安眠酮、新安眠酮、甲基苯胺的配剂
三氯甲烷	第2类	有机溶剂
乙醚	第2类	有机溶剂
苯乙酸	第2类	用于制造苯丙胺和甲基苯丙胺
哌啶	第2类	用于制造环乙基哌啶、苯环乙哌啶、PCP
甲苯	第2类	生产海洛因、可卡因、甲基苯丙胺、安眠酮等管制药品的溶剂

表6-1（续）

试剂名称	所属类别	在制毒中的作用
丙酮	第2类	制造海洛因、可卡因、LSD和苯丙胺类兴奋剂的溶剂
甲基乙基酮	第2类	在海洛因、可卡因生产中作溶剂
硫酸	第2类	用于从鸦片提制吗啡过程中，也用于从古柯叶提炼可卡因，或把古柯膏转化成古柯碱，生产管制物质的硫酸盐
盐酸	第2类	生产管制物质的盐酸盐，还可用于多种易制毒化学品的生产
高锰酸钾	第2类	从可卡叶中提取可卡因时，作为强氧化剂使用

四、易制毒化学品相关术语

比重（浓度）：物质每单位体积的重量。它是同体积物质比较重量大小的标志。

沸点：液体在正常气压下蒸发的温度。当液体在开口容器内加热至沸腾产生大量蒸发气体时的温度。

熔点：固体加热转变为液体时的温度。

溶质：被溶剂溶解的物质。

溶液：一种或一种以上物质溶解到溶剂中形成的稳定混合物。

燃点：物质能起火或自行燃烧时所需的最低温度。

惰性气体：难引起化学反应或活性极低的气体。如氦、氖气体。

化学中间体：化学反应中产生的不太稳定的中间产物。

pH值：表现稀溶液酸、碱性的值。比值为1～14，酸度依次减低。pH值等于7表示溶液为中性，小于7表示偏酸性，大于7表示偏碱性。

闪点：指在物质表面或所用容器内提供充足的蒸气与空气混合而形成能点燃的混合物的最低温度。

不溶：常温下（20 ℃），在100 g溶剂中溶质溶解量小于0.01 g。

微溶：常温下（20 ℃），在100 g溶剂中溶质溶解量为0.01～1 g。

溶解：常温下（20 ℃），在 100 g 溶剂中溶质溶解量大于 1 g。

光气（二氯二碳酰）：一种无色有腐草臭味的毒气。

ppm：指百万分之一的浓度比例。

氮化剂、氧化剂：指与其他物质反应形成氮化物、氧化物的物质。

脱氧：物质通过化学反应而脱掉自身成分中氧元素的过程。

发烟：指物质在空气中自然形成烟雾状。

通风良好：指物质存在空间中空气能与外界自然空气自由流通。

隔离储存：指远离性质相抵触的物品，存放于不同的库房内或在安全距离以外的隔离的或分开的建筑物内。

隔开储存：指可以在同一防护区内存放，但必须离开足够而可行的空间或用间隔的仓库与性质相抵触的物品隔开。

避光储存：指在无亮光环境下储存。

反应级数：物质发生化学反应的能力，依次为 0～4 级。0 级为即使在火灾条件下也很稳定的物品，并且与水不反应，可用常规灭火作业；1 级为本身稳定，但在升温升压下会变成不稳定的物品或遇水能反应释放能量，但不剧烈；2 级为本身极不稳定，并极易发生剧烈化学变化，但不起爆；3 级为本身能起爆，但需要有强烈的起爆源或需在密闭条件下受热，包括升温、升压下受机械冲击；4 级为常温、常压下本身能迅速爆炸分解，在现场必须全部疏散。

易燃级数：物质容易燃烧的能力，依次为 0～4 级。0 级为不燃；1 级为在点燃前必须预先受热；2 级为在点燃前必须预先受热的液体，以及放出蒸气的固体；3 级为在接近常温下能着火的液体；4 级为非常易燃的气体或极易挥发的易燃液体。

人身危害级数：物质对人身的危害的程度，依次为 0～4 级。0 级为暴露于火灾条件时对人身无危害；1 级为对人身有轻微危害，最好用隔绝式呼吸器；2 级为对人身有危害，戴隔绝式呼吸器可自由进入现场区域；3 级为对人体有极大危害，必须穿着全身防护服、十分谨慎的情况下进入现场，皮肤不能外露；4 级为对人身危害最强，气体或蒸气渗透消防人员所穿的防热常规防护服时可引起死亡，故必须穿戴专用防护服。

全身防护服：为了防护气体、蒸气、液体和固体接触皮肤，消防人员常规穿着的外套及套裤（钻式、套式的外套和裤子）、橡胶靴、手套，大腿、手臂和腰部护片以及面罩，尽可能保护好颈部、耳以及头盔或呼吸器所不能防护的头部其他部分。

专用防护服：是专门设计用以防护特殊危险的、对人身危害分类级别为4级的化学物品，推荐使用专用防护服。

爆炸极限：指一种可燃气体或蒸气与空气的混合物所发生的爆炸的浓度（或压力）范围。

反应容器：是混合前体化学品反应的容器。有玻璃、金属或其他材料的容器。毒品生产反应容器一般为圆底、顶部有三通、可加热的容器。

五、易制毒化学品管控现状

基于易制毒化学品的双重属性，易制毒化学品既不能像普通化学品那样自由流通，也不能像管控毒品那样完全禁止。国家严格管制易制毒化学品，不仅有利于预防其非法流失现象的发生，降低被不法分子滥用的风险，而且有助于规范易制毒化学品的生产加工、存储和运输等行为，防止出现各种意外事件。

易制毒化学品管控的核心是保障易制毒化学品的合法使用，防止流入非法制毒渠道。目前，我国对于易制毒化学品的管制在制度层面上已形成了基本的法律规范体系[1]。2005年，国务院正式颁布的《易制毒化学品管理条例》（以下简称"条例"）是我国第一部有关易制毒化学品管控的全国性法律规章，规定易制毒化学品应当施行分级管理以及采取许可证制度，为我国易制毒化学品管控工作提供了有力的制度支撑。随后，为强化对易制毒化学品的缉查管控，配套的法规相继形成。2007年全国人大常委会颁

---

[1] 赵云飞.易制毒化学品查缉管控的难点和对策[J].云南警官学院学报，2017（6）：53-57.

布的《中华人民共和国禁毒法》第21～26条以及第64条原则性地规定了易制毒化学品的管理制度。最高人民法院、最高人民检察院、公安部于2009年联合颁布的《关于办理制毒物品犯罪案件适用法律若干问题的意见》、2012年制定的《关于办理走私、非法买卖麻黄碱类复方制剂等刑事案件适用法律若干问题的意见》《最高人民法院关于审理毒品犯罪案件适用法律若干问题的解释》（法释〔2016〕8号）等，对易制毒化学品犯罪案件立案追诉和定罪量刑的标准进行了完善和细化。

根据国务院"条例"规定，我国11个部门[①]作为易制毒化学品管理的主管部门，在各自的职责范围内，负责全国的易制毒化学品有关管理工作。依据2006年公安部通过的《易制毒化学品购销和运输管理办法》，公安部是全国易制毒化学品购销、运输管理和监督检查的主管部门。

我国是化工大国，易制毒化学品作为普通化学品，其生产、经营和使用用户巨大，在庞大的非法需求和毒品暴利刺激下，不法分子通过各种途径，利用一些企业在管理易制毒化学品中的漏洞，骗取许可证或备案证明非法进行买卖与运输，使易制毒化学品流入制毒工厂[②]。另外，我国的物流行业近年来发展迅速，据天眼查数据显示，截至2021年11月，我国共有超150万家快递物流相关企业[③]。物流业的发展极大提高了货物流通的效率，促进经济发展的同时也存在一些问题，有的物流企业规模较小，实名制管理措施落实不到位，对货物的品种、流向及托运人和收货人的信息不明，人货分离，被查获的风险小，因而给不法分子利用物流非法运输易制毒化学品可乘之机。2020年5月29日，湖北大为物流有限公司在未经

---

① 国务院公安部门、药品监督管理部门、安全生产监督管理部门、商务主管部门、卫生主管部门、海关总署、价格主管部门、铁路主管部门、交通主管部门、市场监督管理部门、生态环境主管部门等。

② 杨平.基于易制毒化学品管控需求的禁毒情报工作研究［D］.北京：中国人民公安大学，2019.

③ 人民资讯.我国现有超150万家快递物流相关企业，江苏数量最多［OL］．2021-11-03，［2022-11-22］．https://baijiahao.baidu.com/s?id=1715379707405204078&wfr=spider&for=pc.

许可备案下，擅自运输158t、价值2.86万元硫酸给钟祥市华科磷化公司。7月10日，湖北钟祥市公安局依照"条例"第38条之规定，依法对湖北大为物流有限公司处以货值10倍的罚款，开出罚款28.6万元的高价罚单[①]。以此警醒企业负责人在易制毒化学品购买、使用、运输等环节的安全责任意识，严防易制毒化学品流入非法渠道。

一些不法分子还利用具有快捷性、隐蔽性的互联网进行易制毒化学品交易，在线上交易中故意隐藏身份和意图以逃避监管。易制毒化学品流入非法渠道用于制毒的问题屡禁不止，管制工作的难度和压力持续增大[②]。随着我国对易制毒化学品管控机制的逐步加强和完善、打击整治力度的加大，越来越多的不法分子转而利用非列管易制毒化学品来作为制毒原料的前体、试剂或作为易制毒化学品的上游物质，一方面是寻找与管制的易制毒化学品理化性能相似或相近的替代品，另一方面是改进制毒的合成路径，采用非列管的易制毒化学品制造毒品，或是利用非列管易制毒化学品通过化学反应转换成易制毒化学品后再用于毒品的加工和生产。不法分子将目标转向非列管易制毒化学品，不用经过严格的许可和审核便可购买或生产经营，而且可以躲避政府的监管与法律的制裁。由此预见，随着制毒工艺的改进，在制毒中使用非列管易制毒化学品的品种及数量会持续增加。

此外，为了避开国际管制制度，一些不法分子创建幌子公司隐瞒非法进出口；或在国内转用前体化学品，随后再走私到最终目的地。甚至兴起了专门供应前体化学品的有组织犯罪集团，利用管制制度薄弱的国家成为过境国。总之，易制毒化学品管控工作任重道远，需要从立法、执法、技术等多方面发力，保障其合法利用，杜绝流入非法渠道！

---

① 中国发展网.钟祥禁毒大队开出"高价罚单"严查非法运输易制毒化学品行为［OL］.2020-07-30，［2022-11-22］.https://baijiahao.baidu.com/s?id=1673640469121319221&wfr=spider&for=pc.

② 张涛，王明媚.大数据背景下对易制毒化学品管控的思考［J］.云南警官学院学报，2021（1）：42-47.

第二节 易制毒化学品识别方法

易制毒化学品的识别包括现场快速识别和实验室确证检验 2 部分。易制毒化学品的现场快速识别只能起到初检、筛选的作用，仅供禁毒执法人员对可疑物品作出快速识别是否可能是易制毒化学品，起到抓住时机控制嫌疑人、保全证据的作用。现场快速识别包括易制毒化学品的包装识别和理化性质的简单识别。

一、现场快速识别

（一）易制毒化学品的包装识别

包装化学品的容器形状各异，大小不同，所用材料也不同，有储罐、玻璃瓶、塑料桶及麻袋等。一般正规生产厂家出厂的化学品都会有标签、说明，通过包装物上的标签和说明可初步识别易制毒化学品的品种。对化学品首先看其有无标签，无标签或标签模糊的要认真调查其来源及尽可能证实物品性质；如有标签，要看标签与化学品的外观是否一致，以确定标签与内装物是否符合，是否为易制毒化学品。

（二）理化性质识别

对于疑似易制毒化学品的快速识别主要是根据其物理性质、化学反应或显色反应进行（表 6-2），其中根据溶解性能判断可疑样品在特定溶剂（不溶或微溶）中是否出现分层现象，而显色反应是将试样中被测组分转变成有色化合物的化学反应，通过颜色的变化直观地识别可疑样品。除了显色反应，常用的易制毒化学品现场快速探测技术还有传感技术、红外光谱技术、拉曼光谱技术、离子迁移谱技术和 X 射线技术等。

表 6-2 易制毒化学品的理化性质快速识别方法

样品	外观	气味	溶解性	显色或化学反应
1-苯基-2-丙酮	无色或黄色黏稠液体	特殊气味	溶于醇、苯等溶剂，不溶于水	二硝基苯甲醇溶液、氢氧化钠——呈紫红色；碘仿、马改氏试剂——黄色或黄色沉淀
3,4-亚甲基二氧苯基-2-丙酮	无色或淡黄色液体	特殊胡椒味	溶于丙酮、氯仿等有机溶剂	马改氏试剂——呈橘棕色
胡椒醛	无色有光泽的针状结晶	葵花香味和胡椒香味	易溶于乙醇、乙醚，溶于苯，微溶于水	马改氏试剂——呈柠檬黄色；巴费试剂（加热）——红色沉淀
黄樟素	无色或微黄色液体	茴香味或樟木味	溶于醇、醚、苯、氯仿等有机溶剂，不溶于水和甘油	马改氏试剂——深蓝色至黑深紫色；没食子酸试剂——由棕色变为深棕红色
异黄樟素	无色或微黄色液体	茴香味或樟木味	溶于醇、醚、苯、氯仿等有机溶剂，不溶于水和甘油	马改氏试剂——呈深紫色；没食子酸试剂——红色或红棕色
麦角酸	纯白色结晶性粉末	—	微溶于水和中性有机溶液，溶于稀酸和稀碱	1%对二甲氨基苯甲醛甲醇-磷酸液——呈紫色
麻黄素	蜡状固体或结晶颗粒	—	溶于水，易溶于乙醇、乙醚、氯仿	硫酸铜溶液、醋酸——呈蓝紫色
苯乙酸	白色粉末或白色片状晶体	难闻的刺激性气味	易溶于热水、乙醇、乙醚、氨水	马改氏试剂——产生黄色进一步转变为橄榄绿色
醋酸酐	无色透明液体	强烈的刺激性醋酸气味	与水不溶，溶于乙醇、乙醚、苯	10%盐酸羟胺甲醇溶液、0.5%三氯化铁甲醇溶液——红紫色至蓝紫色
三氯甲烷	无色透明液体	特殊气味	与水不溶，溶于乙醇、乙醚、苯	碘-丙酮溶液——呈桃红色

表 6-2（续）

样品	外观	气味	溶解性	显色或化学反应
乙醚	无色透明液体	特殊刺激气味	微溶于水，溶于乙醇、苯	冷浓硫酸——澄清透明
哌啶	无色液体	辛辣刺激臭味	水、醚、醇混溶	1% 亚硒酸硫酸溶液——呈深蓝色
甲苯	无色透明液体	特殊芳香气味	不溶于水，混溶于苯、乙醇、乙醚	乙醇、甲醛－浓硫酸溶液——深色渣状物
丙酮	无色透明液体	微香气味	易溶于水和甲醇、乙醇、乙醚	2,4-二硝基苯肼－浓硫酸溶液——橘黄色沉淀
高锰酸钾	黑紫色晶体	—	溶于水、碱液，微溶于甲醇、丙酮	双氧水——紫色溶液褪色，有大量气泡产生
硫酸	无色油状液体	—	与水互溶	pH 试纸（稀硫酸）——红色；氯化钡溶液——白色沉淀
盐酸	无色或微黄色液体	强烈的刺激性气味	与水混溶	pH 试纸——红色；硝酸银溶液——白色沉淀

（三）仪器快速识别

基于现代传感技术的发展，电子鼻进入人们的视野，其作为一种智能仿生传感器系统能实现对样品的定性或定量辨识，将气相色谱分离技术与气体传感器相结合有望研制出检测易制毒化学品的电子便携式装置[1]。

利用红外光谱法对易制毒化学品进行定性识别研究中，通过分析 152 份各类缴获的麻黄碱样品，对匹配度系数法和特征吸收峰法 2 种定性判别依据进行考察和比较。结果表明采用特征吸收峰法作为判别依据，专属性强、适用范围宽、定性结果准确可靠；确定了 1-苯基-2-丙酮、3,4-亚甲基二氧苯基-2-丙酮、胡椒醛、N-乙酰邻氨基苯酸、邻氨基苯甲酸、

---

[1] 束庆波. 电子鼻技术在易制毒化学品检测中的应用研究［D］. 芜湖：安徽工程大学，2015.

麻黄碱、伪麻黄碱、3-氧-2-苯基丁腈、1-苯基-2-溴-1-丙酮、N-苯乙基-4-哌啶酮、4-苯胺基-N-苯乙基哌啶、1-苯基-1-丙酮、N-甲基-1-苯基-1-氯-2-丙胺这13种易制毒化学品的特征吸收峰[①]。

公安部第一研究所自主研发的基于拉曼光谱的易制毒化学品轨迹综合查缉装备主要包括拉曼光谱仪和运输单识别仪2个模块。该装备能够无损、快速、准确给出被测物质的化学成分信息，并通过无线网卡实现网络连接，利用运输单识别仪得到运单号后直接上传到全国易制毒化学品管理信息系统，最终实现运单校验功能。该易制毒化学品轨迹综合查缉装备在物质成分鉴别上采用拉曼光谱分析技术，可成功获得甲苯、麻黄碱、伪麻黄碱、黄樟素等管制的易制毒化学品的拉曼散射光谱，结合拉曼光谱数据库，可在实际易制毒化学品查缉工作中支持现场物质成分的识别[②]。

基于真空紫外光电离（VUV）的离子迁移谱仪对易制毒化学品（胡椒醛、黄樟素、异黄樟素、邻氨基苯甲酸、麻黄素、苯乙酸、丙酮等）可实现快速检测识别。VUV-离子迁移谱仪在图谱分析识别方面，综合利用余弦相似性、命中率指数作为判别依据，弥补了单靠出峰时间作为判别依据的不足，对纯物质的识别效果较好，该装置基本满足现场稽查易制毒化学品的要求[③]。

X射线相干散射技术是一种重要的物质识别技术，具有非破坏性、非接触性、低成本、高分辨率等优点。该技术可以在不破坏包装物的前提下，利用X射线强的穿透能力穿透包装物并对包装物内部物质的本征结构进行分析。基于奇异值分解（SVD）的多种液体易制毒化学品的分类研究表明，提取三维特征向量并利用三维欧氏距离作为分类判据，可对15种样品

---

① 刘翠梅，韩煜，贾薇，等.13种易制毒化学品红外光谱快速定性分析［J］.光谱学与光谱分析，2019，39（5）：1439-1444.

② 张涛，孙丹，闻健明，等.基于拉曼光谱的易制毒化学品轨迹综合查缉装备［J］.警察技术，2016（4）：8-10.

③ 丘燕.易制毒化学品管理与检测［J］.广东化工，2011，38（5）：224-225.

（3，4-亚甲基二氧苯基-2-丙酮、异黄樟脑、乙酸酐、丙酮、硫酸、二氯甲烷、水、异丙醇、甲醇、2-丁酮、苯、乙醇、正丁醇、吡啶、四氯化碳，其中前5种为我国列管的易制毒化学品）进行分类，特征点之间不会出现混叠现象，验证了特征提取与分类方法的有效性[①]。

在实际的现场易制毒化学品识别中，如果没有接触过化学品检验方面的培训，不要随意打开容器进行识别，不要使容器泄露或破坏，轻拿轻放，远离热源、火源，注意容器上标签的标志，如剧毒、腐蚀、易燃等。一般可先使用易制毒化学品快检箱进行检测，按快检箱简明使用操作卡，如果化学反应显阴性，基本可以排除，如果化学反应显阳性，则找出配发的标准样品做对比实验，经对比实验基本确定后，及时取样送检。

二、实验室确证检验

因现场快速识别结果不能作为定案的证据使用，如需确认可疑物的种类、成分、含量等，必须运用专门的实验室检验方法，对其进行定性和定量分析，才能作为证据使用。常用于易制毒化学品识别检验的实验室方法主要有气相色谱-质谱联用法、高效液相色谱法、液相色谱-质谱联用法、气相色谱-红外光谱法和顶空气相色谱法等。检材处理与检测方法可参照下列标准方法：

1.《法庭科学 疑似易制毒化学品检验 红外光谱法》（GA/T 1990—2022）

2.《法庭科学 疑似易制毒化学品中去甲麻黄碱等6种麻黄碱类物质检验 气相色谱-质谱、液相色谱和液相色谱-质谱法》（GA/T 1934—2021）

3.《法庭科学 疑似易制毒化学品中羟亚胺检验 液相色谱-质谱、气相色谱-质谱和液相色谱法》（GA/T 1789—2021）

---

① 张雨.易制毒化学品X射线散射探测及其识别算法[D].合肥：中国科学技术大学，2011.

4.《生物样品中 γ-羟基丁酸的气相色谱-质谱和液相色谱-串联质谱检验方法》（GA/T 1074—2013）

5.《法庭科学 盐酸、硫酸和硝酸检验 化学和离子色谱法》（GA/T 1946—2021）

6.《疑似易制毒化学品中 1-苯基-2 丙酮等 8 种物质检验 气相色谱-质谱和液相色谱法》（GA/T 2045—2023）

7.《法庭科学 疑似易制毒化学品中 N-苯乙基-4-哌啶酮和 4-苯胺基-N-苯乙基哌啶检验 红外光谱、气相色谱-质谱和液相色谱法》（GA/T 2046—2023）

8.《法庭科学 疑似易制毒化学品中苯乙腈、3-氧-2-苯基丁酰胺、3-氧-2-苯基丁酸甲酯检验 气相色谱和气相色谱-质谱法》（GA/T 2047—2023）

9.《法庭科学 疑似易制毒化学品中苯乙酸检验 气相色谱-质谱法》（GA/T 2048—2023）

10.《法庭科学 疑似易制毒化学品中丙酮等 5 种物质检验 气相色谱-质谱法》（GA/T 2049—2023）

11.《法庭科学 疑似易制毒化学品中醋酸酐检验 气相色谱-质谱法》（GA/T 2050—2023）

12.《法庭科学 疑似易制毒化学品中溴素检验 气相色谱和气相色谱-质谱法》（GA/T 2051—2023）

第七章　涉毒人员与场所识别

案例分析

2018年，在外打工多年的阿华，回村租用了一块山尽头闲置多年的山地，建造了简易厂房，雇用了自己家族的兄弟，准备生产一种高科技化工产品并远销海外。开工后，农民发现工厂排放的废液所到之处，草木枯萎、池塘鱼虾死亡，遂报警。经警方调查，发现阿华建造的是生产冰毒的制毒工厂。试问，如何通过工厂外部特征及时发现制毒工厂？

在涉毒的交通案件、治安案件和刑事案件侦查中，常常需要通过对涉毒人员、涉毒场所的外部特征快速识别，为办理案件提供帮助。在日常生活中，广大人民群众如果能快速识别涉毒人员和涉毒场所，可有效预防毒品违法犯罪活动的发生。涉毒人员与涉毒场所识别，是打击和预防毒品违法犯罪活动的重要手段。

涉毒人员与场所识别通常包括外部特征识别和毒品成分检测识别。本章重点介绍涉毒人员与涉毒场所的外部特征识别，初步判断此人是否涉及毒品违法犯罪；此场所是否为吸毒、贩毒、制毒等毒品违法犯罪行为的发生地，为进一步实验室确证实验提供线索和方向。

第七章　涉毒人员与场所识别

第一节　涉毒人员识别

毒品违法犯罪一直是公安机关打击的重点，同时，涉毒人员还可能引发其他治安案件和刑事案件，如吸毒人员为筹毒资进行盗窃、卖淫甚至杀人越货，引发各种社会问题。为更迅速、准确地打击涉毒违法犯罪行为，必须对涉毒人员进行快速有效识别。

一、涉毒人员及其分类

（一）涉毒人员的概念

涉毒人员是指参与毒品违法犯罪的人员，如吸毒人员、贩毒人员、毒品制造人员、毒品种植人员等。

（二）涉毒人员的分类

涉毒人员的分类方法很多：

（1）根据涉毒人员从事的活动不同，可将涉毒人员分为吸毒人员、贩毒人员、毒品制造人员、毒品种植人员等。

（2）根据涉毒人员的社会危害性及法律后果不同，将涉毒人员分为毒品违法人员和涉毒犯罪人员。

根据《中华人民共和国治安处罚法》第71～72条规定，涉毒违法人员有以下几种：非法种植不满500株罂粟或其他少量毒品原植物的人员；非法买卖、运输、携带、持有少量未经灭活的罂粟等毒品原植物的种子、幼苗以及少量罂粟壳的人员；非法持有鸦片不满200 g、海洛因或者甲基苯丙胺不满10 g或者其他少量毒品的人员；向他人提供毒品的人员；吸食、注射毒品的人员等。

根据《中华人民共和国刑法》第347～355条规定，涉毒犯罪人员包括：走私、贩卖、运输、制造毒品犯罪人员；非法持有大量毒品犯罪人员；

非法生产、买卖、运输制毒物品、走私制毒物品犯罪人员；非法大量制造毒品原植物，买卖、运输、携带大量毒品原植物种子、幼苗毒品犯罪人员；引诱、教唆、欺骗他人吸毒，强迫他人吸毒，容留他人吸毒等毒品犯罪人员；非法提供麻醉药品、精神药品毒品犯罪人员等。

二、涉毒人员识别的任务

涉毒人员识别包括对涉及毒品违法犯罪人员的外部特征、反常行为、中毒症状的观察，以及身体组织（血液、尿液、唾液、毛发）、随身携带物品、交通工具上物品、有关场所中物品的化学成分检测等一系列活动过程。涉毒人员识别的任务主要有：

（1）通过观察嫌疑人体态、体貌、行为是否异常，重点提取嫌疑人员血液、尿液、唾液、毛发进行化学检测，根据是否含有毒品及毒品种类，确定此人是否吸毒。

（2）通过搜查提取嫌疑人所使用交通工具上物品、住所物品、随身携带物品进行化学检测，根据是否含有毒品、种类及其数量，确定此人是否涉及毒品违法犯罪。

三、涉毒人员识别方法

在涉毒人员中，制毒、种植毒品原植物、运输毒品、贩卖毒品等违法犯罪人员的外观特征与正常人无明显差别，而吸毒人员因吸毒产生一系列生理变化、中毒反应和戒断反应，与正常人有显著的区别，故本涉毒人员识别重点讨论吸毒人员的快速识别方法。

（一）通过外观特征识别涉毒人员

长期滥用毒品，会使吸毒者身体、行为、心理产生巨大变化，表现出诸多行为和特征，主要表现在以下 3 个方面：

1. 身体特征

（1）显著消瘦。

（2）红眼睛，常常眼泪汪汪或目光呆滞。

（3）经常流鼻涕或流鼻血。

（4）嘴的周围长口疮或血疹，舌头发白（抽大麻）。

（5）手臂、大腿内侧、腋下等身体部位有众多针孔、痂痕、皮肤脓肿、溃疡及坏疽（海洛因注射形成）。

（6）走路慢，摇摇晃晃，步履蹒跚，弱不禁风。

（7）脸部有浮肿，脸色苍白或发暗。

2. 行为特征

（1）性格变得孤僻，喜欢独处。

（2）对家庭活动不感兴趣。

（3）偷钱、偷东西。

（4）有时精神亢进（吸冰毒）。

（5）无故旷课、旷工。

（6）经常夜间外出。

（7）白天起床很晚，甚至下午才起床。

（8）盛夏时节依然感觉冷，不敢穿短袖或裙子（怕暴露针眼）。

3. 心理变化

（1）抑郁、失落、沮丧。

（2）情绪不稳定，喜怒无常。

（3）焦虑紧张。

（4）出现幻觉、幻听，有妄想症。

（5）暴躁不安、易怒，有时无故攻击身边的人。

（二）通过观察毒品的中毒症状识别

毒品种类不同，滥用方式不同，滥用后产生的症状也各不相同。

1. 海洛因

海洛因是吗啡类代表毒品。滥用方式有鼻吸、抽吸、皮下注射和静脉注射等。食用后出现欣快感，疼痛感消失。滥用者会出现瞳孔缩小、畏光、肌体消瘦、说话含混不清、皮肤发麻、免疫功能降低等症状。吸食成瘾后，若不及时再吸，会产生戒断反应，如流涎、流涕、流泪、出汗、焦虑、频繁哈欠等，继而瞳孔扩大、全身极度寒冷、大小便失禁，时而身上乱抓，时而用头撞墙，身体陷入极度虚弱之中。

2. 苯丙胺类

常见的苯丙胺类毒品有冰毒（甲基苯丙胺）、摇头丸（MDMA、MDA等）。滥用方式为烫吸、口服、鼻吸、静脉注射等。少量服用表现出精神振奋、清醒、机敏、话多、兴致勃勃、思维活跃、情绪高涨、长时间工作或学习无疲劳感、无饥饿感。吸毒者服用摇头丸后摇头扭腰、嗜舞、妄想、不知羞耻、性冲动及幻觉和暴力倾向。长期滥用可造成慢性中毒、体重下降、消瘦、溃疡、脓肿、指甲脆化和夜间磨牙，造成永久性的脑细胞损伤和非永久性肝细胞损伤，表现为心理障碍幻听、偏执被害妄想，继而可能作出冲动伤人、毁物甚至杀人行为。

3. 氯胺酮

氯胺酮俗称K粉。滥用方式为鼻吸、放入饮料口服等。食用后表现为兴奋、话多、性冲动、理解判断力障碍，可导致自伤或伤害他人的行为，有成瘾依赖综合征，停药 12～48 h 后出现烦躁不安、焦虑、抑郁、精神差、皮肤蚁走感、手震颤等，出现精神属性症状，与精神分裂症非常相似，主要表现为幻觉、妄想、易激怒、行为紊乱等症状。

（三）利用仪器分析等技术手段识别涉毒人员

作为筛查重点人员的手段，要确定此人是否涉毒还需要对其血液、尿液、唾液、毛发以及其他毒品犯罪现场、交通工具、携带可疑物品等进行检测。确定嫌疑人或物品中有无毒品，然后确定毒品种类，必要时检测其毒品含量。一般血液、尿液、唾液反映嫌疑人近期（1～3 d 或 1～7 d 内）

是否涉毒，而毛发则可记录嫌疑人半年甚至 1 年内的涉毒情况。如果嫌疑人近期接触过毒品，其手上、衣物、随身携带的物品上可能会沾染毒品，通过检测，可证明嫌疑人与毒品违法犯罪行为的联系。具体取样与检测方法见前述相关章节。

第二节　涉毒隐语识别

隐语是一个汉语词语，意思是秘密谈话；指不直说本意而借别的词语来暗示的话。涉毒隐语，又称俗语、行话、黑话、隐语、暗语等，都是指在"毒圈"中使用的交流语言。

在我国严厉打击毒品违法犯罪的背景下，涉毒人员为更"安全"地从事毒品犯罪交易和违法吸毒活动，通过毒圈特有的"毒语"，不管是制毒贩毒、还是吸毒人员，都通过这个"语言体系"来进行交流，以此来判断对方是否为"同道中人"，躲避公安机关的查缉打击。作为普通公民，通过了解并识别涉毒隐语，可以更好地保护自己，拒绝毒品的侵害；同时，可配合公安机关更有效地打击毒品违法犯罪活动。

涉毒隐语众多，涉及面广、分类复杂。不同时代、不同地域、不同的违法犯罪活动，其涉及的涉毒隐语不尽相同。按照经常出现的涉毒隐语，可将其分为毒品交易隐语、毒品名称隐语、毒品剂量单位隐语、吸毒行为隐语、吸毒感受隐语 5 类。

一、毒品交易隐语

"道友"——指一起吸食毒品的人；

"上家"——指毒贩子；

"大咖""发家"——指毒品货源充足的毒贩子；

"点发家"——指毒贩子被人举报；

"下家"——指买毒品的人；

"农夫"——指种大麻的人；

"飞行员"——指吸食大麻的人；

"机长"——指出售大麻的毒贩；

"拍"——指通过网络购买毒品；

"竞标"——指在群里竞拍毒品；

"下单"——指提交毒品订单；

"快递"——指邮寄毒品；

"吃消夜吗"——指要毒品吗；

"加马"——指购买麻古；

"买酒"——指买"K粉"；

"送亲"——指给买家送毒品；

"断粮"——指毒品缺货；

"闪电"——指快速送货；

"埋地雷"——指卖家把毒品放在某一处隐秘点后，把交易地点告知买家来完成毒品交易；

"去哪里玩"——指毒品运到某地；

"什么时间找你玩"或"什么时间一起唱歌"——指运送毒品时间；

"到了某某家""一帆风顺"——指运毒顺利到达目的地；

"生病了""去看医生"——指被查了。

二、毒品名称隐语

（1）海洛因："白粉""小白""小海""白妹""面粉""四哥""四号""海海""海白菜"等。

（2）鸦片："大烟""小果""快乐果""阿片""阿芙蓉""福寿膏"等。

（3）氯胺酮："K粉""K仔""King""K他命""维他命""KFC""鸡肉""沙"等。

（4）冰毒："冰""冰糖""猪肉""钻石""大力丸""象牙"（纯

度低的冰毒）"马屎"（吸食冰毒后剩下的残渣）等。

（5）麻古："葱""小马""马儿""籽籽""轮胎""溜麻""果子""小麻"等。

（6）摇头丸："蓝精灵""甩头丸""快乐丸""E仔""狂喜""迪士高饼干""忘我""疯药""爱他死""白天使""蝴蝶""亚当""鸽子""M药片"等。

（7）γ-羟丁酸（GHB）："神仙水""紫水""液态快乐丸""G毒""迷奸水""G水"等。

（8）大麻："狼药""草""燃料""叶子""印多"等。

（9）可卡因："可可精""滚石""快乐客"等。

（10）甲卡西酮："盐""浴盐""丧尸药"等。

（11）LSD（麦角二乙酰胺）："邮票""开心水""神仙水""公仔纸"等。

三、毒品剂量单位隐语

（1）"一分"——指十分之一克；

（2）"一个肉"——指1 g冰毒；

（3）"一件酒"——指1 g K粉；

（4）"一手"——指5 g；

（5）"一块"——350 g海洛因；

（6）"一条""一筒"——指1000 g；

（7）"调"——指小剂量毒品交易；

（8）"蹬""踢"——指50 g以上毒品交易。

四、吸毒行为隐语

"壶"——吸冰毒器具；

"锅""烧锅"——烫烤冰毒用的圆球装器具；

"踏板"——包裹或烧烤毒品用的锡纸;

"paper"——将大麻卷成香烟形状的纸;

"追龙"——指用打火机加热锡纸上的毒品。

"打飞"——将海洛因添加在香烟中吸食;

"拍针""蚂蚁上树"——指注射海洛因;

"开天窗"——指动脉注射海洛因(快感强烈,十分危险);

"溜冰""泡泡""打呼噜""烧开水""吹壶壶""煲猪肉""吃猪肉""烧锅"——指吸食冰毒;

"嗑药""摇脑壳""甩头"——指吸食摇头丸;

"兵马俑"——指冰毒加麻古;

"猪油煎蛋"——指冰毒加摇头丸;

"打飞""飞叶子""滚钴辘""溜麻"——指吸食大麻;

"颜K"——指用硬卡片将氯胺酮研为细粉的过程;

"刮K／介K"——将氯胺酮布置成一直线;

"打K""拉K""索K""打盐"——指吸食者拿起吸管,一头放进鼻子深处,一头对准呈一直线的"K粉",用力从头到尾将K粉吸光;

"开马会"——指聚众吸毒;

"5181"——指我要白药(海洛因);

"176"——指一起溜;

"17668"——指一起溜溜吧。

五、吸毒感受隐语

"飘""晕""打头"——是指吸食海洛因后产生"快感"的描述。

"飘"是指肢体感觉消失、灵魂飘荡的感觉,并有幻觉,如"美女如云""黄金遍地""想什么有什么"等。

"晕"是指一种似乎与外界隔绝、内心极为满足的状态。

"打头"是指海洛因使用后的一种"舒服"上冲感,反映的是海洛因作用强弱和起效快慢。"打头"者好，反之则"丑"。

"嗨"是形容冰毒类毒品带来的快感，通常是极度兴奋、摇头不止、行为冲动。

"上头"指吸食冰毒类毒品的感受，就像喝酒后醉醺醺的感觉，也是判断冰毒质量的标准之一，"上头"意味着剂量充足、品质好，反之品质不好。

"溜大了""岔道"指新型毒品吸食后产生幻觉和妄想等精神障碍。

"坠机"指大麻对大脑产生的幻觉，将潜意识中的负面情绪扩大并释放，给吸食者带来绝望、痛苦的情绪。

"飞""飞行"指吸食大麻产生的漂浮感。

第三节 涉毒场所识别

一、涉毒场所及其分类

涉毒场所是指毒品制造、种植、贩卖、吸食及其他毒品违法犯罪发生的场地或空间。从毒品生成（毒品制造）到毒品消失（被吸食）的整个过程都离不开涉毒场所。根据涉毒行为不同，涉毒场所一般可分为毒品制造（种植）场所、毒品运输及贩卖场所、吸毒场所3大类。

二、涉毒场所识别的方法

涉毒场所识别是指对毒品制造现场各类特征物、种植毒品的植物特征、运输和贩卖毒品可疑物特征和吸毒场所可疑物品、人员进行观察和分析，判断、发现和固定涉毒违法犯罪证据的一系列活动过程。

不同的涉毒场所，其特征及涉毒环节完全不同，外观识别方法也不同。

（一）毒品制造场所识别

毒品制造场所一般具有伪装性和隐蔽性。无论是小规模生产的手工作坊，还是大规模生产的场所，为了逃避打击，都会选择比较隐蔽的场所并进行一定的伪装。但毒品生产过程需要进行化学反应，具有危险性；需要购买大量的易制毒化学品；并产生大量废气废水污染环境，因此，必然会具备一定的特征。

1. 场地特征识别法

制毒工厂通常选择在偏僻、废弃的厂房或隐蔽的居民楼内作业。往往具有以下特征：①场地周围有陌生可疑人员、车辆经常在夜间或一早出现。②独栋的出租房屋、仓库，个别已关、停的小型化工厂、制药厂、农药厂，被闲置的农家乐、学校等原本偏僻、废弃的厂房近来又开始运作。③有380伏工业用电线路。④厂房附近有较大的蓄水池或用大量塑料桶蓄存污水，并将污水用隐蔽的方法排入下水道或河流。

（1）深山野外涉毒场所识别：由于制毒的违法性，毒贩有时将毒品制造厂安放在深山废弃的工厂或在山林中搭建简易工棚制毒。其识别方法是：①突然出现的竹棚、彩钢工棚等临时建筑，大山深处废弃的工厂的窗户被报纸、砖头封闭。②私自接电源线或自备发电设备。③建有水塔或蓄水桶、废水池。④铁制品物体锈迹斑斑。

（2）农村猪舍、鸡舍制毒场所识别：有些毒贩将制毒目光放在农村废弃的猪舍、鸡舍等场所，这些场所相对深山野外更容易得到水、电等必要条件，但被发现的危险比深山野外更高。

农村猪舍鸡舍制毒场所识别法与深山野外涉毒场所识别法大同小异，其有以下特点：①猪舍、鸡舍窗户全部用报纸或其他物质封闭，晚上有微弱灯光。②用电量大幅增加。③用水量大幅增加。④附近土壤变白色，庄稼死亡。⑤晚上有难闻气味飘到附件农户家中。周围小沟黑水处寸草不生。⑥经常有陌生人和陌生车辆出入。

（3）居民小区制毒场所识别：因制毒规模可大可小，少数城市涉毒人员在家中制毒，其制毒规模小，特征物不明显，具有伪装性和隐蔽性。其有如下识别特点：①怕被发现，窗户是经常性拉上窗帘。②制毒是化学反应，产生的废气无法消除，周围的居民经常能闻到刺鼻的气味。③可能在网上购买试剂，经常有大量的快递。④如果进入家中会发现厨房或厕所有玻璃烧杯、玻璃分液漏斗、玻璃试剂瓶、电子天平等实验室常用物品。⑤在对居民污水日常监测中，会发现污水中冰毒的含量大幅增加。

2. 制毒过程识别法

（1）常雇佣少数文化程度较低工人，不公开招工，管理、技术人员行为诡秘，严格限制外人进入。

（2）采取严格的封闭式生产，生产时断时续，往往选择在夜间或风雨天气开工。

（3）生产时排放红黄色或白色具有刺激性气味的烟尘，产生的烟雾较难散去（制造K粉的窝点没有刺激性气味）；窝点排污严重，影响居民正常生活。④窝点人员对居民的投诉没有合理、具体说明，或对外谎称生产"除草剂""洗洁剂"等，一旦外界有反应会迅速转移。

3. 排出、丢弃物观察法

（1）排出的废气有浓烈刺鼻气味，废水是带有泡沫、刺鼻的黑色稠状液体。

（2）废气污染周围环境，常常导致附近树木、杂草枯萎死亡。

（3）排出废水导致附件鱼塘、河沟鱼虾家禽中毒死亡。

（4）加工窝点周围丢弃大量易制毒化学试剂瓶、塑料桶、包装物，黑色液体废水池臭味难闻。

4. 易制毒化学品识别法

制造冰毒的主要化学品有：麻黄素、麦角酸、胡椒醛、1-苯基-2-丙酮、伪麻黄素、苯乙酸、醋酸酐、三氯甲烷、乙醚、丙酮、高锰酸钾、硫酸、盐酸等。通过易制毒化学品异常流动，可发现制毒情报线索。

5. 设备识别法

（1）制造冰毒的主要设备有：反应罐、搅拌机、制冷设备、过滤纸、过滤罐、烘干箱、粉碎机、微波炉、脱水机、加热装置、不锈钢桶、塑料桶、钢罐、玻璃器皿、各类衡器（天平、磅秤）、封口机、各种塑料包装袋等。

（2）制造麻果（冰毒片剂）、摇头丸的设备与冰毒类似，不同之处在于一般还会有烘干箱、粉碎机、搅拌机、压片机、封口机、金属模具、钢筛等设备。

（3）生产、加工 K 粉的设备有：加热炉、粉碎机、搅拌机、微波炉、冰箱、封口机、衡器。

（4）制造麻黄碱的主要设备有玻璃反应釜、离心机、搅拌机、抽滤瓶、真空泵、漏斗等。

（5）制造邻酮的主要设备：反应釜、冷凝器等。

（6）制造羟亚胺的主要设备：反应釜、冷凝器、离心机等。

6. 人员识别法

操作工人文化程度低，管理人员、技术人员行动诡秘。因各种化学反应产生废气废水，工人未经系统培训，在缺乏防护的情况下，制毒人员在制毒过程中由于经常接触有毒物质，双手、面部常会被化学制剂灼伤并导致皮肤溃烂，或吸入有毒气体导致中毒，严重的会送医院抢救。

（二）毒品原植物识别

目前最常见的毒品原植物是大麻和罂粟，可通过大麻叶和罂粟株确定是否种植毒品，尤其是罂粟花和罂粟果实，大众的识别度非常高。

（三）毒品运输及贩毒场所识别

打击毒品运输及贩毒是涉毒案件侦破重要一环，也是全世界打击毒品犯罪的难点。贩毒手段隐蔽狡猾、渠道多、变化快，大宗毒品案件增多。物流基地、互联网涉毒问题突出，给打击贩毒带来越来越高的难度。目前毒品运输及贩卖主要有 2 种形式，即运输夹带毒品（车辆夹带、货物夹带、人体夹带）和互联网快递贩毒。

1. 运输夹带贩毒识别

贩毒是一种犯罪行为，且毒品货值高，犯罪分子为安全（人员安全、毒品安全）将毒品运送到世界各个角落，使用各种隐蔽的手段，花样繁多，无奇不有。如将毒品藏在玩具中、货物中、汽车轮胎中、汽车油箱中、人体内，手法千变万化。对此类涉毒场所识别方法主要有 3 种。

（1）公安机关侦查和情报分析法。

公安机关通过群众举报、治安检查、情报分析、侦查调查等方法识别。

（2）技术手段识别法。

利用 X 线机及各种现场快速检查设备，可检查货物里面的异常情况，将日常检查和重点货物检查结合起来，对可疑物品进行识别。

（3）缉毒犬识别法。

缉毒犬鼻子灵敏度极高，痕量毒品气味能使它有特殊反应，可通过各种微量毒品训练警犬对毒品的反应。用训练过的缉毒犬对重点区域、重点车辆、重点货物进行巡查识别。

2.互联网快递贩毒识别

由于贩毒行为的高风险性，犯罪分子将贩卖毒品的触角伸向互联网快递行业。互联网快递贩卖毒品有如下特点：隐蔽性更强，贩运区域跨度大，便捷性高，快递起运地相对集中，人货分离风险性降低。可通过技术手段、反常的货物流向和群众举报等方式寻找线索。

（四）吸毒场所识别

涉毒人数最多的是吸毒人员。海洛因、大麻等属于麻醉类毒品，吸食人员一般会选择较隐蔽、安静的地方，如家中、宾馆客房、洗浴场所的包房内等地方；而冰毒、摇头丸、K 粉等兴奋剂类毒品的吸食地点大多集中在迪吧、KTV 包房等娱乐场所和能够提供音响设备的民宅、宾馆客房等地方。吸食毒品需要工具，如注射器、溜冰壶、锡纸等。吸毒后有的人很疯狂地舞动，有的呆若木鸡沉浸在毒品虚幻世界中，有的毒品有特殊香味。所以吸毒场所识别的基本方法是"两看"（看吸毒工具，看吸毒人的状态）、"一闻"（闻特殊香味）及通过技术手段识别。

1.重点场所的识别

从吸毒经常发生的地方看，重点观察娱乐场所、宾馆、洗浴场包房、KTV 包房、深夜音响扰民的民宅等。有些吸毒场所还有一些特殊的标示性图案，用来宣泄情感或吸引"同道中人"。

2. 吸食工具的识别

通过重点场所的巡查，查看是否有吸毒工具。海洛因的吸食方式主要有烟抽（烫吸）和注射2种，必备工具是注射器、针头、纯净水、匙子、锡纸、打火机等。冰毒吸食工具：溜冰壶、各种瓶子（矿泉水瓶、玻璃瓶、饮料瓶）、锡纸、软管、吸管、打火机，重点检查瓶盖是否有孔（插软管、吸管）。K粉鼻吸，工具通常是卡片、吸管和小碟等。

3. 涉毒人员状态识别

吸冰毒、K粉的人很兴奋，身体不受控制地舞动，吸海洛因的人沉浸在自己的愉悦世界中，他们的状态与周围的氛围格格不入。

这3个方法相互补充，既可联合使用，也可分开使用。此外，涉毒场所还可通过污水检测等技术手段识别。

4. 通过污水检测等技术手段识别

污水检测是通过测定未经处理生活污水中的毒品及代谢产物的浓度，应用相应数学模型计算，将测得的毒品浓度推算为该区域内吸毒人员服用某种类型的毒品数量。利用污水分析监测网络，通过对污水中残留毒品和代谢物的检测分析，可及时掌握毒品使用情况，并通过溯源倒查技术，寻找毒品使用的源头，为禁毒部门提供有价值的即时数据，对打击毒品犯罪和制定有针对性的禁毒政策，具有非常重要的作用。

污水毒品检测技术最早诞生于美国。20世纪90年代，美国政府研发出污水分析技术并将其用于实时监测家庭污水对环境的潜在影响。随后，这一技术被用于监测毒品滥用情况并逐步向各国推开。

2001，美国环保署首次提出将违禁药物（毒品）列入环境污染物。2005年，意大利Ettore Zuccato开始做污水检测，并发表第一篇论文"污水检测苯甲酰牙子碱（大麻）"。2008年，欧洲毒品及毒瘾监测中心开始关注并积极推广污水检测应用领域；2010年，欧洲污水分析法核心成员国发起污水分析法标准化活动；2012年，欧洲毒品及毒瘾监测中心开始举办全球污水分析国际研讨会。2012年9月，北大李喜青教授团队首次在我国开展污水毒品检测研究，选取国内 18 个大城市的 36 个污水处理厂中的"甲基苯丙胺、氯胺酮、可卡因、美沙酮、苯甲酰牙子碱（大麻）、牙子碱甲基酯（大麻）、O_6-单乙酰吗啡、迷幻药、甲氧麻黄酮、亚甲基二氧吡咯戊酮、去甲氯胺酮等"作为检测目的物。结果表明：我国毒品消费主要为甲基苯丙胺和氯胺酮，与办案部门查获的情况一致。2019 年，第四届国际污水分析国际研讨会在广东佛山召开。南京药科大学、青岛海洋大学、华中师大等也开展了相关研究。目前，毒品污水检测方法已广泛应用于办案实践，分析一定区域内使用毒品的品种、数量、变化趋势等；特别是 NPS，污水监测是非常有用的方法。因此，通过污水分析，可建立一套不受人为因素影响、科学客观的毒情评估体系，从而为摸清各地毒情，为精准打击和整治毒品违法犯罪活动提供了科学的依据。

第八章　涉毒违法与犯罪

案例分析

2016年冬季，河南某县政府2名临时聘用的种菜人员吴某和蔡某买来菜种子，在政府院内的空地上种蔬菜。2018年，群众发现该菜地上长出一片罂粟花。为什么2016年种植的罂粟种籽，2017年没生长，2018年长出罂粟花来了呢？吴某和蔡某的行为构成种植毒品原植物罪吗？

涉毒违法行为分为广义和狭义2种。广义的涉毒违法行为包括触犯刑事法律的毒品犯罪行为和违反其他禁毒法律法规的一般违法行为，狭义的涉毒违法行为是指违反《刑法》之外的国家禁毒法律法规的一般违法行为。

涉毒案件，是指需要依法立案、查处的涉及毒品的案件。根据案件性质不同，可以将其分为：毒品犯罪案件（涉毒刑事案件）、涉毒治安行政案件、毒品的一般行政案件（工商、卫生、医疗等管辖）、毒品的违纪案件等。

我国禁毒法律体系由禁毒刑事立法、禁毒行政法规、禁毒部门规章、地方性禁毒立法等构成，此外，我国加入的禁毒国际公约和签署的禁毒国际合作协议，对涉毒违法犯罪活动也具有约束力。

第一节 涉毒治安行政案件

一、涉毒治安行政案件的概念

涉毒治安行政案件是指违反国家有关禁毒法律、法规，破坏毒品管制活动，依法由公安机关予以治安处罚的案件。

二、涉毒治安行政案件的认定

根据我国法律规定，公安机关有管辖权的涉毒行政案件包括《禁毒法》《治安管理处罚法》《易制毒化学品管理条例》《麻醉药品和精神药品管理条例》《麻醉药品和精神药品运输管理办法》规定的 29 种禁止行为，可将其分为经营牟利型毒品案件、持有型毒品案件、妨害禁毒司法活动型案件、（促进）毒品消费型案件和违反涉毒管理制度型案件等。

（一）经营牟利型毒品案件

经营牟利型涉毒治安行政案件主要包括介绍买卖毒品等 4 类案件，其涉毒行为认定依据、认定标准及主要证据收集见表 8-1。

表 8-1 经营牟利型涉毒行为认定与证据收集

涉毒行为种类	认定依据	认定标准	主要证据收集	备注
介绍买卖毒品	《禁毒法》第 61 条	1）行为人实施了为买卖毒品的双方人员从中引见、沟通、撮合、牵线搭桥的行为，且情节轻微。2）买卖毒品双方的行为是在介绍人的引见、沟通、撮合、牵线搭桥下实施的	1）实施介绍和交易的有关场所照片或现场图。2）毒品样本或实物照片等。3）询问相关介绍人、贩卖人、购买人和目击证人与该案相关的问题，相互之间的关系等	情节轻微，指实施介绍买卖毒品的次数比较少（2 人次以下），或者认错态度好并积极配合公安机关等情形

表 8-1（续）

涉毒行为种类	认定依据	认定标准	主要证据收集	备注
非法种植毒品原植物	《治安管理处罚法》第71条第1款第1项	1）行为人没有经过特批而种植了毒品原植物，包括播种、移苗栽种、灌溉、收获等。 2）本人或雇用他人种植，种在什么场所和是否收获等，均不影响本行为的构成。 3）情节轻微，数量不大	1）证明行为人种植的毒品原植物品种、数量等的实物、照片。 2）询问嫌疑人、证人等与案件相关的情况	1）以观赏或治病为目的私自种植少量罂粟，不予处罚。 2）对非法种植罂粟或者其他品原植物，在成熟前自行铲除的，可不予处罚
非法买卖、运输、携带、持有毒品原植物种苗	1）《治安管理处罚法》第71条第1款第2项。 2）《麻醉药品和精神药品管理条例》	1）行为人违反国家规定，实施了非法买卖、运输、携带、持有少量未经灭活的罂粟等毒品原植物种子或幼苗等行为。 2）情节轻微（毒品原植物种子、幼苗的数量少）	1）证明行为人实施该行为（品种、数量）的实物、图片；特别注意提取"未经灭活"的证据。 2）行为人实施行为的场所、工具等实物和图片。 3）询问嫌疑人和证人与案件相关的情况	行为人可能实施其中1种或几种行为，可以拆分为4种案件。行为人触犯哪1种行为，就构成相应的案件；行为人实施了其中几种行为，就合并为1个案件，不实行"数罪并罚"
非法买卖、运输、储存、使用罂粟壳	1）《治安管理处罚法》第71条第1款第3项。 2）《罂粟壳管理暂行规定》第2条	1）行为人实施了非法运输、买卖、储存、使用罂粟壳的行为，且未经授权或许可。 2）情节较轻（罂粟壳数量较少）	1）行为人实施非法买卖、运输、储存、使用罂粟壳的实物或照片证据。 2）行为人实施上述行为的场所、工具等的实物、照片等。 3）询问嫌疑人和证人与案件相关的情况	行为人可能实施其中1种或几种行为，可以拆分为4种案件；也可以合并为1个案件，不实行"数罪并罚"

（二）持有型毒品案件

非法持有毒品，是指违反国家法律法规，占有、携带、藏有或者以其他方式持有少量鸦片、海洛因等毒品，情节轻微，尚不够刑事处罚的行为。持有型毒品案件仅指非法持有毒品 1 种案件，是对走私、贩卖、运输等行为"营利"认定困难情况下的一种变通。其认定依据为《治安管理处罚法》第 72 条第 1 项。非法持有毒品的认定标准：

（1）行为人实施了非法持有毒品的行为。我国法律禁止任何人非法持有毒品，持有者必须得到法律的授权、许可或者有关人员执行职务时持有。所谓非法持有毒品，是指行为人违反国家法律和国家主管部门的规定，占有、携带、藏有或者以其他方式将毒品置于自己控制之下的行为。行为人持有毒品，可以将毒品随身携带，也可以将毒品藏在某处，还可以将毒品委托他人保管等。只要该毒品归行为人所有，不论藏在何处，都属于持有毒品。

（2）行为人持有的毒品必须是少量的，即鸦片不满 200 g，海洛因或甲基苯丙胺不满 10 g 或其他少量毒品。

非法持有毒品案调查取证的主要证据有：①非法持有毒品的实物或照片。②与案件相关的其他证据。③询问嫌疑人、证人与案件相关的情况。

（三）妨害禁毒司法活动型案件

妨害禁毒司法活动型治安行政案件主要包括为吸毒、赌博、卖淫、嫖娼人员通风报信等案件。其涉毒行为认定依据、认定标准及主要证据收集见表 8-2。

表 8-2 妨害禁毒司法活动型涉毒行为认定与证据收集

涉毒行为种类	认定依据	认定标准	主要证据收集	备注
为吸毒、赌博、卖淫、嫖娼人员通风报信	《治安管理处罚法》第74条	1）饮食服务业、文化娱乐业、出租汽车业等单位的人员实施了为吸毒、赌博、卖淫、嫖娼人员通风报信的行为。如在公安机关依法查处吸毒、赌博、卖淫、嫖娼活动时，行为人有意泄露或者直接告知违法犯罪行为人有关公安机关查处违法犯罪的信息，即行动部署、措施、地点、时间、对象、规模等情况，或者为其放哨、望风，随时通报查处情况等的行为。2）情节轻微。如果行为情节严重，即多次通风报信，或导致大量违法人员逃脱公安机关追究等，则构成刑事案件	1）实施上述通风报信行为的方式、途径等证据。如记载通风报信文字的电子信息。2）实施上述通风报信行为的具体内容。3）其他与案件有关的证据，如现场接头照片等。4）询问嫌疑人、证人与案件相关的情况	对行为人无意中泄露的情况，或者在不知情的情况下，为违法犯罪行为人通风报信的，不能认定为本行为。通风报信的对象限于从事吸毒、赌博、卖淫、嫖娼活动的违法犯罪行为人

（四）（促进）毒品消费型案件

（促进）毒品消费型案件主要包括容留吸毒等4类案件，其涉毒行为认定依据、认定标准及主要证据收集见表8-3。

表 8-3 （促进）毒品消费型涉毒行为认定与证据收集

涉毒行为种类	认定依据	认定标准	主要证据收集	备注
容留吸毒	《禁毒法》第61条	1）行为人为吸毒人员提供场所的行为已经发生。2）吸毒人员已经利用行为人提供的场所进行吸食、注射毒品行为。3）情节轻微。如果情节严重的，则构成犯罪，将追究刑事责任。未满足上述条件的，按行政案件处理	1）吸毒场所的照片或现场方位图。2）吸食、注射的毒品、工具等照片。3）与案件有关的其他证据，如吸毒人员作为交换条件，送给容留人的物品等。4）询问容留者、吸毒者和目击证人与容留吸毒相关的情况及相互关系	根据《最高人民检察院、公安部关于公安机关管辖的刑事案件立案追诉标准的规定（三）》的要求，容留他人吸食、注射毒品2次以上，一次容留3人以上吸食、注射毒品则构成容留他人吸毒罪
提供毒品	《治安管理处罚法》第72条第2项	1）行为人实施了向他人无偿提供毒品的行为。2）只要实施了无偿提供毒品的行为，不管提供的数量多少，也不管是否造成他人吸毒成瘾的后果，该案均成立	1）毒品实物（包括品种、数量等）、照片或录像等。2）毒品鉴定意见。3）行为人是否明知是毒品的证据。4）向他人提供毒品的动机、目的，是否以营利为目的等的证据。5）询问嫌疑人、证人与案件相关的情况	如果是有偿提供毒品的，则构成刑事案件

表 8-3（续）

涉毒行为种类	认定依据	认定标准	主要证据收集	备注
吸毒	《治安管理处罚法》第72条第3项	1）行为人出于非医疗需要和目的实施了吸食、注射毒品的行为，即用口服、鼻吸、吞服、饮用、皮下注射或静脉注射等方法使用鸦片、海洛因、吗啡、可卡因等毒品的行为。2）尿检呈阳性，且本人承认吸食了毒品；或经过实验室检测，血液或尿液中检出了毒品成分，且没有合理用药的证据	1）吸毒的器具、吸毒场所的照片或者录像。2）毒品的实物或照片。3）与案件有关的其他证据，如吸毒者的尿样检测报告、鉴定报告等。4）询问嫌疑人、证人等与吸毒行为相关的情况	在治疗某种疾病过程中，出于医疗上的需要，行为人按照国家的规定，合理使用吗啡等，不构成本行为
引诱、教唆、欺骗吸毒	《治安管理处罚法》第73条	1）行为人实施了教唆、引诱、欺骗他人吸食、注射毒品的行为。如向他人宣扬吸毒后的感受或给予他人利益或用谎言、隐瞒事实真相、制造假象等方法使他人吸食、注射毒品的行为。2）被教唆、引诱、欺骗的人没有吸食、注射毒品或次数很少。3）情节轻微，否则，构成犯罪	1）行为人实施引诱、教唆、欺骗他人吸毒的动机、目的、具体方式、手段等证据。2）实施引诱、教唆、欺骗他人吸毒时使用的毒品、器具等实物、照片等。3）被引诱、教唆、欺骗的人尿样检测结论等。4）询问违法嫌疑人、证人等相互之间的关系，与案件相关的情况等	1）引诱，指以某种利益或需求为诱导，拉拢原本没有意愿吸毒的人吸食毒品的行为。2）教唆，指以劝说、授意、怂恿、激将等方法，鼓动、唆使他人吸食毒品的行为。3）欺骗，指采取隐瞒事实真相或者制造假象等方法，使他人在不知道是毒品的情况下吸食毒品的行为，如将毒品放在饮料中欺骗他人吸食

表 8-3（续）

涉毒行为种类	认定依据	认定标准	主要证据收集	备注
胁迫、欺骗开具麻醉药品、精神药品	1)《治安管理处罚法》第 72 条第 4 项。2)《麻醉药品和精神药品管理条例》第 39、40 条	1）行为人实施了胁迫、欺骗医务人员开具麻醉药品、精神药品的行为。2）医务人员确实在行为人的胁迫、欺骗下开具了麻醉药品、精神药品。3）医务人员开具麻醉药品、精神药品的数量较小	1）行为人实施胁迫、欺骗医务人员开具麻醉药品、精神药品的具体手段或方式。2）证明医务人员开具麻醉药品、精神药品具体品种、数量的证据，如处方单、被领取的实物或照片、诊断及病历资料等。3）与案件有关的其他证据，如现场照片等。4）询问嫌疑人、医务人员、证人等与案件相关的情况	1）胁迫，指行为人采用暴力或者非暴力的恫吓、威胁等方法对他人进行精神上的强制，迫使医务人员开具麻醉药品和精神药品。2）欺骗，指行为人编造虚假的理由，骗取医务人员的信任

（五）违反涉毒管理制度型案件

违反涉毒管理制度型治安案件包括违反易制毒化学品管理、麻醉药品和精神药品管理制度等方面的案件。其涉毒行为认定依据、认定标准及主要证据收集见表 8-4。

表 8-4 违反涉毒管理制度型涉毒行为认定与证据收集

涉毒行为种类	认定依据	认定标准	主要证据收集	备注
未经许可、备案购买、运输易制毒化学品	1)《易制毒化学品管理条例》第38条第1款。2)《易制毒化学品购销和运输管理办法》第30条第1项、第32条第1项、第34条第2款。3)其他有关法律、法规	1)行为人未经公安机关行政主管部门审批、备案，实施了故意非法购买、运输易制毒化学品的行为。2)行为人在主观上存在故意或过失的行为。行为人故意不向公安机关行政主管部门申请、备案，或提出申请未取得公安机关行政主管部门的同意许可	1)行为人未经公安机关行政主管部门审批、备案的事实。2)实施购买、运输易制毒化学品行为的证据，包括购买、运输的品种、数量、运输工具、方式和路线，涉案人等。3)与案件相关的其他证据，如相关实物、照片、票据等。4)询问涉案嫌疑人、证人等与案件相关的情况	只要行为人在未经公安机关行政主管部门审批备案的情况下，实施了购买或运输行为，均可确认
骗取易制毒化学品购买、运输许可证、备案证明	1)《易制毒化学品管理条例》第38条第1款。2)《易制毒化学品购销和运输管理办法》第34条第1款。3)其他有关法律、法规	1)行为人实施了伪造虚假的申请材料骗取易制毒化学品购买、运输许可证或者备案证明的行为。至于是否骗取成功，不影响本行为的构成。2)本行为的主观方面是故意，目的是骗取易制毒化学品购买、运输许可证、备案证明	1)骗取易制毒化学品购买、运输许可证、备案证明的违法事实材料。如伪造的虚假申请材料及印章；骗取的易制毒化学品购买、运输许可证、备案证明。2)与案件有关的其他证据，如虚假申请材料的来源渠道和具体内容。3)询问嫌疑人、证人与案件相关的情况	如果不是故意，而是粗心或失误而造成申请材料虚假的，则不构成本行为

表 8-4（续）

涉毒行为种类	认定依据	认定标准	主要证据收集	备注
使用他人的许可证、备案证明购买、运输易制毒化学品	1)《易制毒化学品管理条例》第38条第1款。2)其他有关法律、法规	1)行为人实施了使用他人的许可证、备案证明来掩盖自己的真实情况，从而购买、运输易制毒化学品的行为。2)本行为的主体是一般主体，既可以是个人，也可以是单位。3)本行为的主观方面是故意	1)行为人实施购买、运输易制毒化学品行为的证据，如购买、运输过程的工具、实物、照片、交易记录等。2)行为人使用他人的许可证、备案证明的证据，如相关实物，许可证、备案证明的复印件存根等。3)询问嫌疑人、证人与案件相关的情况	实施本行为的最终目的是否达到，不影响本行为的构成
使用伪造、变造、失效的许可证、备案证明购买、运输易制毒化学品	1)《易制毒化学品管理条例》第38条第1款。2)其他有关法律、法规	1)行为人实施了使用经过伪造、变造或已经失效的许可证、备案证明来掩盖自己的真实情况，从而购买、运输易制毒化学品的行为。2)行为人主观故意的证据	1)行为人购买、运输易制毒化学品的事实证据，如实物、照片等。2)伪造、变造、失效的许可证、备案证明的实物、照片等。3)用于伪造、变造、失效的许可证、备案证明的印章等工具、材料等。4)用于伪造、许可证案购买、运输的易制毒化学品实物及有关购买票据、运输工具。5)询问嫌疑人、证人与案件相关的情况	1)不论行为人购买、运输的目的是否达到，不影响本行为的构成。2)如果行为人毫不知情或受他人委托而使用伪造、变造或已经过期的许可证、备案证明购买、运输易制毒化学品的，则不能确认

表 8-4（续）

涉毒行为种类	认定依据	认定标准	主要证据收集	备注
易制毒化学品购买、运输单位未按规定建立安全管理制度	《易制毒化学品管理条例》第40条第1款第1项及其他法律法规	1）行为人实施了未按有关法律规定建立易制毒化学品购买、运输审批许可、安全管理制度的行为。2）行为人在主观上必须是故意的	1）涉案单位管理制度文本的实物、照片等。2）与案件相关的其他证据，如该单位未建立管理制度的原因、存在问题、造成的影响等。3）询问嫌疑人、证人与案件相关的情况	因不可抗拒的原因未能及时建立易制毒化学品购买、运输安全管理制度的，而非故意不建立的，则不能确认
转借易制毒化学品购买、运输许可证、备案证明	1）《易制毒化学品管理条例》第40条第1款第2项。2）《易制毒化学品购销和运输管理办法》第36条第1项。3）其他有关法律、法规	1）行为人实施了将易制毒化学品购买、运输许可证或者备案证明转借他人使用的行为。2）本行为主观方面是故意的，即行为人明知易制毒化学品购买、运输许可证或者备案证明不得转借他人，而故意将易制毒化学品购买、运输许可证或者备案证明转借他人使用	1）行为人转借易制毒化学品购买、运输许可证或者备案证明的证据。2）证明行为人主观故意的证据。3）询问嫌疑人、证人与案件相关的情况	1）只要行为人已经将易制毒化学品购买、运输许可证或者备案证明转借到他人手里，不论他人是否已经使用该许可证或者备案证明，均构成本行为。2）如果行为人被他人以其他借口骗取或失窃易制毒化学品购买、运输许可证或者备案证明的，则不构成本行为

表 8-4（续）

涉毒行为种类	认定依据	认定标准	主要证据收集	备注
超出购买许可、备案范围购买易制毒化学品	1)《易制毒化学品管理条例》第40条第1款第3项。2)《易制毒化学品购销和运输管理办法》第36条第2项。3) 其他有关法律、法规	1) 行为人实施了未经公安机关行政主管部门审批同意，擅自超出易制毒化学品购买许可、备案范围规定的品种、数量而购买易制毒化学品的行为。2) 行为人的行为是主观故意的，即行为人明知购买易制毒化学品应在许可或者备案范围内进行购买，而故意超出购买许可、备案范围购买易制毒化学品	1) 行为人超出规定品种和数量购买易制毒化学品的证据，如相关凭证、实物、照片等。2) 行为人主观故意的证据。3) 询问嫌疑人、证人与案件相关的情况	1) 超范围包括品种和数量2方面。行为人购买易制毒化学品的品种、数量只要不符合公安机关行政主管部门核准的购买许可、备案范围，无论购买多少，均可确认。2) 个人自用购买少量高锰酸钾的，无须备案
未按规定记录、保存、备案易制毒化学品交易情况	1)《易制毒化学品管理条例》第40条第1款第4项。2)《易制毒化学品购销和运输管理办法》第36条第3项。3) 其他有关法律、法规	1) 行为人违反了易制毒化学品管理规定，不记录或者不如实记录交易情况，不保存交易记录或者不如实、不及时向公安机关和有关行政主管部门备案销售情况。2) 行为是主观故意的	1) 行为人存在交易易制毒化学品的事实，如销售单据、实物、照片等。2) 行为人未按规定记录、保存、备案相关交易情况的证据。3) 询问嫌疑人、证人与案件相关的情况	因疏忽大意造成记录情况有误或记录内容不完整，或无意中忘记保存交易记录，或因不可抗拒的原因未能及时向公安机关和有关行政主管部门报告备案销售情况，不认为构成本行为

表 8-4（续）

涉毒行为种类	认定依据	认定标准	主要证据收集	备注
易制毒化学品丢失、被盗、被抢不报	1)《易制毒化学品管理条例》第40条第1款第5项。2)《易制毒化学品购销和运输管理办法》第36条第4项。3) 其他法律、法规	1) 本行为的主体是已获得合法许可，生产、经营、购买易制毒化学品的单位或者个人。2) 行为人发生了易制毒化学品丢失、被盗、被抢不报的行为，且造成了严重后果	1) 行为人的易制毒化学品丢失、被盗、被抢的证据，如实物、照片等。2) 行为人的易制毒化学品丢失、被盗、被抢不报的违法事实。3) 易制毒化学品丢失、被盗、被抢不报造成后果的证据。4) 询问嫌疑人、证人与案件相关的情况	1) 如果行为人在易制毒化学品丢失、被盗后一段时间内一直未发觉丢失而被他人利用作案的，不宜认定本行为。2) 只有造成严重后果的，才成立本行为，这是本行为成立的1个法定要件
使用现金、实物交易易制毒化学品	1)《易制毒化学品管理条例》第40条第1款第6项。2)《易制毒化学品购销和运输管理办法》第36条第5项。3) 其他法律、法规	1) 本行为的主体是已获合法许可销售或购买的单位或个人。其他单位或个人实施使用现金、实物交易易制毒化学品的不成立本行为。2) 行为人实施了使用现金或者实物进行易制毒化学品交易的行为。3) 行为具备主观故意	1) 行为人交易易制毒化学品的证据。2) 行为人交易使用现金、实物交易的证据。3) 询问嫌疑人、证人与案件相关的情况	这里的易制毒化学品，不包括合法购买第1类中的药品类易制毒化学品、药品制剂以及第3类易制毒化学品。以现金、实物以外的方式进行交易的不成立本行为
未按规定报告易制毒化学品年度经销、库存情况	1)《易制毒化学品管理条例》第40条第1款第8项。2)《易制毒化学品购销和运输管理办法》第36条第6项。3) 其他法律、法规	1) 本行为的主体是已获合法许可经营易制毒化学品的单位。个人以及非法从事易制毒化学品的单位，都不能成为本行为的主体。2) 行为人实施了不如实或者不按时报告易制毒化学品年度经销和库存情况的行为	1) 行为人经销易制毒化学品的事实。2) 行为人未按规定报告易制毒化学品年度经销、库存情况的证据。3) 询问嫌疑人、证人与案件相关的情况	在表现形式上，分为不如实和不按时报告2种情况，即从内容的真实性和时间的及时性2个方面表现

表 8-4（续）

涉毒行为种类	认定依据	认定标准	主要证据收集	备注
运输易制毒化学品货证不符	《易制毒化学品管理条例》第41条第1款	1）本行为的主体是获得合法许可的易制毒化学品运输单位。2）运输的易制毒化学品与易制毒化学品运输许可证或者备案证明载明的品种、数量、运入地、货主及收货人、承运人等情况不符；或者运输许可证种类不当	1）行为人运输易制毒化学品的证据。2）货证不符的证据。3）询问嫌疑人、证人与案件相关的情况	
运输易制毒化学品未携带许可证、备案证明	《易制毒化学品管理条例》第41条第1款	1）本行为的主体是具有运输资质的易制毒化学品运输单位的人员。无运输资质的个人实施运输易制毒化学品行为的，不成为本行为的主体。2）行为人实施了未全程携带运输许可证或者备案证明的行为	1）行为人具有易制毒化学品运输资质的证据。2）行为人实施了运输易制毒化学品的证据。3）行为人未全程携带运输许可证或者备案证明的证据。4）询问嫌疑人、证人与案件相关的情况	行为人必须是未全程携带运输许可证或者备案证明，即行为人在运输过程中可能携带过或全程未携带2种情况
违规携带易制毒化学品	《易制毒化学品管理条例》第41条第2款	1）本行为的主体是已获得合法许可的个人。单位或者未获得合法许可的个人不是本行为的主体。2）行为人实施了违规携带易制毒化学品的行为	1）行为人具有合法许可携带易制毒化学品的证据。2）行为人携带易制毒化学品的证据。3）行为人携带易制毒化学品与规定品种、数量不符的证据。4）询问嫌疑人、证人与案件相关的情况	行为人携带的易制毒化学品与已获得合法许可准许携带的易制毒化学品不相符合，包括在品种、数量上不相符合2种情况

表 8-4（续）

涉毒行为种类	认定依据	认定标准	主要证据收集	备注
拒不接受易制毒化学品监督检查	1)《易制毒化学品管理条例》第42条。2)《易制毒化学品购销和运输管理办法》第37条。3）相关法律、法规的规定	1）经营、购买、运输易制毒化学品的单位或者个人已经实施了拒绝接受公安机关监督检查的行为。2）尚未使用暴力或未造成严重后果	1）行为人生产、储存（保管）、运输、使用易制毒化学品的证据。2）行为人拒不接受易制毒化学品监督检查的证据。3）询问嫌疑人、证人与案件相关的情况	
麻醉药品、精神药品流入非法渠道	《麻醉药品和精神药品管理条例》第82条第1款	1）行为人违反了国家关于麻醉药品药用原植物的种植，麻醉药品和精神药品的实验研究、生产、经营、使用、储存、运输等活动以及监督管理的有关规定，并导致麻醉药品和精神药品流入了非法渠道。2）本行为的主体是特殊主体，即经过批准，取得开展麻醉药品药用原植物的种植、麻醉药品和精神药品的实验研究、生产、经营、使用、储存、运输等活动以及监督管理资格的单位以及工作人员。3）本行为具有主观故意。4）行为的后果必须是轻微的，即未造成严重后果	1）行为人具备合法利用麻醉药品、精神药品相关资质的证据。2）麻醉药品、精神药品流入非法渠道的证据。3）行为人主观故意的证据。4）行为未造成严重后果的证据。5）询问嫌疑人、证人与案件相关的情况	

表 8-4（续）

涉毒行为种类	认定依据	认定标准	主要证据收集	备注
向无购买许可证、备案证明的单位、个人销售易制毒化学品	《易制毒化学品购销和运输管理办法》第31条第1项	1）本行为的主体是已获得合法许可经销易制毒化学品的单位。 2）行为人已经实施了向无购买许可证、备案证明的单位、个人销售易制毒化学品的行为，即购买方是无购买许可证、备案证明的单位、个人。 3）行为具主观故意	1）行为主体具备合法许可经销易制毒化学品的证据。 2）行为主体销售易制毒化学品的证据。 3）购买人无购买许可证、备案证明的证据。 4）行为主体主观故意的证据。 5）询问嫌疑人、证人与案件相关的情况	
超出购买许可、备案范围销售易制毒化学品	《易制毒化学品购销和运输管理办法》第31条第2项	1）本行为的主体是已获得合法许可销售易制毒化学品的单位。 2）行为人已经实施了超出购买许可、备案范围销售易制毒化学品的行为。 3）行为人主观上是故意的	1）行为主体具备合法许可经销易制毒化学品的证据。 2）行为主体销售易制毒化学品的证据。 3）购买人许可证、备案证明等证据。 4）行为主体销售超出购买人许可证、备案范围易制毒化学品的证据。 5）行为主体主观故意的证据。 6）询问嫌疑人、证人与案件相关的情况	

从上述条款可看出，涉毒治安行政案件除了类似涉毒刑事案件的一些禁止行为外（情节显著轻微），主要增加了有关吸毒、易制毒化学品管理、麻醉药品和精神药品管理的相关规定。

第二节 毒品犯罪案件

一、毒品犯罪案件的概念与分类

（一）毒品犯罪案件的概念

毒品犯罪案件，是违反我国禁毒法律、法规，从事与毒品有关的犯罪活动的案件，包括种植、制造、走私、贩卖、运输、窝藏、非法持有和引诱、教唆、帮助他人消费毒品的行为。具体是指我国刑法第6章第7节第347～357条规定的12个犯罪行为，且需要追究刑事责任的案件。国家禁毒法律、法规，主要指《刑法》《禁毒法》、国务院公布的《麻醉药品和精神药品管理条例》《非药用类麻醉药品和精神药品列管办法》和《易制毒化学品管理条例》等法律、法规。

（二）毒品犯罪案件的分类

从不同的角度，可以对毒品犯罪案件进行不同的分类。

1. 根据案件性质分类

根据毒品犯罪案件的性质，可分为经营型毒品犯罪、持有型毒品犯罪、（促进）毒品消费型犯罪和妨害禁毒司法活动型毒品犯罪。

2. 根据刑法罪名分类

根据《刑法》第347～357条之规定，将毒品犯罪分为12个罪名，与之相对应的就可分为12种毒品犯罪案件。

（1）走私、贩卖、运输、制造毒品犯罪案件。

（2）非法持有毒品犯罪案件。

（3）包庇毒品犯罪分子犯罪案件。

（4）窝藏、转移、隐瞒毒品、毒赃犯罪案件。

（5）走私制毒物品犯罪案件。

（6）非法生产、买卖、运输制毒物品犯罪案件。

（7）非法种植毒品原植物犯罪案件。

（8）非法买卖、运输、携带、持有毒品原植物种子、幼苗犯罪案件。

（9）引诱、教唆、欺骗他人吸毒犯罪案件。

（10）强迫他人吸毒犯罪案件。

（11）容留他人吸毒犯罪案件。

（12）非法提供麻醉药品、精神药品犯罪案件。

其中：第（1）（5）（6）（7）（8）种为经营型毒品犯罪。第（9）（10）（11）（12）种属（促进）毒品消费型犯罪。第（2）种为持有型毒品犯罪，仅指非法持有毒品罪一个罪名，该罪为走私、贩卖、运输、制造毒品罪的一个变通。因为在司法实践中，有时存在对上述行为"营利"认定的困难。第（3）（4）种为妨害禁毒司法活动型毒品犯罪。

3. 根据危害后果分类

根据最高人民法院《关于审理毒品案件定罪量刑标准有关问题的解释》和最高人民检察院、公安部关于毒品犯罪案件立案追诉标准的有关规定，毒品犯罪案件可以分为一般案件、重大案件和特别重大案件。

（1）一般案件。

一般案件，指应当立案，但是毒品或者制毒物品数量少，情节一般的案件。主要包括走私、贩卖、运输、制造鸦片不满 200 g，海洛因或者甲基苯丙胺不满 10 g，以及其他毒品数量少，情节一般的案件；非法持有毒品数量较大，情节一般的案件；包庇毒品犯罪分子，情节一般的案件等。

（2）重大案件。

重大案件，是指涉案毒品或者制毒物品数量较大或者情节较严重的案件。主要包括走私、贩卖、运输、制造毒品数量较大或者数量少但情节严重的案件；非法持有毒品数量大或者数量较大但情节严重的案件；包庇毒品犯罪分子情节严重的案件；走私、非法买卖制毒物品数量大的案件等。

（3）特别重大案件。

特别重大案件，是指涉案毒品、制毒物品数量巨大或者情节特别严重的案件。主要包括走私、贩卖、运输、制造毒品数量大的案件或者从事毒品犯罪集团活动的案件；武装掩护走私、贩卖、运输、制造毒品犯罪的案件；以暴力抗拒检查、拘留、逮捕，情节严重的案件；参与有组织的国际贩毒活动的案件等。

此外，还可根据贩毒数量的多少分为大宗毒品犯罪案件（通常鸦片大于 50 g，海洛因或冰毒大于 10 g）和零包毒品犯罪案件（通常鸦片小于 50 g，海洛因或冰毒小于 10 g）。根据毒品犯罪活动涉及的范围，分为境内毒品犯罪案件和跨国毒品犯罪案件等。

二、毒品犯罪案件的特点

毒品犯罪案件一般具有以下特点：

（一）隐蔽性

毒品犯罪具有十分严重的社会危害性，我国刑法对其惩罚也十分严厉，所以毒品犯罪分子在从事毒品犯罪活动时都会绞尽脑汁地掩盖事实；同时，毒品犯罪活动一般没有直接的被害人，除制毒或种植毒品原植物案外，涉毒案件大多没有传统意义上的犯罪现场，为毒品犯罪分子隐藏其犯罪活动提供了便利。

（二）流动性

毒品犯罪的本质是为了牟取，只有流动才能产生效益。毒品犯罪案件中走私、运输、买卖等环节，其整个过程大多是在跨省区、跨国界的流动状态下完成；制毒案件的原材料和相关设备购买、成品出货等也在流动中完成。从全球范围来看，毒品的种植、生产主要集中在贫穷落后的国家或地区，而毒品消费使用人群多生活在发达国家或地区，因此，除零包贩毒多局限于一定的社会范围内，多数毒品犯罪案件往往涉及多个地区或国家。毒品犯罪流动性的特点决定了贩毒路线长，需在境内外同伙的参与下，多次辗转、倒手，其涉及面相应地扩大，增加了暴露的概率。

（三）对抗性强

各种犯罪活动与执法部门的侦查工作都存在着较量和对抗，毒品犯罪分子从事贩毒活动时，与禁毒执法部门的对抗表现得尤为突出。其对抗性主要表现在 2 个方面：一是武装对抗性强，面对面较量激烈。境内外毒品犯罪分子为了使毒品走私入境并保证毒品安全成交，往往在策划贩毒的预谋过程中准备各种武器进行武装贩毒活动。既是为了对抗禁毒执法部门的查缉，同时也是为了防范交易过程中出现"黑吃黑"的情况。二是毒品犯罪活动的反侦查手段突出。毒品犯罪的极大风险性使得毒品犯罪分子在进行犯罪活动时十分小心谨慎，以防"翻船"。尤其是那些境内外相勾结的有组织犯罪集团，在进行贩毒活动时经常采用各种反侦查手段，如进行秘密接头，联络中使用暗语、代号，频繁地采用各种反跟踪、避窃听、反"打入"伎俩，进行毒品交易时在要害部位安置流动哨观察有无跟踪车辆和人员等。

（四）复杂性

毒品犯罪是一种特殊的犯罪活动，涉案人员众多，涉及地域广泛，犯罪活动的过程非常复杂。因此，毒品犯罪案件搜集线索和调查取证难度均较大[1]。

三、毒品犯罪的构成要件

毒品犯罪的犯罪构成由犯罪客体、犯罪客观方面、犯罪主体、犯罪主

---

[1] 苗翠英. 毒品案件立案与侦查工作指南[M]. 北京：中国人民公安大学出版社，2009：81-83.

观方面构成。尽管各种具体的毒品犯罪都有各自不同的犯罪特点，但由于毒品犯罪所具有的共性，它们又有着共同的犯罪构成要件。

（一）毒品犯罪的客体

毒品犯罪的客体是刑法保护的而为犯罪行为侵害的社会关系。毒品犯罪的客体是社会管理秩序，其中有的是毒品管理制度，有的是司法机关的正常活动，有的是社会风尚和公民身心健康权等。例如，走私、贩卖、运输、制造毒品罪侵犯的不仅是国家毒品管理制度，还会诱发其他犯罪问题，从而危害整个社会的管理秩序；而包庇毒品犯罪分子罪侵犯的则是司法机关同毒品犯罪分子作斗争的正常活动；引诱、教唆、欺骗他人吸毒罪则不仅侵犯了国家对毒品的管理制度，而且也侵犯了他人的人身健康权利，进而诱发毒品犯罪以及与毒品犯罪有关的其他违法犯罪活动，导致一系列社会问题，危害社会的管理秩序，危害社会主义的社会风尚。

毒品犯罪的对象主要有3类：第一是毒品及其前体物。具体而言，包括毒品、毒品原植物、制毒所用的原料或者配剂、未经灭活的毒品原植物种子和幼苗。例如，走私、贩卖、运输、制造毒品罪和非法持有毒品罪，以及非法提供麻醉药品、精神药品罪的犯罪对象是鸦片、海洛因、甲基苯丙胺、吗啡大麻、可卡因以及国家规定管制的其他能够使人形成瘾癖的麻醉药品和精神药品；非法运输、携带制毒物品进出境罪和非法买卖制毒物品罪的犯罪对象是制造毒品的物品和原料，如麻黄素、醋酸酐、乙醚、三氯甲烷等物品；非法种植毒品原植物罪和非法买卖、运输、携带、持有毒品原植物种子、幼苗罪的犯罪对象是罂粟、大麻、古柯等毒品原植物和未经灭活的罂粟等毒品原植物的种子或幼苗。第二是他人。具体包括2种人：一是毒品犯罪分子，如包庇毒品犯罪分子罪的犯罪对象，必须是已经实施走私、贩卖、运输、制造毒品犯罪行为而应追究其刑事责任的犯罪分子；二是作为任意自然人的他人，如引诱、教唆、欺骗他人吸毒罪和强迫他人吸毒罪的犯罪对象是没有吸毒意愿的人或者是已经戒除毒瘾的人。第三是毒品犯罪所得的财物。例如，窝藏、转移、隐瞒毒品、毒赃罪的犯罪对象不仅有毒品,而且还包括毒品犯罪所得财物。

(二)毒品犯罪的客观方面

毒品犯罪的客观方面,表现为《刑法》所规定的走私、贩卖、运输、制造毒品,非法持有毒品,非法种植毒品原植物等12种行为。毒品犯罪客观方面的表现形式一般为作为形式,即犯罪人以积极的行为完成犯罪,但个别特殊情况下也可以表现为消极的不作为,如非法种植罂粟,数量较小的,在公安机关责令铲除后仍不予铲除的,这种情况就属于因种植人的不作为而构成犯罪。

(三)毒品犯罪的主体

毒品犯罪的主体,是指具备刑事责任能力,实施毒品犯罪行为并依法应负刑事责任的人。毒品犯罪的犯罪主体多是一般主体,即不要求具有某种特殊身份,可以是自然人,有些也可以是单位。但是,非法提供麻醉药品、精神药品罪的犯罪主体是特殊主体,只能是依法从事生产、运输、管理、使用国家管制的麻醉药品、精神药品的人实行,非上述人员向吸食、注射毒品的人提供麻醉药品、精神药品的,不构成本罪。

已满14周岁不满16周岁的人犯有贩卖毒品罪的应当负刑事责任,除此以外的其他毒品犯罪行为,根据我国《刑法》的规定,不构成犯罪。在处理已满14周岁不满16周岁的人贩卖毒品的具体案件时,应根据案件的不同情况区别对待,从轻或者减轻处罚,尤其是对被利用、教唆、胁迫、诱骗参加贩卖毒品犯罪活动的,且贩卖毒品数量不大、情节轻微的,一般可以不追究刑事责任。

(四)毒品犯罪的主观方面

毒品犯罪的主观方面只能是故意,而且绝大部分是直接故意,即行为人必须对犯罪对象有所认识,如走私、贩卖、运输、制造毒品罪的行为人必须明知是毒品,而仍予以走私、贩卖、运输、制造。这时即使所实施的毒品犯罪行为的对象不是真的毒品，仍构成毒品犯罪（未遂）。反之，如果行为人不知道行为的对象是某种毒品犯罪的对象，即使实际上是毒品或制毒物品，也不构成毒品犯罪，应根据具体情况以其他犯罪或非罪处理[1]。

毒品犯罪不可能构成过失犯罪，因为我国《刑法》第15条第2款规定："过失犯罪，法律有规定的才负刑事责任。"《刑法》中均没有关于过失毒品犯罪的规定，所以，过失不构成毒品犯罪。

第三节　涉毒案件证据[2]

一、涉毒案件证据概念

涉毒案件证据是指依法收集的、用来证明毒品违法犯罪事实，以及其他有关案件真实情况的一切事实。

二、涉毒案件证据的特点

涉毒案件证据与其他证据一样具有3个特性：一是客观性，就是一切证据都必须是客观存在的事实；二是关联性，就是证据与毒品违法犯罪案件的事实要有内在的联系；三是合法性，就是证据必须是具有法律所规定的特定形式，证据的收集调查、审查核实必须符合法律规定的程序。同时，涉毒案件证据还有自身的一些特点：

---

[1] 莫关耀，昴钰. 毒品犯罪案件侦查教程[M]. 北京：中国人民公安大学出版社，2009：18-20.

[2] 莫关耀，昴钰. 毒品犯罪案件侦查教程[M]. 北京：中国人民公安大学出版社，2009：62-75.

（一）证据的相对单一性

涉毒案件物证是以实物"毒品"为核心的证据，毒品犯罪是一种特殊的刑事犯罪，大多没有报案人、被害人和具体的现场（除制毒或种植毒品原植物等案件），所以现场勘查不是必经步骤，也没有被害人陈述。毒品犯罪案件一般是先有情报线索，再开展工作，即使查获到了毒品也要向两头延伸，以获取更大的战果。一般刑事案件多是依据因果关系或回到现场获取的"痕迹证据"来寻求突破口，查找、认定犯罪嫌疑人；而毒品犯罪案件往往是先从"物"（毒品）去寻找人。可见，毒品犯罪案件侦查与一般刑事案件侦查的工作方式方法、策略、指导思想以及侦查的方向或顺序都是不同的。

（二）证据的即时性

一般刑事案件是通过收集犯罪嫌疑人在实施犯罪行为时留下的痕迹、物品等证据来证明其实施犯罪行为的过程；而毒品犯罪案件则是要通过收集犯罪嫌疑人"正在实施"、将要实施或毒品犯罪向下一步发展的证据来证明犯罪嫌疑人进行毒品交易的事实。毒品犯罪嫌疑人为了逃避打击，在进行毒品交易前一般是经过很长时间的预谋，真正到了毒品交易的时候，就是"一手交钱，一手交货"，交易在很短的时间就完成。例如，在零星贩毒案件中，买卖双方事先在电话中谈好交易的时间、地点、价格和数量及交易时的暗号，双方见面时立即完成交易。

（三）证据的易毁坏性

毒品犯罪案件的这一特点主要体现在犯罪行为方式上。与一般刑事案件相比，这类案件由于具有上述的即时性，其交易没有第三者参加，多表现在贩毒者与贩毒者、贩毒者与吸毒者之间，几乎没有留下犯罪现场和痕迹。案发时最主要的证据（毒品）很容易被破坏掉，如犯罪嫌疑人只要把毒品一扔或用马桶一冲就能把罪证毁掉，导致证据的收集和固定都很困难。

因此，侦查取证需要迅速、准确[①]。

三、涉毒案件证据种类

证据是证明案件事实的依据，证据的收集是司法机关在打击犯罪活动中的核心任务。

（一）物证

涉毒案件物证，是指查明毒品违法犯罪真实情况的一切物品和痕迹，这些物品和痕迹包括所缴获的毒品、制毒原料及配剂，毒品包装物、作案工具、毒资及贩毒非法收益以及行为过程中所遗留的能够揭露和证明案件发生的痕迹。

涉毒案件物证以其存在的形状、质量、规格、特性等外部特征证明案件真实。物证突出是毒品犯罪案件一个十分显著的特点。但是，当前毒品犯罪分子为逃避打击，不断翻新花样，贩毒手段日趋智能化、多样化，在查缉毒品犯罪过程中，往往查获了毒品而抓不到毒贩；人赃俱获的毒品犯罪案件，却难以查清毒品的来源及去向；共同犯罪案件，抓获的犯罪嫌疑人也经常口供不一，互相矛盾，互相推诿责任等。破获毒品犯罪案件必须尽量查获在案毒品，做到人赃俱获。因此，物证在办理涉毒案件中，起着非常重要的作用。涉毒案件的物证主要有以下几类：

1. 毒品、制毒原料及配剂

毒品犯罪案件最重要的证据就是查获的毒品、制毒原料及配剂。在毒品犯罪案件侦查中，如果能够做到人赃俱获，犯罪嫌疑人一般对其所犯罪行无法抵赖。否则，在侥幸心理的作用下，犯罪嫌疑人很可能不如实交代其所进行的毒品犯罪活动，而是百般抵赖和推诿。因此，毒品是揭露和证实毒品犯罪最有力的证据。这就需要缉毒部门在侦查毒品犯罪案件时务必坚持人赃俱获。

[①] 莫关耀，昴钰. 毒品犯罪案件侦查教程[M]. 北京：中国人民公安大学出版社，2009：62-64.

2. 毒品包装物

毒品包装物是直接接触毒品的物品。在查缉和搜查中，若仅查获毒品包装物，而没有发现毒品，但通过对附着其上的微量物质或指纹的提取鉴定，也可以认定是何种毒品和判断毒品的数量，或者认定指纹是否为犯罪嫌疑人所留、哪一个犯罪嫌疑人所留，从而确定或排除某人的嫌疑，查处曾经持有毒品的人或携带者。

3. 作案工具

作案工具是毒品犯疑人在进行毒品犯罪活动时所使用的物品、器具，如制造、运输、称量、包装、盛装毒品、制毒物品以及吸食、注射毒品的工具；交通工具，用于毒品犯罪活动的通信工具（如手机等）、其他工具（如对抗用的武器等）。这些作案工具于揭露和证实毒品犯罪活动将起到十分重要的作用

4. 毒资及贩毒非法收益

毒资就是贩毒嫌疑人用于购买毒品的资金。毒资也是揭露和证实毒品犯罪一种证据。毒资的来源是多方面的，有的是贩毒嫌疑人向他人借贷的；有的是贩毒者之间互相筹集的；有的是通过向亲属、朋友、同学筹集的，事先约定贩毒得手后再按一定比例分红；有的则是银行贷款。

贩毒非法收益是毒品犯罪嫌疑人通过贩毒活动所获得的财产。这也是揭露和证实毒品犯罪的一种证据，既包括毒品犯罪嫌疑人通过贩毒活动得到的赃款，也包括其用赃款购买的各种动产和不动产，如住宅、家用电器、机动车辆、通信器材等。

5. 其他

涉毒场所物品上的指纹、掌纹等痕迹和体液、毛发等生物检材，附着在犯罪嫌疑人身体、衣服、随身物品以及作案工具上的毒品残留物等。或其他应当收集的物证。

（二）书证

书证是指能够根据表达的思想和记载的内容查明案件真实情况的一切

物品。包括用文学记载的内容来证明案情的书证,以及用数字、图画、印章或其他方式表露的内容或意图证明案情的书证。书证具有表现形式及制作方法的多样性,记载的内容和反映的思想同案件相关联且可供人们认知和了解等特征。涉毒案件书证的种类一般有:

(1)贩毒分子之间往来的有关毒品犯罪活动的信件、电函、电子邮件等。

(2)与案件相关的车、船、机票、乘机记录、路桥费票据、出入境记录等。

(3)记录制造、交易毒品、毒资情况的笔记本、账册,以及犯罪嫌疑人记录其毒品犯罪活动的日记等。

(4)贩毒分子之间相互联系的语音电话、短信清单等。

(5)毒资转移的凭证,如银行账户交易记录(本票、汇票、支票和记账凭证,毒品、制毒物品、毒品原植物等物品的交付凭证托运单、货单、仓单、邮寄单)等。

(6)证明毒品犯罪嫌疑人身份的材料,如居民身份证、临时居住证、工作证、护照、港澳居民来往内地通行证、台湾居民来往大陆通行证、旅行证、边民证以及户口簿或微机户口卡、个人履历表或入学、入伍、招工、招干登记表、医院出生证明等。

(7)租车合同、租房合同、住宿登记。

(8)其他应当收集的书证。

(三)涉毒嫌疑人的供述和辩解

涉毒嫌疑人的供述和辩解是指涉毒嫌疑人在诉讼活动中就其被指控的违法犯罪事实以及其他相关案件事实向公安司法机关所作的陈述,即通常据说的口供。包括口头陈述和书面陈述2种形式。

涉毒嫌疑人的供述和辩解主要包括3种类型:

(1)涉毒嫌疑人的供述。即其承认自身实施犯罪行为的陈述,包括对毒品违法犯罪事实和犯罪情节的陈述。

(2)涉毒嫌疑人的辩解。即其否认自身曾经实施过毒品违法犯罪行为,或虽然承认了自身曾经实施过毒品违法犯罪行为,但有依法不应追究刑事责任或者有从轻、减轻或免除刑罚等情况而作的申辩和解释。

(3)涉毒嫌疑人的检举揭发。即其检举揭发同案中他人共同犯罪行为的陈述。

(四)证人证言

证人证言,是指涉毒嫌疑人以外的第三人就自己所感知的毒品违法犯罪案件事实向侦查机关、检察机关和审判机关作出的陈述。涉毒案件中,常见的证人有以下几种:

(1)从毒品犯罪分子手中购买零包毒品供自己吸食、注射的人。

(2)在毒品犯罪分子的欺骗下,不明真相为其走私、运输毒品的人。

(3)目睹他人从事毒品犯罪活动的人。

(4)从他人口中探知毒品的来源而提供传闻证据的人。

(5)侦查机关使用的秘密力量、"卧底"警察的陈述。

(6)证明被告人到过某地、做过某事的一般证人的陈述。

(7)检举人、举报人的陈述、指认或辨认。此类证人又分为2类:一类是普通公民发现毒品犯罪线索后向司法机关进行举报的陈述;另一类是被抓获的毒品犯罪嫌疑人家属、亲朋好友为其立功赎罪或减轻罪责而向司法机关检举或揭发其他毒品犯罪嫌疑人的陈述。

(五)视听资料

视听资料是指在涉毒案件侦查过程中,采用现代科技手段,将可以重现案件原始声响、形象的录音录像资料和储存于电子计算机的有关资料及其他科技设备提供的信息,用来作为证明案件真实情况的资料。视听资料更接近于案件真实情况的证据,在毒品犯罪案件中被广泛应用。涉毒案件中,常见的视听资料有:

1. 录音资料

录音资料是运用声学、电学、机械学等方面的科学技术,把正在进行的演说、对话、爆炸、自然声响、机械摩擦、电话对话等声音及时地记录下来，然后经过播放，再现原来的声迹，以证明案件的真实情况的证据。

2. 录像资料

录像资料是运用光电效应和电磁转换的原理，将事物运动、发展、变化的客观真实情况原原本本地录制下来，再经过播放，重新显示原始的形象，来证明案件真实情况的证据。

3. 电子计算机储存的信息资料

电子计算机储存的信息资料是运用计算机的储存功能，把与犯罪有关的资料，编制成一定的程序，输入储存器内，一旦需要从这些资料中检索出某些信息时，就可以操纵输出设备，在终端显示器上显现出图像和数据，电传打印出资料的全部内容，以证明案件的真实情况。

4. 运用专门设备得到的视听资料

运用专门设备得到的视听资料，是指操纵专门设备检测被检对象，经过仪器的自身运动，显示出检测结果而得到的信息和数据，作为证明案件事实真相的科学依据，如机场进行安检设备。

（六）鉴定结论

鉴定结论是指接受司法机关指派或聘请的鉴定人，根据司法机关的要求，运用专门知识和技能，对案件中的某些专门性问题进行鉴定后所作出的结论性意见。在涉毒案件中，鉴定结论包括毒品鉴定、制毒物品鉴定、毒品原植物鉴定、文件鉴定、指纹鉴定等。

（七）现场勘验、检查笔录

现场勘验、检查是侦查办案人员对与案件有关的场所、物品、资料、尸体等进行勘验、检查所制作的书面记录。它包括在勘验、检查过程中发现的与案件有关的一切事实情况的文字记录，而且还包括绘制现场图样、拍摄现场照片等附件。毒品犯罪现场勘验、检查常见的有对制毒现场的勘验、对人身的检查和对物品的检查等。

第九章 毒品预防宣传教育

案例分析

2022年11月,小红进入初中后,感觉学习压力很大。小红妈妈从网上看到有一种进口的"聪明药",可以提高专注力,对提升学习成绩很有效,就按网上的地址找人代购了几盒。服药后,小红感觉精力充沛,成绩确实有所提高。但一段时间后,小红开始觉得不舒服,出现了脱发、彻夜失眠等症状,小红妈妈赶紧让她停了药。没想到停药后,小红开始心慌、烦躁,食欲缺乏,甚至出现了濒死感。妈妈赶紧带小红到医院检查,这才知道所谓"聪明药",主要包括利他林(主要成分为哌甲酯)、阿德拉(主要成分为右苯丙胺)、莫达非尼等精神药物,长期服用可能会"上瘾",极易导致抑郁、情绪不稳,甚至精神失常!你认为应该如何做好新型毒品的预防宣传教育工作,避免小红的悲剧再次发生?

第一节 毒品预防教育概述

古人云:"消未起之患、治未病之疾,医之于无事之前。"在禁毒领域,毒品预防工作至关重要,事关禁毒工作全局。我国在禁毒方面不断地总结与创新,提出"预防为本,综合治理,禁种、禁制、禁贩、禁吸并举"

的禁毒方针,将"预防为本"放在禁毒工作的首位。

一、毒品预防宣传教育的概念

通过各种科学、有效途径,让人们了解和认识造成毒品问题的基本因素和有关毒品的知识,揭示毒品对个人、家庭、社会的巨大危害,提高全民尤其是青少年认知毒品、拒绝毒品的能力,从而构筑全社会防范毒品侵袭的有效体系。

毒品预防不仅仅是对毒品滥用的预防,还包括对毒品种植、制毒、贩毒等毒品违法犯罪行为的全链条预防。

二、毒品预防宣传教育的对象

根据 2005 年 1 月 31 日中宣部、公安部、教育部等部门联合印发的《全民禁毒教育实施意见》,禁毒教育应面向全体公民。重点对象是:①青少年;②有高危行为的人群;③有吸毒行为的人员;④毒品问题严重地区的居民和流动人口;⑤公职人员。

现代国际毒品预防教育体系一般秉承三级预防机制,一级预防机制针对的是普通人群,该机制主要是通过提升包括儿童在内的广大未成年人群对普通毒品及其危害的认识,以期达到预防毒品使用的效果。二级预防机制针对的是包括已在吸毒但尚未成瘾的潜在高危人群,从而达到预防毒品滥用的效果。三级预防机制针对的是吸毒成瘾人群,目的在于通过截止或减弱市场与该类人群的毒品供求关系,从而达到弱化毒品市场对毒品需求的效果。

毒品预防教育的主体包括:①各级领导机构,如公安、宣传、广播电影电视、教育、卫生、民政、司法等部门;②新闻媒体、学校及其他各级各类企事业单位;③乡镇基层政府、村民委员会、街道办事处、居民委员会等基层组织;④社工、毒品预防志愿者及广大人民群众。

依据禁毒宣传教育的对象数量和区域大小,可以将毒品预防教育分为个人、家庭、学校、社区和社会等不同层级。不同层级的宣传方式不同，必须完善毒品预防教育方面的制度建设，形成完备的毒品预防教育体系，让政府、学校、家庭、社区、社会各个方面各司其职，积极参与到毒品预防教育中来，充分发挥各部门的优势和特点，提高毒品预防教育的针对性，形成毒品预防教育合力，切实做到"不让毒品进我家""不让毒品进校园"及"无毒社区"。

三、毒品预防教育的现状

针对我国依然严峻的禁毒形势，毒品犯罪案件居高不下，吸毒人员正在向低龄化发展，目前我国毒品预防教育的研究主要侧重于对青少年毒品滥用的预防。青少年阶段心理状态不稳定，自我控制能力差，社会经验少，对社会上某些现象难辨是非，会因为各种原因染毒，如被引诱欺骗强迫，好奇、赌气、逆反、交友需求、寻求认同等。构建青少年毒品预防教育体系，树立"预防为主、教育为先"的理念，联合学校、家庭、社区及社会等各方力量，对青少年切实做好预防教育。诚然，不同年龄段的青少年有着不同的生理和心理特点，知识水平和认知能力也不同，因此需要有区别、有重点、有针对性地开展科学的、系统的禁毒预防教育。我国2008年开始实施的《中华人民共和国禁毒法》第13条中明确规定："教育行政部门、学校应当将禁毒知识纳入教育、教学内容，对学生进行禁毒宣传教育。"2014年中共中央、国务院印发《关于加强禁毒工作的意见》明确指出，治理毒品问题首要的就是深入开展毒品预防教育，倡导健康生活方式，在全社会营造珍爱生命、远离毒品的禁毒氛围。近年来，国家仍然在大力推进毒品预防教育宣传工作，组织实施了全国青少年毒品预防教育"6·27"工程、全国青少年禁毒知识竞赛等项目活动，旨在让青少年对毒品及其危害有科学和系统的认知，提高青少年的禁毒意识和拒毒、防毒能力。

第二节 毒品预防宣传教育的内容

全民禁毒教育的基本任务是介绍毒品形势，普及禁毒知识，传播禁毒观念，宣传禁毒法规，动员全民禁毒；其核心是增强全民禁毒意识，提高公民对毒品及其危害的认知能力和抵御能力。对一般人群以普及知识为主，对高危人群以结合干预措施的宣传教育为主。具体任务是：

（1）使公民能够正确识别毒品，了解毒品的种类和特征，认清吸食毒品的后果和危害，提高对毒品的认知能力。

（2）使公民了解毒品泛滥的规律和传播条件，消除认识误区，增强对毒品的警惕性，掌握禁毒的科学知识和预防毒品侵害的方法，养成和保持积极、健康的生活方式，提高对毒品的抵御能力。

（3）使公民了解禁毒斗争的历史和现状，认清毒品泛滥的各种恶果，提高思想道德素质，不断增强禁绝毒品、人人有责的社会责任感。

（4）使公民了解我国的禁毒立场、方针、政策和禁毒法律法规，做到知法守法，不吸毒、不贩毒、不种毒、不制毒，增强同涉毒违法犯罪行为作斗争的积极性。

（5）使公民了解我国的禁毒业绩，进而发扬禁毒传统，树立必胜信心，营造更加有利的禁毒氛围。

毒品预防宣传教育的关键在于向青少年灌输毒品的相关知识，如毒品概念、毒品分类、毒品危害性、吸毒的原因、如何识别吸毒人员、禁毒法律法规、戒毒知识等，培养青少年对待毒品的正确态度以及训练青少年拒绝毒品的能力。通过深入开展与时俱进的毒品预防宣传教育，以在全社会形成自觉抵制毒品的浓厚氛围，提高民众的防毒、拒毒能力，预防与减少涉毒犯罪，保障人民身心健康，维护社会和谐稳定。通过毒品预防教育，营造浓厚的禁毒舆论氛围，让大众能正确识别毒品、吸毒工具和涉毒人员。

同时，毒品预防的重点应从对毒品知识认知转向行为拒止毒品预防教育，从面上看是与毒品相关的知识，以及防毒和拒毒能力的教育，但归根结底更应该是生活态度和行为方式选择的教育。因此，有关部门、相关组织和个人都需要从毒品预防教育的顶层设计入手，从单一、片面的毒品知识宣讲和拒绝毒品技能训练，转向自我管理能力提升、心理素质训练等拒止毒品行为的引导上。只有生活态度发生了改变，人们在面对诱惑时才能明确怎样的行为选择是正确的。

应遵循"毒品知识认知—基本观念形成—行为习惯养成—拒止行为引导"的层级，对毒品预防教育的内容进行整体规划和设计，以便提高执行力[①]。

第三节　毒品预防宣传教育的形式

毒品预防宣传教育的手段主要包括3个方面：①新闻宣传，依托电视、报刊、广播、网络等大众传媒，介绍毒品的危害和形势，普及毒品知识，让公众认识种植毒品原植物，了解制造毒品对环境的影响，宣传禁毒政策法规，展示禁毒成果等，如每年"6·26"国际禁毒日期间可通过媒体集中开展宣传教育工作。②预防教育，采取多种形式，针对某一特定人群开展关于禁吸、禁种、禁运、禁贩、禁售、戒毒等方面的禁毒教育，同时，加强特定人群尤其是青少年的文化、科学知识和法律知识的教育，树立正确的人生观和价值观。加强青少年健康心理素质的培养，提高自我控制、自我调节平衡能力和抗拒毒品诱惑的能力，努力将毒品预防宣传教育融合于基础教育、德育教育、心理健康教育等工作之中，加强法制教育，提高这些人群的禁毒意识以及防范和拒绝毒品的能力。③社会动员，发挥我国的制度优势和组织优势，通过广泛、深入的社会动员，进一步激发蕴藏在民间的禁毒力量，教育和动员广大公众，不仅要自觉远离毒品，更要积极参与禁毒斗争，开展全民禁毒宣传教育。例如，鼓励人民群众举报毒品违

---

① 张晓春. 毒品预防教育：从观念到执行力的全面变革[J]. 广西警察学院学报，2017，30（4）：1-7，9.

法犯罪活动、组织禁毒志愿者、评选"十大民间禁毒人士"等，协助公安机关将毒品违法犯罪活动消灭在萌芽状态。

毒品预防宣传教育是党的禁毒方针政策的重要组成部分，我国的毒品预防宣传教育形式随着世情、国情、社情、民情的不同而不断发展与更新，其经历了采用召开大会、演讲、标语、报刊、广播、电视等传统形式开展宣传教育工作，如中央电视台、中央人民广播电台，《人民日报》《法治日报》《人民公安报》等权威媒体会以专题、专版、系列报道等形式就禁毒热点问题展开宣传教育报道，广泛宣传禁毒工作的成效。通过播放禁毒题材的影视作品或文艺演出，开展禁毒知识答题活动、禁毒作品征集活动等，不断扩大禁毒宣传教育的广度和深度；举办禁毒教育展览，发放禁毒宣传手册、传单，开展禁毒讲座，普及禁毒知识，传播健康生活理念；全国各地陆续建立禁毒教育基地，成为全民禁毒教育的固定场所；国家禁毒委员会牵头建立在线禁毒展览馆，方便随时随地开展教育，实现线上线下联动，全方位开展禁毒宣传教育。在拘留所、收容所、戒毒所等场所开展宣教活动，强化易染毒人群的禁毒宣传教育。

为顺应时代的变化与发展，毒品预防宣传教育的形式应立足现实，不断调整和完善，不断丰富毒品预防宣传载体形式，如河北的三河市公安禁毒部门参与制作《禁毒微课堂助力共成长》的动画短片，以学生喜闻乐见的形式，普及毒品预防教育知识。福建省推出《正青春，不"毒"行》系列禁毒动漫宣传片，在节日期间借助新闻媒体等多种媒介形式全面展播，营造独特的禁毒宣传氛围。

媒体在毒品预防宣传教育中发挥着举足轻重的作用，既要重视报刊、广播、传统媒体在毒品预防宣传教育中的作用，又要重视互联网等新兴媒体在毒品预防宣传教育中的作用。在信息化时代，手机、电脑、平板等智能化移动终端的普及和应用，使青少年接收信息、获取知识的方式也变得越来越快捷而高效。在学校、家庭、社区及社会开展青少年毒品预防宣传教育活动，应该充分结合传统信息传播形式和现代化信息传播媒介。互联网已成为青少年毒品预防宣传教育的关键阵地。加强"互联网＋禁毒宣传教育"模式建设，如海南省海口市公安禁毒部门运用"云课堂"授课宣传禁毒知识，在组织辖区各学校线下宣讲的基础上，同步开展线上授课活动。把毒品预防宣传教育展现在青少年接触率高的新媒体上来，全面提高青少年毒品预防教育的效果和质量。在"互联网+"时代，大数据和人工智能等高新技术的应用改变了人们的学习和教育方式，开展青少年毒品预防宣传教育，要充分发挥大数据和人工智能的作用和优势。利用大数据手段，精准识别和筛查重点人群，对青少年群体开展差异化预防毒品教育。利用人工智能技术手段，通过虚拟仿真、多媒体交互、远程教育等形式，向青少年全面地展示讲解毒品知识，更容易被青少年所接受，加强毒品预防教育的成效。

第四节 毒品预防宣传教育的渠道

毒品预防宣传教育有学校、家庭、社区、媒体、互联网等多种渠道。

学校是学生人群获取知识、接受教育的重要场所，学校教育由于具有组织性、专业性和系统性等特点，能使其完善人格，提高综合素质，为抵御毒品奠定坚实的素质基础。学校毒品预防宣传教育是学生学习毒品预防知识的主渠道，要利用好学校的主阵地，培养学生抵抗毒品侵袭的心理素质，提高学生识别毒品、拒绝毒品的能力。对广大学生要寓毒品预防宣传教育于基础教育、法制教育、德育教育、课外活动、行政管理之中，落实课堂教育，深化拓展在线教育和课外教育，使学生时刻自觉防范，全面提升学生自觉抵制毒品的能力。

毒品预防宣传教育的另一个重要渠道就是家庭，家庭毒品预防教育就是利用家庭作为教育载体，在家庭生活背景下，利用家庭的各种社会功能作用，整合家庭内外教育资源，使家族成员潜移默化地获得毒品预防知识，提高家族成员拒绝毒品的意识和能力，实现远离毒品及其危害的目标。家庭毒品预防教育具有2大特征，一是以家庭作为教育载体，只要家庭成员存在联络和交流，不受时间空间限制，就可以将毒品预防教育融入家庭生活当中；二是家庭毒品预防教育可以运用多种手段，并不局限于传统意义上的教育，涉及社会生活的方方面面，包括人们所需的基本生活资料需求、精神世界的经济意识和社会意识等。家庭是毒品预防的第一道防线，作为家长，这种独一无二的关系意味着亲情和信赖，尤其适合向孩子传达最基本的价值观。培养孩子健康良好的生活习惯，引导孩子健康成长。如家长利用各种资源，尽可能收集和掌握有关毒品危害性、了解新型毒品知识及如何预防吸毒的信息，使孩子在很小的时候就能够充分认识到有关毒品或酒精使用的潜在问题，从而向其传授拒绝毒品的正确态度，通过相互影响提升家庭成员的禁毒意识和能力。

社区毒品预防宣传教育是指在党和政府的领导下，以社区为主体，依靠社区力量强化社区功能，并通过各种途径让社区居民了解和认识造成毒品问题的根本原因和相关知识，揭示毒品对个人、家庭、社会的危害，提高全民尤其是青少年认知毒品、拒绝毒品的能力，从而构建全社会防范毒品侵害的有效体系。对于社会闲散人员和外来务工人员的毒品预防宣传教育，进一步拓展思路，充分发挥社区单位的作用，采取有效手段，做好毒品预防宣传教育工作，帮助他们学会识别毒品，拒绝毒品，努力减少毒品预防宣传教育的盲区和死角。针对青少年生活的不同场域，因地制宜设计毒品预防宣传教育活动内容，如设计体验式活动，学生自主参与志愿服务活动，在此过程中，学生可搜集相关资料，制作成教学课件、海报宣传册等，之后参与大众宣讲等志愿活动，让青少年多学、多看、多体验，加深青少年的禁毒防毒意识。

社会毒品预防宣传教育渠道的建立和完善，有利于切实提高全社会预防、控制和打击毒品违法犯罪能力。社会毒品预防宣传教育的措施主要有5个方面：一是调动一切可以利用的因素，开展有力的全民毒品预防宣传教育，建立社会预防的心理机制。二是对高危人群、重点环境的专门预防机制，所谓高危人群，是指容易染上毒瘾的一些特殊人群；所谓重点环境，是指那些容易滋生吸毒、贩毒现象的地段和场所，如针对娱乐场所开展毒品预防宣传教育培训，利用娱乐场所搭建禁毒宣传平台等。三是建立完善对吸毒人员的帮教挽救机制。四是建立完善高效、严厉打击毒品违法犯罪的特殊打防机制。五是建立健全禁毒综合治理的统筹协作机制。

毒品预防宣传教育是一项系统工程，要分类、分层、分群开展教学，从软件到硬件，从内容到形式，构建一个科学、合理的毒品预防宣传教育工作体系，充分发挥学校、家庭、社区、社会等各界的作用。随着信息技术的发展，各级部门已经意识到新媒体平台对毒品预防宣传教育的促进作用，搭建了一些拥有毒品预防宣传教育功能的传播平台，充分利用中国禁毒报、中国禁毒网和@中国禁毒在线微博、中国禁毒微信公众号等新媒体，将禁毒工作前沿动态和打击毒品违法犯罪成果及时向社会各界展示，提高全社会对毒品危害性的认识和自觉抵制毒品的能力，在全社会营造出"健康人生、绿色无毒"的浓厚氛围。

在毒品预防宣传教育工作中，我们要以党的二十大精神为指引，不断健全完善中国特色毒品预防教育体系，着力推动禁毒工作高质量发展，不断巩固拓展禁毒斗争形势持续向好的局面。始终坚持人民至上的政治立场和价值导向，构建全覆盖的毒品预防教育体系，提升全民特别是青少年识毒、防毒、拒毒的意识和能力，最大限度遏制吸毒人数增加，铲除毒品问题滋生蔓延的土壤。

附录 1 涉毒法律法规

（一）毒品法律法规

1. 中华人民共和国禁毒法

2. 中华人民共和国刑法

3. 麻醉药品和精神药品管理条例

4. 易制毒化学品管理条例（附《易制毒化学品的分类和品种目录》）

5. 最高人民法院关于审理毒品犯罪案件适用法律若干问题的解释

6. 最高人民法院关于审理走私、非法经营、非法使用兴奋剂刑事案件适用法律若干问题的解释

7. 最高人民检察院关于《非药用类麻醉药品和精神药品管制品种增补目录》能否作为认定毒品依据的批复

8. 办理毒品犯罪案件适用法律若干问题的意见

9. 最高人民检察院、公安部关于公安机关管辖的刑事案件立案追诉标准的规定（三）

10. 最高人民法院、最高人民检察院、公安部关于规范毒品名称表述若干问题的意见

11. 非药用类麻醉药品和精神药品列管办法（附《非药用类麻醉药品和精神药品管制品种增补目录》）

12. 最高人民法院、最高人民检察院、公安部办理毒品犯罪案件毒品

提取、扣押、称量、取样和送检程序若干问题的规定

13.公安机关缴获毒品管理规定

14.104种非药用类麻醉药品和精神药品管制品种依赖性折算表

15.吸毒检测程序规定

16.《全国法院毒品案件审判会议纪要》（昆明会议纪要）

（二）毒品目录清单

17.麻醉药品品种目录（2013年版）

18.精神药品品种目录（2013年版）

19.关于将含可待因复方口服液体制剂列入第二类精神药品管理的公告

20.公安部、国家食品药品监督管理总局、国家卫生和计划生育委员会关于将卡芬太尼等四种芬太尼类物质列入非药用类麻醉药品和精神药品管制品种增补目录的公告

21.公安部、国家食品药品监督管理总局、国家卫生和计划生育委员会关于将N-甲基-N-(2-二甲氨基环己基)-3,4-二氯苯甲酰胺(U-47700)等四种物质列入非药用类麻醉药品和精神药品管制品种增补目录的公告

22.公安部、国家卫生健康委员会、国家药品监督管理局关于将4-氯乙卡西酮等32种物质列入非药用类麻醉药品和精神药品管制品种增补目录的公告

23.公安部、国家卫生健康委员会、国家药品监督管理局关于将芬太尼类物质列入《非药用类麻醉药品和精神药品管制品种增补目录》的公告

24.国家药监局、公安部、国家卫生健康委关于将含羟考酮复方制剂等品种列入精神药品管理的公告

25.国家药监局、公安部、国家卫生健康委关于将瑞马唑仑列入第二类精神药品管理的公告

26.公安部、国家卫生健康委员会、国家药品监督管理局关于将合成大麻素类物质和氟胺酮等18种物质列入《非药用类麻醉药品和精神药品

管制品种增补目录》的公告

27. 国家药监局 公安部 国家卫生健康委关于调整麻醉药品和精神药品目录的公告

28. 公安部、商务部、卫生部等关于将羟亚胺列入《易制毒化学品管理条例》的公告

29. 公安部、商务部、卫生部等关于管制邻氯苯基环戊酮的公告

30. 公安部、商务部、海关总署、安全监管总局、食品药品监管总局关于将1-苯基-2-溴-1-丙酮和3-氧-2-苯基丁腈增列为第一类易制毒化学品管理的公告

31. 公安部、商务部、卫生计生委、海关总署、国家安全监管总局、国家食品药品监管总局关于将N-苯乙基-4-哌啶酮、4-苯胺基-N-苯乙基哌啶、N-甲基-1-苯基-1-氯-2-丙胺、溴素、1-苯基-1-丙酮5种物质列入易制毒化学品管理的公告

32. 公安部、商务部、国家卫生健康委员会、应急管理部、海关总署、国家药品监管管理局关于将3-氧-2-苯基丁酸甲酯、3-氧-2-苯基丁酰胺、2-甲基-3-［3，4-（亚甲二氧基）苯基］缩水甘油酸、2-甲基-3-［3，4-（亚甲二氧基）苯基］缩水甘油酸甲酯、苯乙腈和γ-丁内酯6种物质列入易制毒化学品管理的公告

33. 国家药监局、公安部、国家卫生健康委关于调整麻醉药品和精神药品目录的公告（2023年第120号）

附录2　涉毒鉴定技术标准

（一）通用标准方法

1.《法医毒物有机质谱定性分析通则》（SF/Z JD0107019—2018）

2.《法庭科学 生物检材中毒物毒品定性定量检验 方法通用要求》（GA/T 1900—2021）

3.《法医毒物分析方法验证通则》（SF/Z 0063—2020）

4.《法庭科学 毒物检验方法确认规范》（GA/T 1649—2019）

5.《法庭科学 毒物分析实验室质量控制规范》（GB/T 43449—2023）

6.《刑事技术微量物证的理化检验第1部分：红外吸收光谱法》（GB/T 19267.1—2023）

7.《刑事技术微量物证的理化检验第7部分：气相色谱-质谱法》（GB/T 19267.7—2008，待修改为 20212102-T-312）

8.《刑事技术微量物证的理化检验第9部分：薄层色谱法》（GB/T 19267.9—2008）

9.《刑事技术微量物证的理化检验第10部分：气相色谱法》（GB/T 19267.10—2008）

10.《刑事技术微量物证的理化检验第11部分：高效液相色谱法》（GB/T 19267.11—2008）

11.公安部 GB 征求意见：《车辆驾驶人员体内毒品含量阈值与检验》

（20203584-Q-312）

12.《法庭科学 涉嫌吸毒人员尿液采集操作规范》（GA/T 1586—2019）

13.《法庭科学 涉嫌吸毒人员生物样品采集规范》（GA/T 2058—2023）

14.《唾液毒品检测装置通用技术条件》（GA/T 1456—2017）

15.《血液和尿液中 108 种毒（药）物的气相色谱 – 质谱检验方法》（SF/Z JD0107014—2015）

16.《血液中 188 种毒（药）物的气相色谱 – 高分辨质谱检验方法》（SF/T 0064—2020）

17.《血液、尿液中 238 种毒（药）物的检测液相色谱 – 串联质谱法》（SF/Z JD0107005—2016）

18.《毛发中 15 种毒品及代谢物的液相色谱 – 串联质谱检验方法》（SF/Z JD0107025—2018）

19.《血液中 45 种有毒生物碱的液相色谱 – 串联质谱检验方法》（SF/T 0115—2021）

20.《法庭科学 230 种药（毒）物液相色谱 – 串联质谱筛查方法》（GA/T 1530—2018）

21.《法庭科学 生物检材中 382 种药（毒）物筛选 液相色谱 – 高分辨质谱法》（GA/T 2063—2023）

22.《法庭科学 体液斑痕中尼古丁等 95 种药（毒）物筛选 液相色谱 – 质谱法》（GA/T 2065—2023）

23.《法庭科学 生物检材中吗啡等 29 种毒品及代谢物筛选 液相色谱 – 质谱法》（GA/T 1903—2021）

24.《法庭科学 疑似毒品中 211 种麻醉药品和精神药品检验 气相色谱 – 质谱法》（GA/T1920—2021）

25.《法庭科学 疑似毒品中 202 种麻醉药品和精神药品检验 液相色谱 – 质谱法》（GA/T1921—2021）

26.《法庭科学 疑似易制毒化学品检验 红外光谱法》（GA/T 1990—2022）

27.《法庭科学 疑似毒品中 2- 氟苯丙胺等 168 种新精神活性物质检验 气相色谱 – 质谱、红外光谱和液相色谱法》（GA/T 2020—2023）

28.《毛发中 55 种滥用药物及代谢物检验 液相色谱 – 质谱法》（GB/T 43240—2023）

（二）不同种类毒品标准分析方法

29.《疑似毒品中鸦片五种成分检验 气相色谱和气相色谱 – 质谱法》（GB/T 39879—2021）

30.《法庭科学 疑似毒品中鸦片检验 液相色谱和液相色谱 – 质谱法》（GA/T 1648—2019）

31.《疑似毒品中吗啡检验 气相色谱和气相色谱 – 质谱法》（GB/T 39883—2021）

32.《疑似毒品中海洛因的气相色谱、气相色谱 – 质谱检验方法》（GB/T 29635—2013）

33.《法庭科学 疑似毒品中海洛因、可卡因和氯胺酮检验 红外光谱法》（GA/T 1785—2021）

34.《生物检材中吗啡、O_6- 单乙酰吗啡和可待因的检验方法》（SF/T 0114—2021）

35.《法庭科学 吸毒人员尿液中吗啡和单乙酰吗啡气相色谱和气相色谱 – 质谱检验方法》（GA/T 1318—2016）

36.《法庭科学 毛发、血液中吗啡和单乙酰吗啡检验 气相色谱 – 质谱法》（GA/T 1635—2019）

37.《法庭科学 唾液中吗啡和 O_6- 单乙酰吗啡检验 液相色谱 – 质谱法》（GA/T 1640—2019）

38.《法庭科学 生物检材中海洛因代谢物检验 液相色谱 – 质谱法》（GA/T 1607—2019）

39.《法庭科学 海洛因样品间关联性判别 液相色谱 – 质谱法》（GA/T 2052—2023）

40.《法庭科学 吗啡尿液检测试剂盒（胶体金免疫层析法）通用技术要求》（GA/T 1666—2019）

41.《法庭科学 吗啡/甲基安非他明唾液检测试剂盒（胶体金免疫层析法）通用技术要求》（GA/T 1667—2019）

42.《法庭科学 生物体液中哌替啶及其代谢物气相色谱和气相色谱 – 质谱检验方法》（GA/T 1321—2016）

43.《法庭科学 疑似毒品中杜冷丁检验 气相色谱和气相色谱 – 质谱法》（GA/T 2030—2023）

44.《法庭科学 疑似毒品中杜冷丁检验 液相色谱和液相色谱 – 质谱法》（GA/T 2031—2023）

45.《法庭科学 疑似毒品中二氢埃托啡检验 气相色谱和气相色谱 – 质谱法》（GA/T 2032—2023）

46.《法庭科学 疑似毒品中二氢埃托啡检验 液相色谱和液相色谱 – 质谱法》（GA/T 2033—2023）

47.《法庭科学 疑似止咳水中可待因检验 气相色谱和气相色谱 – 质谱法》（GA/T 2043—2023）

48.《法庭科学 疑似止咳水中可待因检验 液相色谱和液相色谱 – 质谱法》（GA/T 2044—2023）

49.《法庭科学 阿片类和卡西酮类物质成瘾性评估 自身给药法》（GA/T 2055—2023）

50.《血液、尿液中苯丙胺类兴奋剂、哌替啶和氯胺酮的检验方法》（SF/T 0116—2021）

51.《疑似毒品中甲基苯丙胺检验》（GB/T 29636—2023）

52.《疑似毒品中苯丙胺等五种苯丙胺类毒品检验毛细管电泳、傅立叶变换红外光谱法》（GA/T 1518—2018）

53.《法庭科学 疑似毒品中苯丙胺和替苯丙胺检验 气相色谱和气相色

谱 - 质谱法》（GA/T 1641—2019）

54.《疑似毒品中二亚甲基双氧安非他明检验 气相色谱和气相色谱 - 质谱法》（GB/T 39882—2021）

55.《法庭科学 疑似毒品中二亚甲基双氧安非他明检验 液相色谱和液相色谱 - 质谱法》（GA/T1643—2019）

56.《法庭科学 疑似毒品中左旋甲基苯丙胺和右旋甲基苯丙胺检验 液相色谱和液相色谱 - 质谱法》（GA/T 1933—2021）

57.《法庭科学 疑似易制毒化学品中去甲麻黄碱等6种麻黄碱类物质检验 气相色谱 - 质谱、液相色谱和液相色谱 - 质谱法》（GA/T 1934—2021）

58.《法庭科学 甲基苯丙胺样品间关联性判别 液相色谱 - 质谱法》（GA/T 2053-2023）

59.《法庭科学 吸毒人员尿液中苯丙胺等四种苯丙胺类毒品气相色谱和气相色谱 - 质谱检验方法》（GA/T 1319—2016）

60.《法庭科学 毛发、血液中苯丙胺等四种苯丙胺类毒品检验 气相色谱和气相色谱 - 质谱法》（GA/T 1634—2019）

61.《尿液、毛发中 S（+）- 甲基苯丙胺等的液相色谱 - 串联质谱检验方法》（SF/Z JD0107024—2018）

62.《法庭科学 生物检材中甲基苯丙胺等10种毒品检验 液相色谱 - 质谱法》（GA/T 1906—2021）

63.《法庭科学 唾液中苯丙胺等四种苯丙胺类毒品和氯胺酮检验 液相色谱 - 质谱法》（GA/T 1639—2019）

64.《法庭科学 甲基安非他明尿液检测试剂盒（胶体金免疫层析法）通用技术要求》（GA/T 1692—2020）

65.《法庭科学 疑似毒品中咖啡因检验 气相色谱和气相色谱 - 质谱法》（GA/T 2034-2023）

66.《法庭科学 疑似毒品中咖啡因检验 液相色谱和液相色谱 - 质谱法》（GA/T 2035-2023）

67.《疑似毒品中氯胺酮检验》（GB/T 29637—2023）

68.《法庭科学 疑似易制毒化学品中羟亚胺检验 液相色谱–质谱、气相色谱–质谱和液相色谱法》（GA/T 1789—2021）

69.《法庭科学 生物检材中氯胺酮检验 气相色谱和气相色谱–质谱法》（GA/T 1614—2019）

70.《法庭科学 氯胺酮样品间关联性判别 液相色谱–质谱法》（GA/T 2054—2023）

71.《法庭科学 吸毒人员尿液中氯胺酮气相色谱和气相色谱–质谱检验方法》（GA/T 1329—2016）

72.《法庭科学 毛发、血液中氯胺酮气相色谱和气相色谱–质谱检验方法》（GA/T 1316—2016）

73.《疑似毒品中大麻三种成分检验 气相色谱和气相色谱–质谱法》（GB/T 39884—2021）

74.《法庭科学 疑似毒品中大麻检验 液相色谱和液相色谱–质谱法》（GA/T 1642—2019）

75.《法庭科学 吸毒人员尿液中四氢大麻酚和四氢大麻酸气相色谱–质谱检验方法》（GA/T 1330—2016）

76.《尿液中 $\triangle^9$– 四氢大麻酸的测定 液相色谱–串联质谱法》（GB/T 37272—2018）

77.《毛发中 $\triangle^9$– 四氢大麻酚、大麻二酚和大麻酚等的液相色谱–串联质谱检验方法》（SF/Z JD0107022—2018）

78.《法庭科学 毛发、血液中四氢大麻酚和四氢大麻酸检验 气相色谱–质谱法》（GA/T 1636—2019）

79.《疑似毒品中可卡因检验 气相色谱和气相色谱–质谱法》（GB/T 39876—2021）

80.《法庭科学 疑似毒品中可卡因检验 液相色谱和液相色谱–质谱法》（GA/T 1645—2019）

81.《毛发中可卡因及其代谢物苯甲酰爱康宁的液相色谱–串联质谱检

验方法》（SF/Z JD0107016—2015）

82.《法庭科学 可卡因尿液检测试剂盒（胶体金免疫层析法）通用技术要求》（GA/T 1668—2019）

83.《法庭科学 生物检材中利多卡因、罗哌卡因和布比卡因检验 气相色谱-质谱和液相色谱-质谱法》（GA/T 1613—2019）

84.《生物检材中芬太尼等31种芬太尼类新精神活性物质及其代谢物的液相色谱-串联质谱检验方法》（SF/T 0066—2020）

85.《法庭科学 疑似毒品中8种芬太尼类物质检验 气相色谱和气相色谱-质谱法》（GA/T1922—2021）

86.《法庭科学 疑似毒品中8种芬太尼类物质检验 液相色谱和液相色谱-质谱法》（GA/T1923—2021）

87.《法庭科学 生物检材中芬太尼检验 液相色谱-质谱法》（GA/T 1601—2019）

88.《法庭科学 芬太尼类物质急性毒性评估 上下增减剂量法》（GA/T 2057—2023）

89.《疑似毒品中美沙酮检验 气相色谱和气相色谱-质谱法》（GB/T 39880—2021）

90.《法庭科学 疑似毒品中美沙酮检验 液相色谱和液相色谱-质谱法》（GA/T 1646—2019）

91.《法庭科学 生物检材中美沙酮检验 液相色谱-质谱法》（GA/T 1618—2019）

92.《法庭科学 生物检材中丁丙诺啡检验 液相色谱-质谱法》（GA/T 1605—2019）

93.《法庭科学 疑似毒品中丁丙诺啡检验 气相色谱和气相色谱-质谱法》（GA/T 2028—2023）

94.《法庭科学 疑似毒品中丁丙诺啡检验 液相色谱和液相色谱-质谱法》（GA/T 2029—2023）

95.《法庭科学 疑似毒品中曲马多检验 气相色谱和气相色谱-质谱法》

（GA/T 2038—2023）

96.《法庭科学 疑似毒品中曲马多检验 液相色谱和液相色谱－质谱法》（GA/T 2039—2023）

97.《法庭科学 疑似恰特草中卡西酮、去甲伪麻黄碱和去甲麻黄碱检验 气相色谱和气相色谱－质谱法》（GA/T 2041—2023）

98.《法庭科学 疑似恰特草中卡西酮、去甲伪麻黄碱和去甲麻黄碱检验 液相色谱和液相色谱－质谱法》（GA/T 2042—2023）

99.《法庭科学 疑似毒品中卡西酮等 5 种卡西酮类毒品检验 气相色谱和气相色谱－质谱法》（GA/T 1991—2022）

100.《法庭科学 疑似毒品中 2-甲基甲卡西酮等 7 种卡西酮类毒品检验 气相色谱和气相色谱－质谱法》（GA/T 1925—2021）

101.《法庭科学 疑似毒品中 2-甲基甲卡西酮等 7 种卡西酮类毒品检验 液相色谱和液相色谱－质谱法》（GA/T 1926—2021）

102.《法庭科学 疑似毒品中甲卡西酮、卡西酮和 4-甲基甲卡西酮检验 液相色谱－质谱法》（GA/T1644—2019）

103.《血液中卡西酮等 37 种卡西酮类新精神活性物质及其代谢物的液相色谱－串联质谱检验方法》（SF/T 0093—2021）

104.《毛发中 5F-MDMB-PICA 等 7 种合成大麻素类新精神活性物质的液相色谱－串联质谱检验方法》（SF/Z 0094—2021）

105.《毛发中二甲基色胺等 16 种色胺类新精神活性物质及其代谢物的液相色谱－串联质谱检验方法》（SF/Z 0065—2020）

106.《法庭科学 疑似毒品中 5-MeO-DiPT 和 5-MeO-MiPT 检验 气相色谱和气相色谱－质谱法》（GA/T 2024—2023）

107.《法庭科学 疑似毒品中 5-MeO-DiPT 和 5-MeO-MiPT 检验 液相色谱和液相色谱－质谱法》（GA/T 2025—2023）

108.《法庭科学 苯乙胺类和卡西酮类物质神经毒性评估 体外神经细胞毒性检测法》（GA/T 2056—2023）

109.《法庭科学 疑似毒品中苯环利定检验 气相色谱和气相色谱－质谱

法》（GA/T 2026—2023）

110.《法庭科学 疑似毒品中苯环利定检验 液相色谱和液相色谱–质谱法》（GA/T 2027—2023）

111.《生物检材中巴比妥类药物的测定 液相色谱–串联质谱法》（SF/Z JD0107008—2010）

112.《法庭科学 生物检材中巴比妥等46种安眠镇静类药物筛选第1部分：气相色谱–质谱法》（GA/T 1902.1—2021）

113.《法庭科学 生物检材中巴比妥等46种安眠镇静类药物筛选第2部分：液相色谱–质谱法》（GA/T 1902.2—2021）

114.《法庭科学 生物检材中巴比妥等9种巴比妥类药物检验 液相色谱–质谱法》（GA/T 2068—2023）

115.《疑似毒品中地西泮检验 气相色谱和气相色谱–质谱法》（GB/T 39877—2021）

116.《法庭科学 毛发中地西泮等18种苯二氮类药物检验 液相色谱–质谱法》（GA/T 1917—2021）

117.《法庭科学 生物检材中地西泮及其代谢物检验 液相色谱和液相色谱–质谱法》（GA/T 1602—2019）

118.《法庭科学 生物检材中地西泮等23种药物检验 快速溶剂萃取气相色谱–质谱法》（GA/T 1604—2019）

119.《法庭科学 尿液中地西泮等四种苯骈二氮杂䓬类药物及其代谢物检验 气相色谱–质谱法》（GA/T 1638—2019）

120.《法庭科学 血液中地西泮等十种苯骈二氮杂类药物气相色谱–质谱检验方法》（GA/T 1322—2016）

121.《法庭科学 疑似毒品中2′-氯地西泮和4′-氯地西泮检验 气相色谱和气相色谱–质谱法》（GA/T 2021—2023）

122.《法庭科学 生物检材中2′-氯地西泮等5种氯代地西泮类物质检验 液相色谱–质谱法》（GA/T 2069—2023）

123.《疑似毒品中溴西泮检验 气相色谱和气相色谱–质谱法》（GB/T

39874—2021）

124.《法庭科学 疑似毒品中溴西泮等五种苯骈二氮杂䓬类毒品检验 液相色谱和液相色谱 – 质谱法》（GA/T 1647—2019）

125.《法庭科学 疑似毒品中尼美西泮检验 气相色谱和气相色谱 – 质谱法》（GA/T 2036—2023）

126.《法庭科学 疑似毒品中尼美西泮检验 液相色谱和液相色谱 – 质谱法》（GA/T 2037—2023）

127.《疑似毒品中氯氮卓检验 气相色谱和气相色谱 – 质谱法》（GB/T 39875—2021）

128.《疑似毒品中艾司唑仑检验 气相色谱和气相色谱 – 质谱法》（GB/T 39878—2021）

129.《疑似毒品中三唑仑检验 气相色谱和气相色谱 – 质谱法》（GB/T 39885—2021）

130.《法庭科学 生物检材中氯氮平检验 气相色谱和气相色谱 – 质谱法》（GA/T 1615—2019）

131.《法庭科学 疑似毒品中异丙嗪检验 气相色谱和气相色谱 – 质谱法》（GA/T 1989—2022）

132.《法庭科学 疑似毒品中异丙嗪检验 液相色谱和液相色谱 – 质谱法》（GA/T 2040—2023）

133.《疑似毒品中安眠酮检验 气相色谱和气相色谱 – 质谱法》（GB/T 39881—2021）

134.《法庭科学 疑似毒品中 α-PBP、α-PVP 和 4-F-α-PVP 检验 气相色谱和气相色谱 – 质谱法》（GA/T 1931—2021）

135.《法庭科学 疑似毒品中 α-PBP、α-PVP 和 4-F-α-PVP 检验 液相色谱和液相色谱 – 质谱法》（GA/T 1784—2021）

136.《法庭科学 疑似毒品中苄基哌嗪、1-（3- 氯苯基）哌嗪和 1-（3- 三氟甲基苯基）哌嗪检验 气相色谱和气相色谱 – 质谱法》（GA/T 1932—2021）

137.《法庭科学 疑似毒品中苄基哌嗪、1-（3-氯苯基）哌嗪等检验 液相色谱和液相色谱-质谱法》（GA/T 1787—2021）

138.《法庭科学 疑似毒品中 2,5-二甲氧基-4-乙基苯乙胺等 7 种毒品检验 气相色谱和气相色谱-质谱法》（GA/T 1791—2021）

139.《法庭科学 疑似毒品中 2,5-二甲氧基-4-乙基苯乙胺等 7 种苯乙胺类毒品检验 液相色谱和液相色谱-质谱法》（GA/T 1927—2021）

140.《法庭科学 疑似毒品中 5,6-亚甲二氧基-2-氨基茚满等检验 气相色谱和气相色谱-质谱法》（GA/T 1795—2021）

141.《法庭科学 疑似毒品中 5,6-亚甲二氧基-2-氨基茚满、2-氨基茚满和乙基氨基丙基苯并呋喃检验 液相色谱和液相色谱-质谱法》（GA/T 1930—2021）

142.《法庭科学 疑似毒品中 JWH-018 等 5 种合成大麻素检验 气相色谱-质谱法》（GA/T 1924—2021）

143.《法庭科学 疑似毒品中 AB-CHMINACA、AB-FUBINACA 和 AB-PINACA 检验 气相色谱和气相色谱-质谱法》（GA/T 1928—2021）

144.《法庭科学 疑似毒品中 AB-CHMINACA、AB-FUBINACA 和 AB-PINACA 检验 液相色谱和液相色谱-质谱法》（GA/T 1929—2021）

145.《法庭科学 疑似毒品中 5F-AMB 和 5F-APINACA 检验 气相色谱和气相色谱-质谱法》（GA/T 2022—2023）

146.《法庭科学 疑似毒品中 5F-AMB 和 5F-APINACA 检验 液相色谱和液相色谱-质谱法》（GA/T 2023—2023）

147.《生物检材中地芬诺酯检验 液相色谱-质谱法》（GA/T 1535—2018）

148.《法庭科学 生物检材中唑吡坦气相色谱、气相色谱-质谱和液相色谱-串联质谱检验方法》（GA/T 1327—2016）

149.《生物样品中 γ-羟基丁酸的气相色谱-质谱和液相色谱-串联质谱检验方法》（GA/T 1074—2013）

150.《法庭科学 盐酸、硫酸和硝酸检验 化学和离子色谱法》（GA/T

1946—2021）

151.《法庭科学 一氧化二氮检验 气相色谱 – 质谱法》（GB/T 43241—2023）

152.《疑似易制毒化学品中 1- 苯基 -2 丙酮等 8 种物质检验 气相色谱 – 质谱和液相色谱法》（GA/T 2045—2023）

153.《法庭科学 疑似易制毒化学品中 N- 苯乙基 -4- 哌啶酮和 4- 苯胺基 -N- 苯乙基哌啶检验 红外光谱、气相色谱 – 质谱和液相色谱法》（GA/T 2046—2023）

154.《法庭科学 疑似易制毒化学品中苯乙腈、3- 氧 -2- 苯基丁酰胺、3- 氧 -2- 苯基丁酸甲酯检验 气相色谱和气相色谱 – 质谱法》（GA/T 2047—2023）

155.《法庭科学 疑似易制毒化学品中苯乙酸检验 气相色谱 – 质谱法》（GA/T 2048—2023）

156.《法庭科学 疑似易制毒化学品中丙酮等 5 种物质检验 气相色谱 – 质谱法》（GA/T 2049—2023）

157.《法庭科学 疑似易制毒化学品中醋酸酐检验 气相色谱 – 质谱法》（GA/T 2050—2023）

158.《法庭科学 疑似易制毒化学品中溴素检验 气相色谱和气相色谱 – 质谱法》（GA/T 2051—2023）

附录3 常见毒（药）品名称对照

序号	中文名	英文名	其它常用名称
1	罂粟	Poppy	
2	鸦片	Opium	阿片、大烟、烟土、阿芙蓉等
3	吗啡	Morphine	
4	可待因	Codeine	甲基吗啡
5	海洛因	Heroin	白面、白粉、香港石、棕色糖、白龙珠等
6	美沙酮	Methadone	美散痛、非那酮、阿米酮等
7	杜冷丁	Dolantin	盐酸哌替啶，又名唛啶、地美露、利多尔、吡利啶、唛啶利多尔
8	曲马多	Tramadol	氟比汀、马伯龙、奇曼丁、曲马朵、反胺苯环醇等
9	丁丙诺啡	Buprenorphine	布诺啡、叔丁啡等
10	二氢埃托啡	Dihydroetorphine	DHE
11	芬太尼	Fentanyl	枸橼酸芬太尼、多瑞吉等
12	苯丙胺	Amphetamine	安非他明、非那明、2-氨基-1-苯基丙烷、α-甲基苯乙胺、AMP、AM等
13	甲基苯丙胺	Methamphetamine	冰毒、去氧麻黄碱、甲基安非他明等

续表

序号	中文名	英文名	其它常用名称
14	甲基苯丙胺片剂		麻古、麻果等
15	3,4-亚甲二氧基甲基苯丙胺	3.4-Methylenedioxymethamphetamine	MDMA
16	3.4-亚甲基二氧基苯丙胺	3.4-Methylenedioxyamphetamine	MDA
17	3.4-亚甲双氧基乙基苯丙胺	3.4-Methylenedioxyethylamphetamine	MDEA
18	2.5-二甲氧基苯丙胺	2.5-Dimethoxyamphetamine	DMA
19	大麻	Cannabis sativa，Marijana，Hashish	
20	四氢大麻酚	△9-Tetrahydrocannabinol	THC
21	大麻酚	Cannabinol	CBN
22	大麻二酚	Cannabidol	CBD
23	古柯叶	Coca Leaf	
24	古柯膏	Coca Paste	粗制可卡因
25	可卡因	Cocaine	苯甲酰甲基芽子碱、甲基苯甲酰爱冈宁、古柯碱等
26	麦角酸二乙胺	Lysergic acid diethylamide	LSD、麦角二乙酰胺，麦角乙二胺
27	赛洛西宾	Psilocybin	裸盖菇素、光盖菇素、裸头草碱、迷幻蘑菇
28	塞洛新	Psilocin	迷幻蘑菇
29	麦司卡林	Mescaline	3,4,5-三甲氧苯乙胺、三甲氧苯乙胺、北美仙人球毒碱等
30	苯环己哌啶	Phencyclidine	PCP、苯环利定、普斯普剂、天使粉、天使丸、天使尘、小猪、DOA、火箭燃料等
31	氯胺酮	Ketamine	k粉、K仔、茄、High粉等
32	巴比妥	Barbital	佛罗那

续表

序号	中文名	英文名	其它常用名称
33	苯巴比妥	Phenobarbital	鲁米那
34	异戊巴比妥	Amobarbital	阿米妥
35	司可巴比妥	Secobarbital	速可眠
36	地西泮	Diazepam	安定
37	硝西泮	Nitrazepam	硝基安定
38	奥沙西泮	Oxazepam	去甲羟基安定，舒宁等
39	氯氮卓	Chlordiazepoxide	利眠宁
40	三唑仑	Triazolam	三唑安定，海乐神等
41	艾司唑仑	Estazolam	舒乐安定
42	安眠酮	Methaqualone	甲喹酮、甲苯喹唑酮、海米那、眠可欣等
43	眠尔通	Miltown	安宁、安乐神、甲丙氨酯、氨甲丙二酯等
44	导眠能	Glutethimide	道力顿、苯乙哌啶酮、多眠丹、新安宁、格鲁米特等
45	γ-羟基丁酸	Gamma-hydroxybutyrate	GHB、fing霸、迷奸水、G毒、神仙水、液体迷魂药、液态快乐丸、
46	合成大麻素类	Synthetic cannabinoids	小树枝、香料、香草烟等
47	合成卡西酮类	Synthetic cathinones	浴盐、植物肥料、除草剂、研究性化学品等
48	甲卡西酮	Methcathinone	浴盐、食人盐、丧尸剂、丧尸药、喵喵、象牙、光环、香草的天空等
49	合成苯乙胺类	Phenethylamines	浴盐、草药香、植物食品等
50	色胺类	Tryptamines	零号胶囊
51	一氧化二氮	Nitrous oxide	笑气

附录4　麻醉药品和精神药品相关列管文件及品种目录

食品药品监管总局 公安部 国家卫生计生委

关于公布麻醉药品和精神药品品种目录的通知
（食药监药化监〔2013〕230号）

各省、自治区、直辖市食品药品监督管理局、公安厅（局）、卫生厅局（卫生计生委），新疆生产建设兵团食品药品监督管理局、公安局、卫生局：

根据《麻醉药品和精神药品管理条例》第三条规定，现公布《麻醉药品品种目录（2013年版）》和《精神药品品种目录（2013年版）》，自2014年1月1日起施行。

附表：

1. 麻醉药品品种目录（2013年版）
2. 精神药品品种目录（2013年版）

2013年11月11日

附录 4　麻醉药品和精神药品相关列管文件及品种目录

附表：

麻醉药品品种目录（2013 年版）

序号	中文名	英文名	CAS 号	备注
1	醋托啡	Acetorphine	25333-77-1	
2	乙酰阿法甲基芬太尼	Acetyl-alpha-methylfentanyl	101860-00-8	
3	醋美沙多	Acetylmethadol	509-74-0	
4	阿芬太尼	Alfentanil	71195-58-9	
5	烯丙罗定	Allylprodine	25384-17-2	
6	阿醋美沙多	Alphacetylmethadol	17199-58-5	
7	阿法美罗定	Alphameprodine	468-51-9	
8	阿法美沙多	Alphamethadol	17199-54-1	
9	阿法甲基芬太尼	Alpha-methylfentanyl	79704-88-4	
10	阿法甲基硫代芬太尼	Alpha-methylthiofentanyl	103963-66-2	
11	阿法罗定	Alphaprodine	77-20-3	
12	阿尼利定	Anileridine	144-14-9	
13	苄替啶	Benzethidine	3691-78-9	
14	苄吗啡	Benzylmorphine	36418-34-5	
15	倍醋美沙多	Betacetylmethadol	17199-59-6	
16	倍他羟基芬太尼	Beta-hydroxyfentanyl	78995-10-5	
17	倍他羟基-3-甲基芬太尼	Beta-hydroxy-3-methylfentanyl	78995-14-9	
18	倍他美罗定	Betameprodine	468-50-8	
19	倍他美沙多	Betamethadol	17199-55-2	
20	倍他罗定	Betaprodine	468-59-7	
21	贝齐米特	Bezitramide	15301-48-1	
22	大麻和大麻树脂与大麻浸膏和酊	Cannabis and Cannabis Resin and Extracts and Tinctures of Cannabis	8063-14-7 6465-30-1	

续表

序号	中文名	英文名	CAS 号	备注
23	氯尼他秦	Clonitazene	3861-76-5	
24	古柯叶	Coca Leaf		
25	可卡因*	Cocaine	50-36-2	
26	可多克辛	Codoxime	7125-76-0	
27	罂粟浓缩物*	Concentrate of Poppy Straw		包括罂粟果提取物*，罂粟果提取物粉*
28	地索吗啡	Desomorphine	427-00-9	
29	右吗拉胺	Dextromoramide	357-56-2	
30	地恩丙胺	Diampromide	552-25-0	
31	二乙噻丁	Diethylthiambutene	86-14-6	
32	地芬诺辛	Difenoxin	28782-42-5	
33	二氢埃托啡*	Dihydroetorphine	14357-76-7	
34	双氢吗啡	Dihydromorphine	509-60-4	
35	地美沙多	Dimenoxadol	509-78-4	
36	地美庚醇	Dimepheptanol	545-90-4	
37	二甲噻丁	Dimethylthiambutene	524-84-5	
38	吗苯丁酯	Dioxaphetyl Butyrate	467-86-7	
39	地芬诺酯*	Diphenoxylate	915-30-0	
40	地匹哌酮	Dipipanone	467-83-4	
41	羟蒂巴酚	Drotebanol	3176-03-2	
42	芽子碱	Ecgonine	481-37-8	
43	乙甲噻丁	Ethylmethylthiambutene	441-61-2	
44	依托尼秦	Etonitazene	911-65-9	
45	埃托啡	Etorphine	14521-96-1	
46	依托利定	Etoxeridine	469-82-9	
47	芬太尼*	Fentanyl	437-38-7	

附录4 麻醉药品和精神药品相关列管文件及品种目录

续表

序号	中文名	英文名	CAS号	备注
48	呋替啶	Furethidine	2385-81-1	
49	海洛因	Heroin	561-27-3	
50	氢可酮*	Hydrocodone	125-29-1	
51	氢吗啡醇	Hydromorphinol	2183-56-4	
52	氢吗啡酮*	Hydromorphone	466-99-9	
53	羟哌替啶	Hydroxypethidine	468-56-4	
54	异美沙酮	Isomethadone	466-40-0	
55	凯托米酮	Ketobemidone	469-79-4	
56	左美沙芬	Levomethorphan	125-70-2	
57	左吗拉胺	Levomoramide	5666-11-5	
58	左芬啡烷	Levophenacylmorphan	10061-32-2	
59	左啡诺	Levorphanol	77-07-6	
60	美他佐辛	Metazocine	3734-52-9	
61	美沙酮*	Methadone	76-99-3	
62	美沙酮中间体	Methadone Intermediate	125-79-1	4-氰基-2-二甲氨基-4,4-二苯基丁烷
63	甲地索啡	Methyldesorphine	16008-36-9	
64	甲二氢吗啡	Methyldihydromorphine	509-56-8	
65	3-甲基芬太尼	3-Methylfentanyl	42045-86-3	
66	3-甲基硫代芬太尼	3-Methylthiofentanyl	86052-04-2	
67	美托酮	Metopon	143-52-2	
68	吗拉胺中间体	Moramide Intermediate	3626-55-9	2-甲基-3-吗啉基-1,1-二苯基丁酸
69	吗哌利定	Morpheridine	469-81-8	
70	吗啡*	Morphine	57-27-2	包括吗啡阿托品注射液*

续表

序号	中文名	英文名	CAS 号	备注
71	吗啡甲溴化物	Morphine Methobromide	125-23-5	包括其他五价氮吗啡衍生物，特别包括吗啡 - N - 氧化物，其中一种是可待因 - N - 氧化物
72	吗啡 -N- 氧化物	Morphine-N-oxide	639-46-3	
73	1- 甲基 -4- 苯基 -4- 哌啶丙酸酯	1-Methyl-4-phenyl-4-piperidinol propionate (ester)	13147-09-6	MPPP
74	麦罗啡	Myrophine	467-18-5	
75	尼可吗啡	Nicomorphine	639-48-5	
76	诺美沙多	Noracymethadol	1477-39-0	
77	去甲左啡诺	Norlevorphanol	1531-12-0	
78	去甲美沙酮	Normethadone	467-85-6	
79	去甲吗啡	Normorphine	466-97-7	
80	诺匹哌酮	Norpipanone	561-48-8	
81	阿片*	Opium	8008-60-4	包括复方樟脑酊*、阿桔片*
82	奥列巴文	Oripavine	467-04-9	
83	羟考酮*	Oxycodone	76-42-5	
84	羟吗啡酮	Oxymorphone	76-41-5	
85	对氟芬太尼	Para-fluorofentanyl	90736-23-5	
86	哌替啶*	Pethidine	57-42-1	
87	哌替啶中间体 A	Pethidine Intermediate A	3627-62-1	4- 氰基 -1- 甲基 -4- 苯基哌啶
88	哌替啶中间体 B	Pethidine Intermediate B	77-17-8	4- 苯基哌啶 -4- 羧酸乙酯
89	哌替啶中间体 C	Pethidine Intermediate C	3627-48-3	1- 甲基 -4- 苯基哌啶 -4- 羧酸
90	苯吗庚酮	Phenadoxone	467-84-5	

续表

序号	中文名	英文名	CAS 号	备注
91	非那丙胺	Phenampromide	129-83-9	
92	非那佐辛	Phenazocine	127-35-5	
93	1-苯乙基-4-苯基-4-哌啶乙酸酯	1-Phenethyl-4-phenyl-4-piperidinol acetate (ester)	64-52-8	PEPAP
94	非诺啡烷	Phenomorphan	468-07-5	
95	苯哌利定	Phenoperidine	562-26-5	
96	匹米诺定	Piminodine	13495-09-5	
97	哌腈米特	Piritramide	302-41-0	
98	普罗庚嗪	Proheptazine	77-14-5	
99	丙哌利定	Properidine	561-76-2	
100	消旋甲啡烷	Racemethorphan	510-53-2	
101	消旋吗拉胺	Racemoramide	545-59-5	
102	消旋啡烷	Racemorphan	297-90-5	
103	瑞芬太尼*	Remifentanil	132875-61-7	
104	舒芬太尼*	Sufentanil	56030-54-7	
105	醋氢可酮	Thebacon	466-90-0	
106	蒂巴因*	Thebaine	115-37-7	
107	硫代芬太尼	Thiofentanyl	1165-22-6	
108	替利定	Tilidine	20380-58-9	
109	三甲利定	Trimeperidine	64-39-1	
110	醋氢可待因	Acetyldihydrocodeine	3861-72-1	
111	可待因*	Codeine	76-57-3	
112	右丙氧芬*	Dextropropoxyphene	469-62-5	
113	双氢可待因*	Dihydrocodeine	125-28-0	
114	乙基吗啡*	Ethylmorphine	76-58-4	
115	尼可待因	Nicocodine	3688-66-2	
116	烟氢可待因	Nicodicodine	808-24-2	

续表

序号	中文名	英文名	CAS 号	备注
117	去甲可待因	Norcodeine	467-15-2	
118	福尔可定*	Pholcodine	509-67-1	
119	丙吡兰	Propiram	15686-91-6	
120	布桂嗪*	Bucinnazine		
121	罂粟壳*	Poppy Shell		
122	奥赛利定			

注：1. 上述品种包括其可能存在的盐和单方制剂（除非另有规定）。

2. 上述品种包括其可能存在的异构体、酯及醚（除非另有规定）。

3. 品种目录有*的麻醉药品为我国生产及使用的品种。

精神药品品种目录（2013 年版）（第一类）

序号	中文名	英文名	CAS 号	备注
1	布苯丙胺	Brolamfetamine	64638-07-9	DOB
2	卡西酮	Cathinone	71031-15-7	
3	二乙基色胺	3-[2-(Diethylamino)ethyl]indole	7558-72-7	DET
4	二甲氧基安非他明	(±)-2,5-Dimethoxy-alpha-methylphenethylamine	2801-68-5	DMA
5	(1,2-二甲基庚基）羟基四氢甲基二苯吡喃	3-(1,2-dimethylheptyl)-7,8,9,10-tetrahydro-6,6,9-trimethyl-6Hdibenzo[b,d]pyran-1-ol	32904-22-6	DMHP
6	二甲基色胺	3-[2-(Dimethylamino)ethyl]indole	61-50-7	DMT
7	二甲氧基乙基安非他明	(±)-4-ethyl-2,5-dimethoxy-α-methylphenethylamine	22139-65-7	DOET
8	乙环利定	Eticyclidine	2201-15-2	PCE

附录4 麻醉药品和精神药品相关列管文件及品种目录

续表

序号	中文名	英文名	CAS号	备注
9	乙色胺	Etryptamine	2235-90-7	
10	羟芬胺	(±)-N-[alpha-methyl-3,4-(methylenedioxy)phenethyl] hydroxylamine	74698-47-8	N-hydroxy MDA
11	麦角二乙胺	(+)-Lysergide	50-37-3	LSD
12	乙芬胺	(±)-N-ethyl-alpha-methyl-3,4-(methylenedioxy) phenethylamine	82801-81-8	N-ethyl MDA
13	二亚甲基双氧安非他明	(±)-N,alpha-dimethyl-3,4-(methylene-dioxy) phenethylamine	42542-10-9	MDMA
14	麦司卡林	Mescaline	54-04--6	
15	甲卡西酮	Methcathinone	5650-44-2（右旋体），49656-78-2（右旋体盐酸盐），112117-24-5（左旋体），66514-93-0（左旋体盐酸盐）.	
16	甲米雷司	4-Methylaminorex	3568-94-3	
17	甲羟芬胺	5-methoxy-α-methyl-3,4-(methylenedioxy) phenethylamine	13674-05-0	MMDA
18	4-甲基硫基安非他明	4-Methylthioamfetamine	14116-06-4	
19	六氢大麻酚	Parahexyl	117-51-1	
20	副甲氧基安非他明	P-methoxy-alpha-methylphenethylamine	64-13-1	PMA
21	赛洛新	Psilocine	520-53-6	
22	赛洛西宾	Psilocybine	520-52-5	

续表

序号	中文名	英文名	CAS 号	备注
23	咯环利定	Rolicyclidine	2201-39-0	PHP
24	二甲氧基甲苯异丙胺	2,5-Dimethoxy-alpha,4-dimethylphenethylamine	15588-95-1	STP
25	替苯丙胺	Tenamfetamine	4764-17-4	MDA
26	替诺环定	Tenocyclidine	21500-98-1	TCP
27	四氢大麻酚	Tetrahydrocannabinol		包括同分异构体及其立体化学变体
28	三甲氧基安非他明	(±)-3,4,5-Trimethoxy-alpha-methylphenethylamine	1082-88-8	TMA
29	苯丙胺	Amfetamine	300-62-9	
30	氨奈普汀	Amineptine	57574-09-1	
31	2,5-二甲氧基-4-溴苯乙胺	4-Bromo-2,5-dimethoxyphenethylamine	66142-81-2	2-CB
32	右苯丙胺	Dexamfetamine	51-64-9	
33	屈大麻酚	Dronabinol	1972-08-3	δ-9-四氢大麻酚及其立体化学异构体
34	芬乙茶碱	Fenetylline	3736-08-1	
35	左苯丙胺	Levamfetamine	156-34-3	
36	左甲苯丙胺	Levomethamfetamine	33817-09-3	
37	甲氯喹酮	Mecloqualone	340-57-8	
38	去氧麻黄碱	Metamfetamine	537-46-2	
39	去氧麻黄碱外消旋体	Metamfetamine Racemate	7632-10-2	
40	甲喹酮	Methaqualone	72-44-6	
41	哌醋甲酯*	Methylphenidate	113-45-1	
42	苯环利定	Phencyclidine	77-10-1	PCP

附录4 麻醉药品和精神药品相关列管文件及品种目录

续表

序号	中文名	英文名	CAS号	备注
43	芬美曲秦	Phenmetrazine	134-49-6	
44	司可巴比妥*	Secobarbital	76-73-3	
45	齐培丙醇	Zipeprol	34758-83-3	
46	安非拉酮	Amfepramone	90-84-6	
47	苄基哌嗪	Benzylpiperazine	2759-28-6	BZP
48	丁丙诺啡*	Buprenorphine	52485-79-7	
49	1-丁基-3-(1-萘甲酰基)吲哚	1-Butyl-3-(1-naphthoyl)indole	208987-48-8	JWH-073
50	恰特草	Catha edulis Forssk		Khat
51	2,5-二甲氧基-4-碘苯乙胺	2,5-Dimethoxy-4-iodophenethylamine	69587-11-7	2C-I
52	2,5-二甲氧基苯乙胺	2,5-Dimethoxyphenethylamine	3600-86-0	2C-H
53	二甲基安非他明	Dimethylamfetamine	4075-96-1	
54	依他喹酮	Etaqualone	7432-25-9	
55	[1-(5-氟戊基)-1H-吲哚-3-基](2-碘苯基)甲酮	(1-(5-Fluoropentyl)-3-(2-iodobenzoyl) indole)	335161-03-0	AM-694
56	1-(5-氟戊基)-3-(1-萘甲酰基)-1H-吲哚	1-(5-Fluoropentyl)-3-(1-naphthoyl)indole	335161-24-5	AM-2201
57	γ-羟丁酸*	Gamma-hydroxybutyrate	591-81-1	GHB
58	氯胺酮*	Ketamine	6740-88-1	
59	马吲哚*	Mazindol	22232-71-9	
60	2-(2-甲氧基苯基)-1-(1-戊基-1H-吲哚-3-基)乙酮	2-(2-Methoxyphenyl)-1-(1-pentyl-1H-indol-3-yl)ethanone	864445-43-2	JWH-250
61	亚甲基二氧吡咯戊酮	Methylenedioxypyrovalerone	687603-66-3	MDPV
62	4-甲基乙卡西酮	4-Methylethcathinone	1225617-18-4	4-MEC
63	4-甲基甲卡西酮	4-Methylmethcathinone	5650-44-2	4-MMC

续表

序号	中文名	英文名	CAS 号	备注
64	3,4-亚甲二氧基甲卡西酮	3,4-Methylenedioxy-N-methylcathinone	186028-79-5	Methylone
65	莫达非尼	Modafinil	68693-11-8	
66	1-戊基-3-(1-萘甲酰基)吲哚	1-Pentyl-3-(1-naphthoyl)indole	209414-07-3	JWH-018
67	他喷他多	Tapentadol	175591-23-8	
68	三唑仑*	Triazolam	28911-01-5	

精神药品品种目录（2013年版）（第二类）

序号	中文名	英文名	CAS 号	备注
1	异戊巴比妥*	Amobarbital	57-43-2	
2	布他比妥	Butalbital	77-26-9	
3	去甲伪麻黄碱	Cathine	492-39-7	
4	环己巴比妥	Cyclobarbital	52-31-3	
5	氟硝西泮	Flunitrazepam	1622-62-4	
6	格鲁米特*	Glutethimide	77-21-4	
7	喷他佐辛*	Pentazocine	55643-30-6	
8	戊巴比妥	Pentobarbital	76-74-4	
9	阿普唑仑*	Alprazolam	28981-97-7	
10	阿米雷司	Aminorex	2207-50-3	
11	巴比妥*	Barbital	57-44-3	
12	苄非他明	Benzfetamine	156-08-1	
13	溴西泮	Bromazepam	1812-30-2	
14	溴替唑仑	Brotizolam	57801-81-7	
15	丁巴比妥	Butobarbital	77-28-1	
16	卡马西泮	Camazepam	36104-80-0	
17	氯氮䓬	Chlordiazepoxide	58-25-3	

附录4 麻醉药品和精神药品相关列管文件及品种目录

续表

序号	中文名	英文名	CAS号	备注
18	氯巴占	Clobazam	22316-47-8	
19	氯硝西泮*	Clonazepam	1622-61-3	
20	氯拉䓬酸	Clorazepate	23887-31-2	
21	氯噻西泮	Clotiazepam	33671-46-4	
22	氯噁唑仑	Cloxazolam	24166-13-0	
23	地洛西泮	Delorazepam	2894-67-9	
24	地西泮*	Diazepam	439-14-5	
25	艾司唑仑*	Estazolam	29975-16-4	
26	乙氯维诺	Ethchlorvynol	113-18-8	
27	炔己蚁胺	Ethinamate	126-52-3	
28	氯氟䓬乙酯	Ethyl Loflazepate	29177-84-2	
29	乙非他明	Etilamfetamine	457-87-4	
30	芬坎法明	Fencamfamin	1209-98-9	
31	芬普雷司	Fenproporex	16397-28-7	
32	氟地西泮	Fludiazepam	3900-31-0	
33	氟西泮*	Flurazepam	17617-23-1	
34	哈拉西泮	Halazepam	23092-17-3	
35	卤沙唑仑	Haloxazolam	59128-97-1	
36	凯他唑仑	Ketazolam	27223-35-4	
37	利非他明	Lefetamine	7262-75-1	SPA
38	氯普唑仑	Loprazolam	61197-73-7	
39	劳拉西泮*	Lorazepam	846-49-1	
40	氯甲西泮	Lormetazepam	848-75-9	
41	美达西泮	Medazepam	2898-12-6	
42	美芬雷司	Mefenorex	17243-57-1	
43	甲丙氨酯*	Meprobamate	57-53-4	
44	美索卡	Mesocarb	34262-84-5	

续表

序号	中文名	英文名	CAS号	备注
45	甲苯巴比妥	Methylphenobarbital	115-38-8	
46	甲乙哌酮	Methyprylon	125-64-4	
47	咪达唑仑*	Midazolam	59467-70-8	
48	尼美西泮	Nimetazepam	2011-67-8	
49	硝西泮*	Nitrazepam	146-22-5	
50	去甲西泮	Nordazepam	1088-11-5	
51	奥沙西泮*	Oxazepam	604-75-1	
52	奥沙唑仑	Oxazolam	24143-17-7	
53	匹莫林*	Pemoline	2152-34-3	
54	苯甲曲秦	Phendimetrazine	634-03-7	
55	苯巴比妥*	Phenobarbital	50-06-6	
56	芬特明	Phentermine	122-09-8	
57	匹那西泮	Pinazepam	52463-83-9	
58	哌苯甲醇	Pipradrol	467-60-7	
59	普拉西泮	Prazepam	2955-38-6	
60	吡咯戊酮	Pyrovalerone	3563-49-3	
61	仲丁比妥	Secbutabarbital	125-40-6	
62	替马西泮	Temazepam	846-50-4	
63	四氢西泮	Tetrazepam	10379-14-3	
64	乙烯比妥	Vinylbital	2430-49-1	
65	唑吡坦*	Zolpidem	82626-48-0	
66	阿洛巴比妥	Allobarbital	58-15-1	
67	丁丙诺啡透皮贴剂*	Buprenorphine Transdermal patch		
68	布托啡诺及其注射剂*	Butorphanol and its injection	42408-82-2	
69	咖啡因*	Caffeine	58-08-2	
70	安钠咖*	Caffeine Sodium Benzoate		CNB

附录4　麻醉药品和精神药品相关列管文件及品种目录

续表

序号	中文名	英文名	CAS 号	备注
71	右旋芬氟拉明	Dexfenfluramine	3239-44-9	
72	地佐辛及其注射剂*	Dezocine and Its Injection	53648-55-8	
73	麦角胺咖啡因片*	Ergotamine and Caffeine Tablet	379-79-3	
74	芬氟拉明	Fenfluramine	458-24-2	
75	呋芬雷司	Furfenorex	3776-93-0	
76	纳布啡及其注射剂	Nalbuphine and its injection	20594-83-6	
77	氨酚氢可酮片*	Paracetamol and Hydrocodone Bitartrate Tablet		
78	丙己君	Propylhexedrine	101-40-6	
79	曲马多*	Tramadol	27203-92-5	
80	扎来普隆*	Zaleplon	151319-34-5	
81	佐匹克隆	Zopiclone	43200-80-2	
82	苏沃雷生			
83	吡仑帕奈			
84	依他佐辛			
85	曲马多复方制剂			
86	每剂量单位含氢可酮碱不超过5毫克，且不含其它麻醉药品、精神药品或药品类易制毒化学品的复方口服固体制剂			

注：1. 上述品种包括其可能存在的盐和单方制剂（除非另有规定）。

2. 上述品种包括其可能存在的异构体（除非另有规定）。

3. 品种目录有*的精神药品为我国生产及使用的品种。

《非药用类麻醉药品和精神药品管制品种增补目录》

公安部、国家卫生计生委、国家食品药品监管总局、国家禁毒办关于
印发《非药用类麻醉药品和精神药品列管办法》的通知
（公通字〔2015〕27号）

各省、自治区、直辖市公安厅（局）、食品药品监督管理局、卫生计生委、禁毒委员会办公室，新疆生产建设兵团公安局、食品药品监督管理局、卫生局、禁毒委员会办公室：

近年来，非药用类麻醉药品和精神药品制贩、走私和滥用问题日益突出，为加强对非药用类麻醉药品和精神药品的列管工作，防止非法生产、经营、运输、使用和进出口，遏制有关违法犯罪活动的发展蔓延，公安部、国家食品药品监督管理总局、国家卫生计生委和国家禁毒委员会办公室联合制定了《非药用类麻醉药品和精神药品列管办法》。现印发给你们，请认真贯彻执行。执行中遇到的问题，请及时上报。

公安部
国家卫生计生委
国家食品药品监管总局
国家禁毒办
2015年9月24日

非药用类麻醉药品和精神药品列管办法

第一条 为加强对非药用类麻醉药品和精神药品的管理，防止非法生产、经营、运输、使用和进出口，根据《中华人民共和国禁毒法》和《麻醉药品和精神药品管理条例》等法律、法规的规定，制定本办法。

第二条 本办法所称的非药用类麻醉药品和精神药品，是指未作为药品生产和使用，具有成瘾性或者成瘾潜力且易被滥用的物质。

第三条 麻醉药品和精神药品按照药用类和非药用类分类列管。除麻醉药品和精神药品管理品种目录已有列管品种外，新增非药用类麻醉药品和精神药品管制品种由本办法附表列示。非药用类麻醉药品和精神药品管制品种目录的调整由国务院公安部门会同国务院食品药品监督管理部门和国务院卫生计生行政部门负责。

非药用类麻醉药品和精神药品发现医药用途，调整列入药品目录的，不再列入非药用类麻醉药品和精神药品管制品种目录。

第四条 对列管的非药用类麻醉药品和精神药品，禁止任何单位和个人生产、买卖、运输、使用、储存和进出口。因科研、实验需要使用非药用类麻醉药品和精神药品，在药品、医疗器械生产、检测中需要使用非药用类麻醉药品和精神药品标准品、对照品，以及药品生产过程中非药用类麻醉药品和精神药品中间体的管理，按照有关规定执行。

各级公安机关和有关部门依法加强对非药用类麻醉药品和精神药品违法犯罪行为的打击处理。

第五条 各地禁毒委员会办公室（以下简称禁毒办）应当组织公安机关和有关部门加强对非药用类麻醉药品和精神药品的监测，并将监测情况及时上报国家禁毒办。国家禁毒办经汇总、分析后，应当及时发布预警信息。对国家禁毒办发布预警的未列管非药用类麻醉药品和精神药品，各地禁毒办应当进行重点监测。

第六条 国家禁毒办认为需要对特定非药用类麻醉药品和精神药品进行列管的，应当交由非药用类麻醉药品和精神药品专家委员会（以下简称专家委员会）进行风险评估和列管论证。

第七条 专家委员会由国务院公安部门、食品药品监督管理部门、卫生计生行政部门、工业和信息化管理部门、海关等部门的专业人员以及医学、药学、法学、司法鉴定、化工等领域的专家学者组成。

专家委员会应当对拟列管的非药用类麻醉药品和精神药品进行下列风险评估和列管论证，并提出是否予以列管的建议：（一）成瘾性或者成瘾潜力；（二）对人身心健康的危害性；（三）非法制造、贩运或者走私活动情况；（四）滥用或者扩散情况；（五）造成国内、国际危害或者其他社会危害情况。

专家委员会启动对拟列管的非药用类麻醉药品和精神药品的风险评估和列管论证工作后，应当在 3 个月内完成。

第八条 对专家委员会评估后提出列管建议的，国家禁毒办应当建议国务院公安部门会同食品药品监督管理部门和卫生计生行政部门予以列管。

第九条 国务院公安部门会同食品药品监督管理部门和卫生计生行政部门应当在接到国家禁毒办列管建议后 6 个月内，完成对非药用类麻醉药品和精神药品的列管工作。

对于情况紧急、不及时列管不利于遏制危害发展蔓延的，风险评估和列管工作应当加快进程。

第十条 本办法自 2015 年 10 月 1 日起施行。

附表：

非药用类麻醉药品和精神药品管制品种增补目录

序号	中文名	英文名	CAS 号	备注
1	N-(2-甲氧基苄基)-2-(2,5-二甲氧基-4-溴苯基)乙胺	2-(4-Bromo-2,5-dimethoxyphenyl)-N-(2-methoxybenzyl)ethanamine	1026511-90-9	2C-B-NBOMe
2	2,5-二甲氧基-4-氯苯乙胺	4-Chloro-2,5-dimethoxyphenethylamine	88441-14-9	2C-C

附录 4 麻醉药品和精神药品相关列管文件及品种目录

续表

序号	中文名	英文名	CAS 号	备注
3	N-(2-甲氧基苄基)-2-(2,5-二甲氧基-4-氯苯基)乙胺	2-(4-Chloro-2,5-dimethoxyphenyl)-N-(2-methoxybenzyl)ethanamine	1227608-02-7	2C-C-NBOMe
4	2,5-二甲氧基-4-甲基苯乙胺	4-Methyl-2,5-dimethoxyphenethylamine	24333-19-5	2C-D
5	N-(2-甲氧基苄基)-2-(2,5-二甲氧基-4-甲基苯基)乙胺	2-(4-Methyl-2,5-dimethoxyphenyl)-N-(2-methoxybenzyl)ethanamine	1354632-02-2	2C-D-NBOMe
6	2,5-二甲氧基-4-乙基苯乙胺	4-Ethyl-2,5-dimethoxyphenethylamine	71539-34-9	2C-E
7	N-(2-甲氧基苄基)-2-(2,5-二甲氧基-4-碘苯基)乙胺	2-(4-Iodo-2,5-dimethoxyphenyl)-N-(2-methoxybenzyl)ethanamine	919797-19-6	2C-I-NBOMe
8	2,5-二甲氧基-4-丙基苯乙胺	4-Propyl-2,5-dimethoxyphenethylamine	207740-22-5	2C-P
9	2,5-二甲氧基-4-乙硫基苯乙胺	4-Ethylthio-2,5-dimethoxyphenethylamine	207740-24-7	2C-T-2
10	2,5-二甲氧基-4-异丙基硫基苯乙胺	4-Isopropylthio-2,5-dimethoxyphenethylamine	207740-25-8	2C-T-4
11	2,5-二甲氧基-4-丙硫基苯乙胺	4-Propylthio-2,5-dimethoxphenethylamine	207740-26-9	2C-T-7
12	2-氟苯丙胺	1-(2-Fluorophenyl)propan-2-amine	1716-60-5	2-FA
13	2-氟甲基苯丙胺	N-Methyl-1-(2-fluorophenyl)propan-2-amine	1017176-48-5	2-FMA
14	1-(2-苯并呋喃基)-N-甲基-2-丙胺	N-Methyl-1-(benzofuran-2-yl)propan-2-amine	806596-15-6	2-MAPB
15	3-氟苯丙胺	1-(3-Fluorophenyl)propan-2-amine	1626-71-7	3-FA

续表

序号	中文名	英文名	CAS 号	备注
16	3-氟甲基苯丙胺	N-Methyl-1-(3-fluorophenyl)propan-2-amine	1182818-14-9	3-FMA
17	4-氯苯丙胺	1-(4-Chlorophenyl)propan-2-amine	64-12-0	4-CA
18	4-氟苯丙胺	1-(4-Fluorophenyl)propan-2-amine	459-02-9	4-FA
19	4-氟甲基苯丙胺	N-Methyl-1-(4-fluorophenyl)propan-2-amine	351-03-1	4-FMA
20	1-[5-(2,3-二氢苯并呋喃基)]-2-丙胺	1-(2,3-Dihydro-1-benzofuran-5-yl)propan-2-amine	152624-03-8	5-APDB
21	1-(5-苯并呋喃基)-N-甲基-2-丙胺	N-Methyl-1-(benzofuran-5-yl)propan-2-amine	1354631-77-8	5-MAPB
22	6-溴-3,4-亚甲二氧基甲基苯丙胺	N-Methyl-(6-bromo-3,4-methylenedioxyphenyl)propan-2-amine		6-Br-MDMA
23	6-氯-3,4-亚甲二氧基甲基苯丙胺	N-Methyl-(6-chloro-3,4-methylenedioxyphenyl)propan-2-amine	319920-71-3	6-Cl-MDMA
24	1-(2,5-二甲氧基-4-氯苯基)-2-丙胺	1-(4-Chloro-2,5-dimethoxyphenyl)propan-2-amine	123431-31-2	DOC
25	1-(2-噻吩基)-N-甲基-2-丙胺	N-Methyl-1-(thiophen-2-yl)propan-2-amine	801156-47-8	MPA
26	N-(1-氨甲酰基-2-甲基丙基)-1-(5-氟戊基)吲哚-3-甲酰胺	N-(1-Amino-3-methyl-1-oxobutan-2-yl)-1-(5-fluoropentyl)-1H-indole-3-carboxamide	1801338-26-0	5F-ABICA
27	N-(1-氨甲酰基-2-甲基丙基)-1-(5-氟戊基)吲唑-3-甲酰胺	N-(1-Amino-3-methyl-1-oxobutan-2-yl)-1-(5-fluoropentyl)-1H-indazole-3-carboxamide	1800101-60-3	5F-AB-PINACA

续表

序号	中文名	英文名	CAS号	备注
28	N-(1-氨甲酰基-2,2-二甲基丙基)-1-(5-氟戊基)吲哚-3-甲酰胺	N-(1-Amino-3,3-dimethyl-1-oxobutan-2-yl)-1-(5-fluoropentyl)-1H-indole-3-carboxamide	1801338-27-1	5F-ADBICA
29	N-(1-甲氧基羰基-2-甲基丙基)-1-(5-氟戊基)吲唑-3-甲酰胺	1-Methoxy-3-methyl-1-oxobutan-2-yl-1-(5-fluoropentyl)-1H-indazole-3-carboxamide	1715016-74-2	5F-AMB
30	N-(1-金刚烷基)-1-(5-氟戊基)吲唑-3-甲酰胺	N-(1-Adamantyl)-1-(5-fluoropentyl)-1H-indazole-3-carboxamide	1400742-13-3	5F-APINACA
31	1-(5-氟戊基)吲哚-3-甲酸-8-喹啉酯	Quinolin-8-yl 1-(5-fluoropentyl)-1H-indole-3-carboxylate	1400742-41-7	5F-PB-22
32	1-(5-氟戊基)-3-(2,2,3,3-四甲基环丙甲酰基)吲哚	(1-(5-Fluoropentyl)-1H-indol-3-yl)(2,2,3,3-tetramethylcyclopropyl)methanone	1364933-54-9	5F-UR-144
33	1-[2-(N-吗啉基)乙基]-3-(2,2,3,3-四甲基环丙甲酰基)吲哚	(1-(2-Morpholin-4-ylethyl)-1H-indol-3-yl)(2,2,3,3-tetramethylcyclopropyl)methanone	895155-26-7	A-796,260
34	1-(4-四氢吡喃基甲基)-3-(2,2,3,3-四甲基环丙甲酰基)吲哚	(1-(Tetrahydropyran-4-ylmethyl)-1H-indol-3-yl)(2,2,3,3-tetramethylcyclopropyl)methanone	895155-57-4	A-834,735
35	N-(1-氨甲酰基-2-甲基丙基)-1-(环己基甲基)吲唑-3-甲酰胺	N-(1-Amino-3-methyl-1-oxobutan-2-yl)-1-(cyclohexylmethyl)-1H-indazole-3-carboxamide	1185887-21-1	AB-CHMINACA

续表

序号	中文名	英文名	CAS 号	备注
36	N-(1-氨甲酰基-2-甲基丙基)-1-(4-氟苄基)吲唑-3-甲酰胺	N-(1-Amino-3-methyl-1-oxobutan-2-yl)-1-(4-fluorobenzyl)-1H-indazole-3-carboxamide	1629062-56-1	AB-FUBINACA
37	N-(1-氨甲酰基-2-甲基丙基)-1-戊基吲唑-3-甲酰胺	N-(1-Amino-3-methyl-1-oxobutan-2-yl)-1-pe-ntyl-1H-indazole-3-carboxamide	1445583-20-9	AB-PINACA
38	N-(1-氨甲酰基-2,2-二甲基丙基)-1-戊基吲哚-3-甲酰胺	N-(1-Amino-3,3-dimethyl-1-oxobutan-2-yl)-1-pentyl-1H-indole-3-carboxamide	1445583-48-1	ADBICA
39	N-(1-氨甲酰基-2,2-二甲基丙基)-1-戊基吲唑-3-甲酰胺	N-(1-Amino-3,3-dimethyl-1-oxobutan-2-yl)-1-pentyl-1H-indazole-3-carboxamide	1633766-73-0	ADB-PINACA
40	1-[(N-甲基-2-哌啶基)甲基]-3-(1-萘甲酰基)吲哚	(1-((1-Methylpiperidin-2-yl)methyl)-1H-indol-3-yl)(naphthalen-1-yl)methanone	137642-54-7	AM-1220
41	1-[(N-甲基-2-哌啶基)甲基]-3-(1-金刚烷基甲酰基)吲哚	(1-((1-Methylpiperidin-2-yl)methyl)-1H-indol-3-yl)(adamantan-1-yl)methanone	335160-66-2	AM-1248
42	1-[(N-甲基-2-哌啶基)甲基]-3-(2-碘苯甲酰基)吲哚	(1-((1-Methylpiperidin-2-yl)methyl)-1H-indol-3-yl)(2-iodophenyl)methanone	444912-75-8	AM-2233
43	N-(1-金刚烷基)-1-戊基吲哚-3-甲酰胺	N-(1-Adamantyl)-1-pentyl-1H-indole-3-carboxamide	1345973-50-3	APICA
44	N-(1-金刚烷基)-1-戊基吲唑-3-甲酰胺	N-(1-Adamantyl)-1-pentyl-1H-indazole-3-carboxamide	1345973-53-6	APINACA

续表

序号	中文名	英文名	CAS 号	备注
45	1-(1- 萘甲酰基)-4- 戊氧基萘	(4-Pentyloxynaphthalen-1-yl)(naphthalen-1-yl)methanone	432047-72-8	CB-13
46	N-(1- 甲基 -1- 苯基乙基)-1-(4- 四氢吡喃基甲基) 吲唑 -3- 甲酰胺	N-(2-Phenylpropan-2-yl)-1-(tetrahydropyran-4-ylmethyl)-1H-indazole-3-carboxamide	1400742-50-8	CUMYL-THPINACA
47	1-(5- 氟戊基)-3-(4- 乙基 -1- 萘甲酰基) 吲哚	(1-(5-Fluoropentyl)-1H-indol-3-yl)(4-ethylnaphthalen-1-yl)methanone	1364933-60-7	EAM-2201
48	1-(4- 氟苄基)-3-(1- 萘甲酰基) 吲哚	(1-(4-Fluorobenzyl)-1H-indol-3-yl)(naphthalen-1-yl)methanone		FUB-JWH-018
49	1-(4- 氟苄基) 吲哚 -3- 甲酸 -8- 喹啉酯	Quinolin-8-yl 1-(4-fluorobenzyl)-1H-indole-3-carboxylate	1800098-36-5	FUB-PB-22
50	2- 甲基 -1- 戊基 -3-(1- 萘甲酰基) 吲哚	(2-Methyl-1-pentyl-1H-indol-3-yl)(naphthalen-1-yl)methanone	155471-10-6	JWH-007
51	2- 甲基 -1- 丙基 -3-(1- 萘甲酰基) 吲哚	(2-Methyl-1-propyl-1H-indol-3-yl)(naphthalen-1-yl)methanone	155471-08-2	JWH-015
52	1- 己基 -3-(1- 萘甲酰基) 吲哚	(1-Hexyl-1H-indol-3-yl)(naphthalen-1-yl)methanone	209414-08-4	JWH-019
53	1- 戊基 -3-(4- 甲氧基 -1- 萘甲酰基) 吲哚	(1-Pentyl-1H-indol-3-yl)(4-methoxynaphthalen-1-yl)methanone	210179-46-7	JWH-081
54	1- 戊基 -3-(4- 甲基 -1- 萘甲酰基) 吲哚	(1-Pentyl-1H-indol-3-yl)(4-methylnaphthalen-1-yl)methanone	619294-47-2	JWH-122

续表

序号	中文名	英文名	CAS号	备注
55	1-戊基-3-(2-氯苯乙酰基)吲哚	2-(2-Chlorophenyl)-1-(1-pentyl-1H-indol-3-yl)ethanone	864445-54-5	JWH-203
56	1-戊基-3-(4-乙基-1-萘甲酰基)吲哚	(1-Pentyl-1H-indol-3-yl)(4-ethylnaphthalen-1-yl)methanone	824959-81-1	JWH-210
57	1-戊基-2-(2-甲苯基)-4-(1-萘甲酰基)吡咯	(5-(2-Methylphenyl)-1-pentyl-1H-pyrrol-3-yl)(naphthalen-1-yl)methanone	914458-22-3	JWH-370
58	1-(5-氟戊基)-3-(4-甲基-1-萘甲酰基)吲哚	(1-(5-Fluoropentyl)-1H-indol-3-yl)(4-mcthylnaphthalen-1-yl)methanone	1354631-24-5	MAM-2201
59	N-(1-甲氧基羰基-2,2-二甲基丙基)-1-(环己基甲基)吲哚-3-甲酰胺	N-(1-Methoxy-3,3-dimethyl-1-oxobutan-2-yl)-1-(cyclohexylmethyl)-1H-indole-3-carboxamide	1715016-78-6	MDMB-CHMICA
60	N-(1-甲氧基羰基-2,2-二甲基丙基)-1-(4-氟苄基)吲唑-3-甲酰胺	N-(1-Methoxy-3,3-dimethyl-1-oxobutan-2-yl)-1-(4-fluorobenzyl)-1H-indazole-3-carboxamide	1715016-77-5	MDMB-FUBINACA
61	1-戊基吲哚-3-甲酸-8-喹啉酯	Quinolin-8-yl 1-pentyl-1H-indole-3-carboxylate	1400742-17-7	PB-22
62	N-(1-氨甲酰基-2-苯基乙基)-1-(5-氟戊基)吲唑-3-甲酰胺	N-(1-Amino-1-oxo-3-phenylpropan-2-yl)-1-(5-fluoropentyl)-1H-indazole-3-carboxamide		PX-2
63	1-戊基-3-(4-甲氧基苯甲酰基)吲哚	(1-Pentyl-1H-indol-3-yl)(4-methoxyphenyl)methanone	1345966-78-0	RCS-4

续表

序号	中文名	英文名	CAS 号	备注
64	N-(1-金刚烷基)-1-(5-氟戊基)吲哚-3-甲酰胺	N-(1-Adamantyl)-1-(5-fluoropentyl)-1H-indole-3-carboxamide	1354631-26-7	STS-135
65	1-戊基-3-(2,2,3,3-四甲基环丙甲酰基)吲哚	(1-Pentyl-1H-indol-3-yl)(2,2,3,3-tetramethylcyclopropyl)methanone	1199943-44-6	UR-144
66	2-氟甲卡西酮	1-(2-Fluorophenyl)-2-methylaminopropan-1-one	1186137-35-8	2-FMC
67	2-甲基甲卡西酮	1-(2-Methylphenyl)-2-methylaminopropan-1-one	1246911-71-6	2-MMC
68	3,4-二甲基甲卡西酮	1-(3,4-Dimethylphenyl)-2-methylaminopropan-1-one	1082110-00-6	3,4-DMMC
69	3-氯甲卡西酮	1-(3-Chlorophenyl)-2-methylaminopropan-1-one	1049677-59-9	3-CMC
70	3-甲氧基甲卡西酮	1-(3-Methoxyphenyl)-2-methylaminopropan-1-one	882302-56-9	3-MeOMC
71	3-甲基甲卡西酮	1-(3-Methylphenyl)-2-methylaminopropan-1-one	1246911-86-3	3-MMC
72	4-溴甲卡西酮	1-(4-Bromophenyl)-2-methylaminopropan-1-one	486459-03-4	4-BMC
73	4-氯甲卡西酮	1-(4-Chlorophenyl)-2-methylaminopropan-1-one	1225843-86-6	4-CMC
74	4-氟甲卡西酮	1-(4-Fluorophenyl)-2-methylaminopropan-1-one	447-40-5	4-FMC
75	1-(4-氟苯基)-2-(N-吡咯烷基)-1-戊酮	1-(4-Fluorophenyl)-2-(1-pyrrolidinyl)pentan-1-one	850352-62-4	4-F-α-PVP
76	1-(4-甲基苯基)-2-甲氨基-1-丁酮	1-(4-Methylphenyl)-2-methylaminobutan-1-one	1337016-51-9	4-MeBP

续表

序号	中文名	英文名	CAS 号	备注
77	1-(4-甲氧基苯基)-2-(N-吡咯烷基)-1-戊酮	1-(4-Methoxyphenyl)-2-(1-pyrrolidinyl)pentan-1-one	14979-97-6	4-MeO-α-PVP
78	1-苯基-2-甲氨基-1-丁酮	1-Phenyl-2-methylaminobutan-1-one	408332-79-6	Buphedrone
79	2-甲氨基-1-[3,4-(亚甲二氧基)苯基]-1-丁酮	1-(3,4-Methylenedioxyphenyl)-2-methylaminobutan-1-one	802575-11-7	Butylone
80	2-二甲氨基-1-[3,4-(亚甲二氧基)苯基]-1-丙酮	1-(3,4-Methylenedioxyphenyl)-2-dimethylaminopropan-1-one	765231-58-1	Dimethylone
81	乙卡西酮	1-Phenyl-2-ethylaminopropan-1-one	18259-37-5	Ethcathinone
82	3,4-亚甲二氧基乙卡西酮	1-(3,4-Methylenedioxyphenyl)-2-ethylaminopropan-1-one	1112937-64-0	Ethylone
83	1-[3,4-(亚甲二氧基)苯基]-2-(N-吡咯烷基)-1-丁酮	1-(3,4-Methylenedioxyphenyl)-2-(1-pyrrolidinyl)butan-1-one	784985-33-7	MDPBP
84	1-[3,4-(亚甲二氧基)苯基]-2-(N-吡咯烷基)-1-丙酮	1-(3,4-Methylenedioxyphenyl)-2-(1-pyrrolidinyl)propan-1-one	783241-66-7	MDPPP
85	4-甲氧基甲卡西酮	1-(4-Methoxyphenyl)-2-methylaminopropan-1-one	530-54-1	Methedrone
86	1-苯基-2-乙氨基-1-丁酮	1-Phenyl-2-ethylaminobutan-1-one	1354631-28-9	NEB
87	1-苯基-2-甲氨基-1-戊酮	1-Phenyl-2-methylaminopentan-1-one	879722-57-3	Pentedrone
88	1-苯基-2-(N-吡咯烷基)-1-丁酮	1-Phenyl-2-(1-pyrrolidinyl)butan-1-one	13415-82-2	α-PBP

附录4 麻醉药品和精神药品相关列管文件及品种目录

续表

序号	中文名	英文名	CAS号	备注
89	1-苯基-2-(N-吡咯烷基)-1-己酮	1-Phenyl-2-(1-pyrrolidinyl)hexan-1-one	13415-86-6	α-PHP
90	1-苯基-2-(N-吡咯烷基)-1-庚酮	1-Phenyl-2-(1-pyrrolidinyl)heptan-1-one	13415-83-3	α-PHPP
91	1-苯基-2-(N-吡咯烷基)-1-戊酮	1-Phenyl-2-(1-pyrrolidinyl)pentan-1-one	14530-33-7	α-PVP
92	1-(2-噻吩基)-2-(N-吡咯烷基)-1-戊酮	1-(Thiophen-2-yl)-2-(1-pyrrolidinyl)pentan-1-one	1400742-66-6	α-PVT
93	2-(3-甲氧基苯基)-2-乙氨基环己酮	2-(3-Methoxyphenyl)-2-(ethylamino) cyclohexanone	1239943-76-0	MXE
94	乙基去甲氯胺酮	2-(2-Chlorophenyl)-2-(ethylamino) cyclohexanone	1354634-10-8	NENK
95	N,N-二烯丙基-5-甲氧基色胺	5-Methoxy-N,N-diallyltryptamine	928822-98-4	5-MeO-DALT
96	N,N-二异丙基-5-甲氧基色胺	5-Methoxy-N,N-diisopropyltryptamine	4021-34-5	5-MeO-DiPT
97	N,N-二甲基-5-甲氧基色胺	5-Methoxy-N,N-dimethyltryptamine	1019-45-0	5-MeO-DMT
98	N-甲基-N-异丙基-5-甲氧基色胺	5-Methoxy-N-isopropyl-N-methyltryptamine	96096-55-8	5-MeO-MiPT
99	α-甲基色胺	alpha-Methyltryptamine	299-26-3	AMT
100	1,4-二苄基哌嗪	1,4-Dibenzylpiperazine	1034-11-3	DBZP
101	1-(3-氯苯基)哌嗪	1-(3-Chlorophenyl)piperazine	6640-24-0	mCPP
102	1-(3-三氟甲基苯基)哌嗪	1-(3-Trifluoromethylphenyl)piperazine	15532-75-9	TFMPP
103	2-氨基茚满	2-Aminoindane	2975-41-9	2-AI
104	5,6-亚甲二氧基-2-氨基茚满	5,6-Methylenedioxy-2-aminoindane	132741-81-2	MDAI
105	2-二苯甲基哌啶	2-Diphenylmethylpiperidine	519-74-4	2-DPMP

续表

序号	中文名	英文名	CAS 号	备注
106	3,4-二氯哌甲酯	Methyl 2-(3,4-dichlorophenyl)-2-(piperidin-2-yl) acetate	1400742-68-8	3,4-CTMP
107	乙酰芬太尼	N-(1-Phenethylpiperidin-4-yl)-N-phenylacetamide	3258-84-2	Acetylfentanyl
108	3,4-二氯-N-[(1-二甲氨基环己基)甲基]苯甲酰胺	3,4-Dichloro-N-((1-(dimethylamino)cyclohexyl)methyl)benzamide	55154-30-8	AH-7921
109	丁酰芬太尼	N-(1-Phenethylpiperidin-4-yl)-N-phenylbutyramide	1169-70-6	Butyrylfentanyl
110	哌乙酯	Ethyl 2-phenyl-2-(piperidin-2-yl)acetate	57413-43-1	Ethylphenidate
111	1-[1-(2-甲氧基苯基)-2-苯基乙基]哌啶	1-(1-(2-Methoxyphenyl)-2-phenylethyl) piperidine	127529-46-8	Methoxphenidine
112	芬纳西泮	7-Bromo-5-(2-chlorophenyl)-1,3-dihydro-2H-1,4-benzodiazepin-2-one	51753-57-2	Phenazepam
113	β-羟基硫代芬太尼	N-(1-(2-Hydroxy-2-(thiophen-2-yl)ethyl)piperidin-4-yl)-N-phenylpropanamide	1474-34-6	β-Hydroxythiofentanyl
114	4-氟丁酰芬太尼	N-(4-Fluorophenyl)-N-(1-phenethylpiperidin-4-yl) butyramide	244195-31-1	4-Fluorobutyrfentanyl
115	异丁酰芬太尼	N-(1-Phenethylpiperidin-4-yl)-N-phenylisobutyramide	119618-70-1	Isobutyrfentanyl
116	奥芬太尼	N-(2-Fluorophenyl)-2-methoxy-N-(1-phenethylpiperidin-4-yl) acetamide	101343-69-5	Ocfentanyl

注：上述品种包括其可能存在的盐类、旋光异构体及其盐类（另有规定的除外）。

《关于将含可待因复方口服液体制剂列入第二类精神药品管理的公告》

国家食品药品监管总局 公安部 国家卫生计生委关于将含可待因复方口服液体制剂列入第二类精神药品管理的公告

（2015年第10号）

根据《麻醉药品和精神药品管理条例》的有关规定，国家食品药品监管总局、公安部、国家卫生计生委决定将含可待因复方口服液体制剂（包括口服溶液剂、糖浆剂）列入第二类精神药品管理。

本公告自2015年5月1日起实行。

特此公告。

国家食品药品监管总局

公安部

国家卫生计生委

2015年4月3日

《关于将卡芬太尼等四种芬太尼类物质列入非药用类麻醉药品和精神药品管制品种增补目录的公告》

公安部、国家食品药品监督管理总局、国家卫生和计划生育委员会关于将卡芬太尼等四种芬太尼类物质列入《非药用类麻醉药品和精神药品管制品种增补目录》的公告

根据《麻醉药品和精神药品管理条例》《非药用类麻醉药品和精神药品列管办法》的有关规定，公安部、国家食品药品监督管理总局和国家卫生和计划生育委员会决定将卡芬太尼、呋喃芬太尼、丙烯酰芬太尼、戊酰芬太尼四种物质列入非药用类麻醉药品和精神药品管制品种增补目录。

本公告自 2017 年 3 月 1 日起施行。

公安部

国家食品药品监督管理总局

国家卫生和计划生育委员会

2017 年 1 月 25 日

附录4 麻醉药品和精神药品相关列管文件及品种目录

附表：

非药用类麻醉药品和精神药品管制品种增补目录

序号	中文名	英文名	CAS号	备注
1	丙烯酰芬太尼	N-(1-Phenethylpiperidin-4-yl)-N-phenylacrylamide	82003-75-6	Acrylfentanyl
2	卡芬太尼	Methyl4-(N-phenylpropionamido)-1-phenethylpiperidine-4-carboxylate	59708-52-0	Carfentanyl Carfentanil
3	呋喃芬太尼	N-(1-Phenethylpiperidin-4-yl)-N-phenylfuran-2-carboxamide	101345-66-8	Furanylfentanyl
4	戊酰芬太尼	N-(1-Phenethylpiperidin-4-yl)-N-phenylpentanamide	122882-90-0	Valerylfentanyl

《关于将 N- 甲基 -N-(2- 二甲氨基环已基)-3,4- 二氯带甲酰胺 (U-47700) 等四种物质列入非药用类麻醉药品和精神药品管制品种增补目录的公告》

公安部、国家食品药品监督管理总局、国家卫生和计划生育委员会关于将将 N- 甲基 -N-(2- 二甲氨基环已基)-3,4- 二氯带甲酰胺 (U-47700) 等四种物质列入《非药用类麻醉药品和精神药品管制品种增补目录》的公告

根据《麻醉药品和精神药品管理条例》《非药用类麻醉药品列管办法》的有关规定，公安部、国家食品药品监督管理总局和国家卫生和计划生育委员会决定将 N- 甲基 -N-(2- 二甲氨基环已基)-3,4- 二氯苯甲酰胺（U-47700）、1- 环已基 -4-(1,2- 二苯基乙基) 哌嗪（MT-45）、4- 甲氧基甲基苯丙胺（PMMA）和 2- 氨基 -4- 甲基 -5-(4- 甲基苯基)-4,5- 二氢恶唑（4,4′-DMAR）四种物质列入非药用类麻醉药品和精神药品品种增补目录。

本公告自 2017 年 7 月 1 日起施行。

特此公告。

公安部
国家食品药品监督管理总局
国家卫生和计划生育委员会
2017 年 5 月 22 日

附录 4　麻醉药品和精神药品相关列管文件及品种目录

附表：

非药用类麻醉药品和精神药品管制品种增补目录

序号	中文名	英文名	CAS 号	备注
1	N-甲基-N-(2-二甲氨基环己基)-3,4-二氯苯甲酰胺	3,4-Dichloro-N-(2-(dimethylamino)cyclohexyl)-N-methylbenzamide	121348-98-9	U-47700
2	1-环己基-4-(1,2-二苯基乙基)哌嗪	1-Cyclohexyl-4-(1,2-diphenylethyl)piperazine	52694-55-0	MT-45
3	4-甲氧基甲基苯丙胺	N-Methyl-1-(4-methoxyphenyl)propan-2-amine	22331-70-0	PMMA
4	2氨基-4-甲基-5-(4-甲基苯基)-4,5-二氢恶唑	4-Methyl-5-(4-methylphenyl)-4,5-dihydrooxazol-2-amine	1445569-01-6	4,4'-DMAR

《关于将4-氯乙卡西酮等32种物质列入非药用类麻醉药品和精神药品管制品种增补目录的公告》

公安部、国家卫生健康委员会、国家药品监督管理局关于将4-氯乙卡西酮等32种物质列入《非药用类麻醉药品和精神药品管制品种增补目录》的公告

根据《麻醉药品和精神药品管理条例》《非药用类麻醉药品和精神药品列管办法》的有关规定，公安部、国家卫生健康委员会和国家药品监督管理局决定将4-氯乙卡西酮等32种物质列入非药用类麻醉药品和精神药品管制品种增补目录。

本公告自2018年9月1日起施行。

特此公告。

公安部
国家卫生健康委员会
国家药品监督管理局
2018年8月16日

附录4 麻醉药品和精神药品相关列管文件及品种目录

附表：

非药用类麻醉药品和精神药品管制品种增补目录

序号	中文名	英文名	CAS号	备注
1	4-氯乙卡西酮	1-(4-Chlorophenyl)-2-(ethylamino)propan-1-one	14919-85-8	4-CEC
2	1-[3,4-(亚甲二氧基)苯基]-2-乙氨基-1-戊酮	1-(3,4-Methylenedioxyphenyl)-2-(ethylamino)pentan-1-one	727641-67-0	N-Ethylpentylone
3	1-(4-氯苯基)-2-(N-吡咯烷基)-1-戊酮	1-(4-Chlorophenyl)-2-(1-pyrrolidinyl)pentan-1-one	5881-77-6	4-Cl-α-PVP
4	1-[3,4-(亚甲二氧基)苯基]-2-二甲氨基-1-丁酮	1-(3,4-Methylenedioxyphenyl)-2-(dimethylamino)butan-1-one	802286-83-5	Dibutylone
5	1-[3,4-(亚甲二氧基)苯基]-2-甲氨基-1-戊酮	1-(3,4-Methylenedioxyphenyl)-2-(methylamino)pentan-1-one	698963-77-8	Pentylone
6	1-苯基-2-乙氨基-1-己酮	1-Phenyl-2-(ethylamino)hexan-1-one	802857-66-5	N-Ethylhexedrone
7	1-(4-甲基苯基)-2-(N-吡咯烷基)-1-己酮	1-(4-Methylphenyl)-2-(1-pyrrolidinyl)hexan-1-one	34138-58-4	4-MPHP
8	1-(4-氯苯基)-2-(N-吡咯烷基)-1-丙酮	1-(4-Chlorophenyl)-2-(1-pyrrolidinyl)propan-1-one	28117-79-5	4-Cl-α-PPP
9	1-[2-(5,6,7,8-四氢萘基)]-2-(N-吡咯烷基)-1-戊酮	1-(5,6,7,8-Tetrahydronaphthalen-2-yl)-2-(1-pyrrolidinyl)pentan-1-one		β-TH-Naphyrone
10	1-(4-氟苯基)-2-(N-吡咯烷基)-1-己酮	1-(4-Fluorophenyl)-2-(1-pyrrolidinyl)hexan-1-one	2230706-09-7	4-F-α-PHP
11	4-乙基甲卡西酮	1-(4-Ethylphenyl)-2-(methylamino)propan-1-one	1225622-14-9	4-EMC

续表

序号	中文名	英文名	CAS号	备注
12	1-(4-甲基苯基)-2-乙氨基-1-戊酮	1-(4-Methylphenyl)-2-(ethylamino)pentan-1-one	746540-82-9	4-MEAPP
13	1-(4-甲基苯基)-2-甲氨基-3-甲氧基-1-丙酮	1-(4-Methylphenyl)-2-(methylamino)-3-methoxypropan-1-one	2166915-02-0	Mexedrone
14	1-[3,4-(亚甲二氧基)苯基]-2-(N-吡咯烷基)-1-己酮	1-(3,4-Methylenedioxyphenyl)-2-(1-pyrrolidinyl)hexan-1-one	776994-64-0	MDPHP
15	1-(4-甲基苯基)-2-甲氨基-1-戊酮	1-(4-Methylphenyl)-2-(methylamino)pentan-1-one	1373918-61-6	4-MPD
16	1-(4-甲基苯基)-2-二甲氨基-1-丙酮	1-(4-Methylphenyl)-2-(dimethylamino)propan-1-one	1157738-08-3	4-MDMC
17	3,4-亚甲二氧基丙卡西酮	1-(3,4-Methylenedioxyphenyl)-2-(propylamino)propan-1-one	201474-93-3	Propylone
18	1-(4-氯苯基)-2-乙氨基-1-戊酮	1-(4-Chlorophenyl)-2-(ethylamino)pentan-1-one		4-Cl-EAPP
19	1-苯基-2-(N-吡咯烷基)-1-丙酮	1-Phenyl-2-(1-pyrrolidinyl)propan-1-one	19134-50-0	α-PPP
20	1-(4-氯苯基)-2-甲氨基-1-戊酮	1-(4-Chlorophenyl)-2-(methylamino)pentan-1-one	2167949-43-9	4-Cl-Pentedrone
21	3-甲基-2-[1-(4-氟苄基)吲唑-3-甲酰氨基]丁酸甲酯	N-(1-Methoxy-3-methyl-1-oxobutan-2-yl)-1-(4-fluorobenzyl)-1H-indazole-3-carboxamide	1715016-76-4	AMB-FUBINACA
22	1-(4-氟苄基)-N-(1-金刚烷基)吲唑-3-甲酰胺	N-(1-Adamantyl)-1-(4-fluorobenzyl)-1H-indazole-3-carboxamide	2180933-90-6	FUB-APINACA

附录4 麻醉药品和精神药品相关列管文件及品种目录

续表

序号	中文名	英文名	CAS号	备注
23	N-(1-氨甲酰基-2,2-二甲基丙基)-1-(环己基甲基)吲唑-3-甲酰胺	N-(1-Amino-3,3-dimethyl-1-oxobutan-2-yl)-1-(cyclohexylmethyl)-1H-indazole-3-carboxamide	1863065-92-2	ADB-CHMINACA
24	N-(1-氨甲酰基-2,2-二甲基丙基)-1-(4-氟苄基)吲唑-3-甲酰胺	N-(1-Amino-3,3-dimethyl-1-oxobutan-2-yl)-1-(4-fluorobenzyl)-1H-indazole-3-carboxamide	1445583-51-6	ADB-FUBINACA
25	3,3-二甲基-2-[1-(5-氟戊基)吲唑-3-甲酰氨基]丁酸甲酯	N-(1-Methoxy-3,3-dimethyl-1-oxobutan-2-yl)-1-(5-fluoropentyl)-1H-indazole-3-carboxamide	1715016-75-3	5F-ADB
26	3-甲基-2-[1-(环己基甲基)吲哚-3-甲酰氨基]丁酸甲酯	N-(1-Methoxy-3-methyl-1-oxobutan-2-yl)-1-(cyclohexylmethyl)-1H-indole-3-carboxamide	1971007-94-9	AMB-CHMICA
27	1-(5-氟戊基)-2-(1-萘甲酰基)苯并咪唑	(1-(5-Fluoropentyl)-1H-benzimidazol-2-yl)(naphthalen-1-yl)methanone	1984789-90-3	BIM-2201
28	1-(5-氟戊基)吲哚-3-甲酸-1-萘酯	Naphthalen-1-yl 1-(5-fluoropentyl)-1H-indole-3-carboxylate	2042201-16-9	NM-2201
29	2-苯基-2-甲氨基环己酮	2-Phenyl-2-(methylamino)cyclohexanone	7063-30-1	DCK
30	3-甲基-5-[2-(8-甲基-3-苯基-8-氮杂环[3,2,1]辛烷基)]-1,2,4-噁二唑	8-Methyl-2-(3-methyl-1,2,4-oxadiazol-5-yl)-3-phenyl-8-azabicyclo[3.2.1]octane	146659-37-2	RTI-126

续表

序号	中文名	英文名	CAS号	备注
31	4-氟异丁酰芬太尼	N-(4-Fluorophenyl)-N-(1-phenethylpiperidin-4-yl)isobutyramide	244195-32-2	4-FIBF
32	四氢呋喃芬太尼	N-Phenyl-N-(1-phenethylpiperidin-4-yl)tetrahydrofuran-2-carboxamide	2142571-01-3	THF-F

《关于将芬太尼类物质列入非药用类麻醉药品和精神药品管制品种增补目录的公告》

公安部、国家卫生健康委、国家药品监督管理局关于将芬太尼类物质列入《非药用类麻醉药品和精神药品管制品种增补目录》的公告

根据《麻醉药品和精神药品管理条例》《非药用类麻醉药品和精神药品列管办法》有关规定，公安部、国家卫生健康委员会和国家药品监督管理局决定将芬太尼类物质列入《非药用类麻醉药品和精神药品管制品种增补目录》。"芬太尼类物质"是指化学结构与芬太尼（N-[1-(2-苯乙基)-4-哌啶基]-N-苯基丙酰胺）相比，符合以下一个或多个条件的物质：

一、使用其他酰基替代丙酰基；

二、使用任何取代或未取代的单环芳香基团替代与氮原子直接相连的苯基；

三、哌啶环上存在烷基、烯基、烷氧基、酯基、醚基、羟基、卤素、卤代烷基、氨基及硝基等取代基；

四、使用其他任意基团（氢原子除外）替代苯乙基。

上述所列管物质如果发现有医药、工业、科研或者其他合法用途，按照《非药用类麻醉药品和精神药品列管办法》第三条第二款规定予以调整。

已列入《麻醉药品和精神药品品种目录》和《非药用类麻醉药品和精神药品管制品种增补目录》的芬太尼类物质依原有目录予以管制。

本公告自 2019 年 5 月 1 日起施行。

《关于含羟考酮复方制剂等品种列入精神药品管理的公告》

国家药监局、公安部、国家卫生健康委关于将含羟考酮复方制剂等品种列入精神药品管理的公告

（2019 年第 63 号）

根据《麻醉药品和精神药品管理条例》有关规定，国家药品监督管理局、公安部、国家卫生健康委员会决定将含羟考酮复方制剂等品种列入精神药品管理。现公告如下：

一、口服固体制剂每剂量单位含羟考酮碱大于 5 毫克，且不含其它麻醉药品、精神药品或药品类易制毒化学品的复方制剂列入第一类精神药品管理；

二、口服固体制剂每剂量单位含羟考酮碱不超过 5 毫克，且不含其它麻醉药品、精神药品或药品类易制毒化学品的复方制剂列入第二类精神药品管理；

三、丁丙诺啡与纳洛酮的复方口服固体制剂列入第二类精神药品管理。

本公告自 2019 年 9 月 1 日起施行。

特此公告。

国家药监局
公安部
国家卫生健康委
2019 年 7 月 11 日

《关于将瑞马唑仑列入第二类精神药品管理的公告》

国家药监局、公安部、国家卫生健康委关于将瑞马唑仑列入第二类精神药品管理的公告

（2019年第108号）

根据《麻醉药品和精神药品管理条例》有关规定，国家药品监管局、公安部、国家卫生健康委决定将瑞马唑仑（包括其可能存在的盐、单方制剂和异构体）列入第二类精神药品管理。

本公告自2020年1月1日起实行。

特此公告。

国家药监局
公安部
国家卫生健康委
2019年12月16日

《关于将合成大麻素类物质和氟胺酮等 18 种物质列入非药用类麻醉药品和精神药品管制品种增补目录的公告》

公安部、国家卫生健康委员会、国家药品监督管理局关于将合成大麻素类物质和氟胺酮等 18 种物质列入《非药用类麻醉药品和精神药品管制品种增补目录》的公告

根据《麻醉药品和精神药品管理条例》《非药用类麻醉药品和精神药品列管办法》有关规定，公安部、国家卫生健康委员会和国家药品监督管理局决定将合成大麻素类物质和氟胺酮等 18 种物质列入《非药用类麻醉药品和精神药品管制品种增补目录》。

一、合成大麻素类物质。"合成大麻素类物质"是指具有下列化学结构通式的物质：

R1 代表取代或未取代的 C3-C8 烃基；取代或未取代的含有 1-3 个杂原子的杂环基；取代或未取代的含有 1-3 个杂原子的杂环基取代的甲基或乙基。

R2 代表氢或甲基或无任何原子。

R3 代表取代或未取代的 C6-C10 的芳基；取代或未取代的 C3-C10 的烃基；取代或未取代的含有 1-3 个杂原子的杂环基；取代或未取代的含有 1-3 个杂原子的杂环基取代的甲基或乙基。

R4 代表氢；取代或未取代的苯基；取代或未取代的苯甲基。

R5 代表取代或未取代的 C3-C10 的烃基。

X 代表 N 或 C。

Y 代表 N 或 CH。

Z 代表 O 或 NH 或无任何原子。

上述所列管物质如果发现医药、工业、科研或者其他合法用途，按照《非药用类麻醉药品和精神药品列管办法》第三条第二款规定予以调整。已列入《麻醉药品和精神药品品种目录》和《非药用类麻醉药品和精神药品管制品种增补目录》的合成大麻素类物质依原有目录予以管制。

二、氟胺酮等 18 种物质。（详见附表）

本公告自 2021 年 7 月 1 日起施行。

特此公告。

公安部
国家卫生健康委员会
国家药品监督管理局
2021 年 3 月 15 日

附表：

非药用类麻醉药品和精神药品管制品种增补目录

序号	中文名	英文名	CAS号	备注
1	氟胺酮	2-(2-Fluorophenyl)-2-(methylamino) cyclohexan-1-one	111982-50-4	2-FDCK Fluoroketamine
2	(6aR,10aR)-3-（1,1-二甲基庚基）-6a,7,10,10a-四氢-1-羟基-6,6-二甲基-6H-二苯并[b,d]吡喃-9-甲醇	(6aR,10aR)-3-(1,1-Dimethylheptyl)-6a,7,10,10a-tetrahydro-1-hydroxy-6,6-dimethyl-6H-dibenzo[b,d]pyran-9-methanol	112830-95-2	HU-210
3	1-[3,4-（亚甲二氧基）苯基]-2-丁氨基-1-戊酮	1-(3,4-Methylenedioxyphenyl)-2-(butylamino)pentan-1-one	688727-54-0	N-Butylpentylone
4	1-[3,4-（亚甲二氧基）苯基]-2-苄氨基-1-丙酮	1-(3,4-Methylenedioxyphenyl)-2-(benzylamino)propan-1-one	1387636-19-2	BMDP
5	1-[3,4-（亚甲二氧基）苯基]-2-乙氨基-1-丁酮	1-(3,4-Methylenedioxyphenyl)-2-(ethylamino)butan-1-one	802855-66-9	Eutylone
6	2-乙氨基-1-苯基-1-庚酮	2-(Ethylamino)-1-phenylheptan-1-one	2514784-72-4	N-Ethylheptedrone
7	1-(4-氯苯基)-2-二甲氨基-1-丙酮	1-(4-Chlorophenyl)-2-(dimethylamino) propan-1-one	1157667-29-2	4-CDMC
8	2-丁氨基-1-苯基-1-己酮	2-(Butylamino)-1-phenylhexan-1-one	802576-87-0	N-Butylhexedrone
9	1-[1-(3-甲氧基苯基)环己基]哌啶	1-(1-(3-Methoxyphenyl) cyclohexyl) piperidine	72242-03-6	3-MeO-PCP
10	α-甲基-5-甲氧基色胺	1-(5-Methoxy-1H-indol-3-yl)propan-2-amine	1137-04-8	5-MeO-AMT

附录 4　麻醉药品和精神药品相关列管文件及品种目录

续表

序号	中文名	英文名	CAS 号	备注
11	科纳唑仑	6-(2-Chlorophenyl)-1-methyl-8-nitro-4H-benzo[f][1,2,4]triazolo[4,3-a][1,4]diazepine	33887-02-4	Clonazolam
12	二氯西泮	7-Chloro-5-(2-chlorophenyl)-1-methyl-1,3-dihydro-2H-benzo[e][1,4]diazepin-2-one	2894-68-0	Diclazepam
13	氟阿普唑仑	8-Chloro-6-(2-fluorophenyl)-1-methyl-4H-benzo[f][1,2,4]triazolo[4,3-a][1,4]diazepine	28910-91-0	Flualprazolam
14	N,N-二乙基-2-(2-(4-异丙氧基苯基)-5-硝基-1H-苯并[d]咪唑-1-基)-1-乙胺	N,N-Diethyl-2-(2-(4-isopropoxybenzyl)-5-nitro-1H-benzo[d]imidazol-1-yl)ethan-1-amine	14188-81-9	Isotonitazene
15	氟溴唑仑	8-Bromo-6-(2-fluorophenyl)-1-methyl-4H-benzo[f][1,2,4]triazolo[4,3-a][1,4]diazepine	612526-40-6	Flubromazolam
16	1-(1,2-二苯基乙基)哌啶	1-(1,2-Diphenylethyl)piperidine	36794-52-2	Diphenidine
17	2-(3-氟苯基)-3-甲基吗啉	2-(3-Fluorophenyl)-3-methylmorpholinel	1350768-28-3	3-FPM 3-Fluorophenmetrazine
18	依替唑仑	4-(2-Chlorophenyl)-2-ethyl-9-methyl-6H-thieno[3,2-f][1,2,4]triazolo[4,3-a][1,4]diazepine	40054-69-1	Etizolam

《关于调整麻醉药品和精神药品目录的公告》

国家药监局、公安部、国家卫生健康委关于调
整麻醉药品和精神药品目录的公告

（2023年第43号）

根据《麻醉药品和精神药品管理条例》有关规定，国家药品监督管理局、公安部、国家卫生健康委员会决定将奥赛利定等品种列入麻醉药品和精神药品目录。现公告如下：

一、将奥赛利定列入麻醉药品目录。

二、将苏沃雷生、吡仑帕奈、依他佐辛、曲马多复方制剂列入第二类精神药品目录。

三、将每剂量单位含氢可酮碱大于5毫克，且不含其它麻醉药品、精神药品或药品类易制毒化学品的复方口服固体制剂列入第一类精神药品目录。

四、将每剂量单位含氢可酮碱不超过5毫克，且不含其它麻醉药品、精神药品或药品类易制毒化学品的复方口服固体制剂列入第二类精神药品目录。

本公告自2023年7月1日起施行。

特此公告。

国家药监局
公安部
国家卫生健康委
2023年4月14日

《关于调整麻醉药品和精神药品目录的公告》

国家药监局、公安部、国家卫生健康委关于
调整麻醉药品和精神药品目录的公告
（2023 年第 120 号）

根据《麻醉药品和精神药品管理条例》有关规定，国家药品监督管理局、公安部、国家卫生健康委员会决定调整麻醉药品和精神药品目录。现公告如下：

一、将泰吉利定列入麻醉药品目录。

二、将地达西尼、依托咪酯（在中国境内批准上市的含依托咪酯的药品制剂除外）列入第二类精神药品目录。

三、将莫达非尼由第一类精神药品调整为第二类精神药品。

本公告自 2023 年 10 月 1 日起施行。

特此公告。

国家药监局
公安部
国家卫生健康委
2023 年 9 月 6 日